公共基础课精品系列教材

高等教育新业态新职业新岗位系列教材

大学生职业发展
与核心能力培养

◎ 主　审　冯　军

◎ 主　编　林　翔　葛龙威

◎ 副主编　（按姓氏笔画排序）

　　　　　王德栋　冯　晞　陈婉婷

　　　　　范俊强　俞广良

电子工业出版社

Publishing House of Electronics Industry

北京·BEIJING

内 容 简 介

本书以大学生发展为中心，将拓展职业生涯发展教育和探索核心能力培养实现有效协同衔接作为目标，旨在满足大学生个性化和多样性的精准教育需求。本书主要包括职业生涯发展教育和核心能力培养两部分内容，职业生涯发展教育内容包括全面自我认知、启航职业规划和正视职业能力三个方面；核心能力培养内容包括善于自我管理、融入职场团队、关注身心健康、学会职业沟通、立足解决问题、注重创新思维和投身创业实践七个方面。

本书可作为大学生职业生涯发展教育与核心能力培养的教材使用，也可以为广大从事职业生涯发展和规划教育的工作者和学习者提供借鉴和参考。

图书在版编目（CIP）数据

大学生职业发展与核心能力培养 / 林翔，葛龙威主编. —北京：电子工业出版社，2023.7

ISBN 978-7-121-46008-1

Ⅰ. ①大… Ⅱ. ①林… ②葛… Ⅲ. ①大学生－职业选择－高等学校－教材 Ⅳ. ①G647.38

中国国家版本馆 CIP 数据核字（2023）第 133361 号

责任编辑：左　雅
印　　刷：三河市良远印务有限公司
装　　订：三河市良远印务有限公司
出版发行：电子工业出版社
　　　　　北京市海淀区万寿路 173 信箱　　　　邮编　100036
开　　本：787×1 092　　1/16　　印张：14.5　　字数：362 千字
版　　次：2023 年 7 月第 1 版
印　　次：2024 年 7 月第 2 次印刷
定　　价：52.50 元

凡所购买电子工业出版社图书有缺损问题，请向购买书店调换。若书店售缺，请与本社发行部联系，联系及邮购电话：（010）88254888，88258888。

质量投诉请发邮件至 zlts@phei.com.cn，盗版侵权举报请发邮件至 dbqq@phei.com.cn。

本书咨询联系方式：（010）88254580，zuoya@phei.com.cn。

前　言

大学生职业生涯发展教育是高等教育内容体系的重要组成部分，对大学生的成长与未来职业发展影响深远。教育部将"大学生职业发展与就业指导"课程列入高校教学计划并对教学要求作出具体规定，各高校都十分重视，借鉴国外职业规划经验，大都从职业规划和就业指导两个方面开展职业生涯发展教育教学。

目前，我国处于人力资源大国向人力资源强国的转变过程中，面对知识经济蓬勃发展和科技进步日新月异，传统的经济运行模式、职业发展模式和社会生活方式都发生了改变，社会对于国民素质和人才培养赋予新希望。新时代要求大学生不仅要有实现职业规划和理想就业的专业能力，还需要具备迈入职场、走向社会的普适性核心能力，以及适应未来变革的持续发展能力，从而实现人力资本升级。

党的二十大报告提出要实施科教兴国战略，强化现代化建设人才支撑，强调深化教育教学改革。本书编写组成员在充分调研基础上，注重教材内涵建设，将本书立足教育的根本目标——人的全面发展，以大学生发展为中心，从全面自我认知、启航职业规划、正视职业能力、善于自我管理、融入职场团队、关注身心健康、学会职业沟通、立足解决问题、注重创新思维和投身创业实践十个方面，将拓展职业生涯发展教育和探索核心能力培养实现有效协同衔接作为目标，满足大学生个性化和多样性的精准教育需求。通过核心能力培养提供学生"供"的平台，通过职业生涯发展教育满足学生"需"的途径，促使职业生涯发展教育凝聚、整合和协调各类核心能力，进而推进教育教学改革，探索建立中国特色的现代职业生涯发展教育新体系，更好地培养适应人的终身发展和中国特色社会主义事业需要的高素质人才，促进学生全面发展。

本书是浙江科技学院 2022 年高等教育研究重点课题"生涯发展教育和核心素养培育一体化校本模式探究"的主要研究成果。

本书由冯军担任主审，林翔、葛龙威担任主编，王德栋、冯晞、陈婉婷、范俊强和俞广良（按姓氏笔画排序）担任副主编。书中各部分编写分工如下：林翔（第 1～6 章和全书统稿），葛龙威（相关章节二维码内容和协助全书统稿），陈婉婷（第 7 章），王德栋（第 8 章），范俊强（第9章），俞广良（第10章），冯晞（相关章节二维码内容）。

在本书的编写过程中，编写组成员参考和借鉴了国内外相关专家学者的研究成果和兄弟院校同仁的职业发展与就业指导等方面的文献资料，在此一并表示衷心的感谢！由于时间仓促和编写者水平有限，书中难免存在疏漏和不妥之处，恳请专家和广大读者批评指正，提出宝贵建议和意见，以便更好地修订和完善。

本书编写组

目　录

第一章　全面自我认知 1

第一节　自我认知的作用 1
一、简述自我认知 1
二、自我认知内涵 2

第二节　自我认知的内容 3
一、兴趣认知 3
二、气质认知 6
三、性格认知 9
四、能力认知 12
五、价值观认知 14

第三节　自我认知的养成 15
一、科学认识自我 15
二、积极认可自我 17
三、努力完善自我 18

思考习题 19
过程训练 19

第二章　启航职业规划 20

第一节　职业发展规划 20
一、职业是人全面发展的重要载体 ...20
二、职业发展规划的定义和分类 21
三、职业类型和职业发展的取向 22
四、职业发展规划的原则和路径 25

第二节　职业规划理论 27
一、职业选择理论 27

二、职业发展理论 27
三、职业决策理论 28

第三节　职业规划设计 29
一、职业规划决策的困境 29
二、职业规划设计的准则 29
三、职业发展方向的确定 32
四、职业规划设计的流程 33
五、职业规划方法的选择 34

第四节　职业规划调整 35
一、调整职业规划的成因 35
二、调整职业规划的时机 35
三、调整职业规划的方法 35

思考习题 36
过程训练 36

第三章　正视职业能力 37

第一节　扬帆职场的角色转换 37
一、大学生活和职场工作的区别 37
二、学生和职业人角色转换问题 38
三、学生和职业人角色转换准备 39
四、实现学生和职业人角色转换 40

第二节　职业核心能力的界定 41
一、职业核心能力所述的内容 41
二、职业核心能力特征的表现 42
三、职业核心能力的影响因素 42

第三节　职业核心能力的作用............43

　　一、实现职业可持续发展的基础

　　　　能力............43

　　二、衡量职场从业者素质的必备

　　　　能力............44

　　三、实现职业岗位可转换的保障能力

　　　　............44

第四节　职业能力的培养途径............44

　　一、职业能力内涵............44

　　二、培养职业能力............45

思考习题............47

　　过程训练............47

第四章　善于自我管理............48

第一节　学习管理............48

　　一、知识价值............48

　　二、学习功效............49

　　三、懂得学习............49

　　四、学会学习............51

第二节　时间管理............56

　　一、认识时间管理............56

　　二、时间管理法则............58

　　三、有效管理时间............63

第三节　计划管理............65

　　一、计划的作用和类型............65

　　二、计划的步骤和原理............68

　　三、计划管理的原则和方法............70

思考习题............72

　　过程训练............72

第五章　融入职场团队............74

第一节　认识团队............74

　　一、团队概述............74

　　二、团队类型............77

　　三、团队角色类型............78

第二节　加入团队............79

　　一、得到认可............79

　　二、获得信任............80

　　三、规避冲突............81

第三节　助推团队............85

　　一、培育团队精神............85

　　二、建立良好关系............87

　　三、提升责任意识............88

　　四、倡导主动工作............89

第四节　维护团队............90

　　一、目标引领、明确规章............90

　　二、培育文化、增强凝聚............90

　　三、组建核心、有效激励............91

思考习题............91

　　过程训练............91

第六章　关注身心健康............93

第一节　身体健康............93

　　一、科学地认知身体健康............93

　　二、养成良好的生活习惯............95

第二节　心理健康............95

　　一、心理健康的标准............96

　　二、不健康的心理状态............97

　　三、保持心理健康............98

第三节　调控情绪............99

　　一、情绪和情商............99

　　二、管理情绪............105

　　三、团队情商............113

第四节　缓解压力............116

　　一、压力的基本内涵............116

　　二、职场压力管理............118

思考习题............121

　　过程训练............121

第七章　学会职业沟通............123

第一节　良好的沟通是成功的关键....123

　　一、自信及其养成............123

　　二、沟通能力及其培养............125

三、职场中的沟通.................130

第二节　善于把握面对面的沟通.........133
　　一、倾听.................133
　　二、说服.................135
　　三、演讲.................137
　　四、谈判.................140

第三节　自觉运用非语言沟通.........142
　　一、身体语言.................142
　　二、沟通礼仪.................144

思考习题.................147
　　过程训练.................147

第八章　立足解决问题.................148

第一节　提出解决问题的方案.........148
　　一、准确定义问题.................148
　　二、明确解决目标.................150
　　三、形成解决思路.................155
　　四、选择最佳方案.................157

第二节　实施解决问题的方案.........159
　　一、获取多方支持.................159
　　二、设计实施方案.................160
　　三、寻求利用支持.................162
　　四、有效利用资源.................163
　　五、及时调整方案.................166

第三节　持续改进解决问题.........167
　　一、掌握检查方法.................167
　　二、实施有效检查.................169
　　三、准确做出结论.................170
　　四、反馈评估提高.................172

思考习题.................174
　　过程训练.................174

第九章　注重创新思维.................176

第一节　创新及创新思维.........176
　　一、创新含义.................176
　　二、创新特征.................178
　　三、创新思维.................178

四、思维定式及其内涵.................179

第二节　创新思维的常见类型.........182
　　一、发散思维.................182
　　二、批判性思维.................183
　　三、联想思维.................184
　　四、逆向思维.................184
　　五、想象思维.................186
　　六、互联网思维.................187

第三节　创新思维训练的常用方法.........188
　　一、头脑风暴法.................188
　　二、5W2H分析法.................189
　　三、和田十二法.................190
　　四、思维导图法.................192
　　五、六顶思考帽法.................193
　　六、系统分析法.................194

思考习题.................195
　　过程训练.................195

第十章　投身创业实践.................196

第一节　创业及其精神.........196
　　一、创业内涵及其特征.................196
　　二、创业意识及其培养.................198
　　三、创业精神.................201

第二节　创业者及其特征.........203
　　一、创业者的基本素质.................203
　　二、成功创业者的基本特征.................204
　　三、创业者的常见误区.................205

第三节　实施成功创业.........207
　　一、商业创意与项目选择.................207
　　二、企业运营与危机解决.................212
　　三、企业发展与瓶颈挑战.................214
　　四、不忘初心与二次腾飞.................218

思考习题.................221
　　过程训练.................221

参考文献.................223

第一章
全面自我认知

要加大对学生的认知规律和接受特点的研究，发挥学生主体性作用。

——习近平

第一节　自我认知的作用

一、简述自我认知

认知是行为的先导，人的行为受认知的支配。认知是个体认识世界的复杂心理活动。自我认知是指自己通过感觉、知觉、记忆、想象、思维和注意等不同途径和方法，全面且深刻地认识自己，进而清晰地制定个人的发展目标和方向。

1. 自我认知是职业规划的基础和前提

著名的成功学大师拿破仑·希尔说："一切的成就，一切的财富，都始于自我认知。"

自我认知解决了"我是谁""我是怎样的一个人""我喜欢做什么""我能做什么"等一系列问题，旨在帮助大学生了解自我和把握自我，从而很好地进行自己的职业规划，把握人生前进的方向。若大学生对自我认识不清楚、不准确，就会造成自我误判。因此，自我认知是职业规划的基础，认识自己也是职业规划成功的前提。

2. 自我认知能明确职业定位和方向

要明确自己的职业定位，必须首先回答以下问题：① 自己喜欢做什么？这是对兴趣的认识；② 自己能做什么？这是对能力的认识；③ 自己适合做什么？这是对性格的认识；④ 自己为什么这么做？这是对价值观的认识。自我认知能让我们清楚地回答这些问题，从而更加明确我们的职业定位和方向。

3. 自我认知能促进人生的自我实现

按照马斯洛的需求层次理论，自我实现是人的最高层次需求。通过自我认知了解自己的人生需求到底是什么？什么对自己来说是最重要的？是挣钱多少？还是从事什么样的职业？自己的价值观是什么？如何才能使自己快乐？大学生要把个人理想、对成功的理解和人生价值的体现同职业定位和方向联系起来，不可因为别的标准或实惠利益而随便迁就，耽误个人发展，影响自我实现。人力资源和社会保障部劳动科学研究所曾开展的一项"目前工作的满意度"调查结果显示，提升职业满意程度的因素有：① 有较多的能力锻炼成长机会（23%）；② 工作环境和氛围好（21%）；③ 有较大的成长空间（17%）；④ 个人兴趣（15%）；⑤ 薪资待遇好（14%）；⑥ 领导重视（10%）。众多因素涉及能力、兴趣、爱好、性格、经济报酬和人际关系。从选择结果来看，促使职业满意的因素中最重要的是和自我相关的因素，由此可见，进行自我认知能提升职业满意程度，达到职业领域的自我实现。

二、自我认知内涵

1. 生理自我

找到认识自我的三面镜子

生理自我是指一个人对自己的身体、外貌、体能等生理特征的认识。生理自我对一个人的最大意义在于，首先要悦纳并尊重自己的生理特征，进而有意识地开发生理自我，以增强应对多变、竞争日趋激烈的职业环境的能力。

生理自我是人们可以直接观测到的自我因素，包括身体特质和身体外特质。身体特质由物理实体构成，反映身体特征（包括性别、身高、体重、外貌、视力等）。这些基本可以通过观测或物理测量获知，如用电子体重秤、皮尺就可以称出、测出一个人的体重、身高。身体外特质也被称为延伸自我，即日常生活中所说的"我的……"，如名字、照片、财产、学校、专业等，对此部分"自我"，我们会非常关注，并愿意为获取或提高它而努力。当提到延伸自我时，我们往往会产生特定的情绪。例如，在人群中听到他人喊自己的名字时，我们会集中精力环顾四周；在向他人介绍自己的母校时，自豪之感也会溢于言表。

在求职时，生理自我属于一个人的基本信息，特定的岗位对此往往有着具体且明确的要求。生理自我一般是求职时首先要关注的方面。如从事食品行业的人要求无传染性疾病，从事接待工作的人要求五官端正等。而一些特殊职业对人往往有着更严格的要求，如航空、航天、海洋、气候、艺术等行业的工作。

2. 心理自我

心理自我是指一个人自身的内在因素，是自我中最内隐的部分，无法直接观测得知，主要是指一个人对自己的兴趣、性格、能力和价值观等特征的认识。心理自我是职业自我的核心内容，也是自我探索的重点内容，它对一个人的职业选择和职业发展都起着至关重要的作用。如果一个人不知道自己想要什么，那么他的一生都会活在他人的期望之中；如果一个人所从事的职业与他的兴趣相矛盾，那么他的一生都有可能郁郁寡欢；如果一个人所从事的职业与他的性格相矛盾，那么他的一生都有可能不得志；如果一个人所从事的职业与他的特长相矛盾，那么他的一生都可能碌碌无为。

在求职时，生理自我只是应聘的第一道门槛，更值得我们重视的应该是心理自我，因为在岗位的招聘标准中，心理自我是相当重要的。不同的岗位对应聘者的心理自我的要求也是不一样的，如财务管理人员要求心思缜密，市场营销人员要求灵活多变，客户服务人员要求耐心热情……

3. 社会自我

社会自我是指一个人对自己所处的职业社会环境，以及与自己职业选择和职业发展有关的社会资源的认识。人是社会性动物，不可能脱离社会而独自活动。同样，一个人的职业选择和职业发展活动也不可能脱离社会而独自进行。如果一个人的职业选择不能适应当时的社会需求，那就会"英雄无用武之地"；如果一个人的职业选择不能从社会现实出发，那就会同现实脱节，最终也会屡战屡败。一个人所拥有的社会资源也是社会自我的一项重要内容，要想取得职业生涯的成功，一个人除了要有雄厚的人力资本，还需要有丰富的社会资源，以借助他人的力量来实现职业生涯发展目标。

第二节　自我认知的内容

一、兴趣认知

（一）兴趣的含义及分类

兴趣是一种心理倾向和非智力因素，是人们力求认识某种事务和从事某项活动的意识倾向。它表现为人们对某件事物、某项活动的选择性态度和积极的情绪反应。一个人若对某件事物或某项活动感兴趣，他就会热心于接触、观察这件事物，积极从事这项活动，并注意探索其奥秘。兴趣又与认识和情感相联系，一个人若对某件事物或某项活动没有认识，也就不会对它有情感，因而不会对它有兴趣。反之，认识越深刻，情感越炽烈，兴趣就会越浓厚。

人的兴趣是多种多样的，大致可以分为三大类。

第一类，物质兴趣和精神兴趣。物质兴趣是指人们对舒适的物质生活（如衣、食、住、行方面）的兴趣和追求；精神兴趣是指人们对精神生活（如学习、研究、文学艺术、知识）的兴趣和追求。

第二类，直接兴趣和间接兴趣。直接兴趣是指对活动过程的兴趣。例如，有的学生想象力丰富，富有创造性，喜欢制作各种模型，在制作过程中全神贯注，表现出浓厚的兴趣；间接兴趣主要是指对活动过程所产生的结果的兴趣。有的学生在业余时间喜欢绘画，每当完成一幅画时，他都会对自己取得的成果表现出极大的兴趣。直接兴趣和间接兴趣是相互联系、相互促进的，如果没有直接兴趣，制作各种模型的过程就很乏味、枯燥；而如果没有间接兴趣的支持，也就没有目标，过程就很难持久下去。因此，只有把直接兴趣和间接兴趣有机地结合起来，才能充分发挥一个人的积极性和创造性，才能持之以恒，明确目标，取得成功。

第三类，个人兴趣和社会兴趣。个人兴趣是指个体以特定的事物、活动及人为对象，所产生的积极的并带有倾向性、选择性的态度和情绪；社会兴趣是指社会成员对某一领域的普遍兴趣，或社会某一领域对社会成员的普遍需求。

（二）兴趣的特点及品质

1. 兴趣的特点

人的兴趣具有指向性、情绪性、源动性和中心性四个特点。

（1）指向性。任何一种兴趣总是针对一定的事件，是为实现某种目的而产生的。人对自己所感兴趣的事物总是心驰神往，积极地把注意力指向并集中于该种事物。兴趣的指向并不是指偶然地、一时性地倾向于某种事物，而是指经常地、主动地去观察和思考某种事物，并渴望去研究和获得。

兴趣的指向性是建立在需要的基础之上的。这种指向性是社会实践要求反映在人的头脑中，变成个人的需要，并在它的推动下产生的。兴趣的指向性不仅在需要的基础上产生，也在需要的基础上发展。随着社会的进步和发展，人们在各种需要满足的基础上又产生新的需要，这就使兴趣的指向性也得到了丰富和提高。

（2）情绪性。所谓"有兴趣"，是由大脑皮层和脑下皮层生理上实现相应情感的那部分脑组织的兴奋引起的。这是一种伴随（或不伴随）任何一种活动的情感。生活实践表明，一个人在从事自己所感兴趣的工作时，总会感到愉快和满意；一个人在从事自己不感兴趣的工作时，总觉得是件苦差事。兴趣广泛的人，在他的生活中总是充满欢乐；缺乏兴趣或兴趣淡薄，则会使人的生活变得枯燥乏味。

（3）源动性。目前，心理学家和教育家都公认兴趣在人们从事实践活动中的源动性作用，认为兴趣是"推动认识的机制"，是产生动机的最现实、最活跃的成分。无数事实表明，一个人在从事自己不感兴趣的工作时，很难调动起积极性，当然也不可能出色地完成任务。科学家的发明创造，教育工作者对学生的培养，劳动者的技术革新，无一不是在对本职工作的浓厚兴趣支配下，通过辛勤劳动才实现的。

（4）中心性。兴趣的中心性是指在广泛兴趣的基础上对某种兴趣的集中程度。中心兴趣可以促使人目标集中，获得深邃的知识，发展某个方面的特殊才能，使活动富有创造性。如果只有广泛的兴趣，而没有一个兴趣的中心（即专一的兴趣），那么，兴趣只能长期停留在对某种事物或活动的低水平的"有趣"或"乐趣"上，而无法发展到水平比较高的"志趣"上。

2. 兴趣的品质

人的兴趣具有倾向性、广阔性、持续性和效能性四种品质。

（1）兴趣的倾向性，即兴趣对象的差异性质。凡对有益于人类社会的事物容易引起兴趣，其倾向性就是高尚的；凡对有害于人类社会的事物容易引起兴趣，其倾向性就是低级的。应通过教育，培养人们高尚的兴趣倾向。

（2）兴趣的广阔性，即兴趣范围的广泛程度。有人兴趣广泛，对许多事物兴致勃勃，乐于探求；有人则兴趣单调狭窄。兴趣的广阔程度与知识面的宽窄有密切的联系。人们应培养广阔的兴趣，同时又要把广阔的兴趣与中心的兴趣结合起来，做到既博又专。

（3）兴趣的持续性，即兴趣爱好的稳定程度。人们对事物的兴趣，可以经久不变，也可以变化无常。稳定而持久的兴趣可使人对某种事物认识深刻、了解全面，有利于事业成功；多变而时迁的兴趣，只会使事业成功化为泡影。培养持久的兴趣是取得成功的必要条件。

（4）兴趣的效能性，即兴趣对活动产生的效果。若兴趣能够成为推动工作和活动的动力，其效果就是积极的；若兴趣仅仅是一种向往，而不能产生实际的效果，它就是消极的。

（三）兴趣的发展阶段

兴趣的发生和发展一般要经历"有趣—乐趣—志趣"这样一个过程。有趣是兴趣的低级阶段，常常与一个人对某种事物的新奇感有关系。比如有人前天想当一名导游，昨天又想当服装设计师，今天又对网络管理感兴趣，这种兴趣往往是短暂的。乐趣是兴趣的第二个阶段，又被称为爱好。它在有趣的基础上定向发展而成，比较稳定、转移和深入。比如一个人对计算机维修感兴趣，他不但会主动学习这方面的知识，还会寻求一切机会进行装配和修理实践。志趣是兴趣的高级阶段，当人的爱好和社会责任、理想结合起来时，他就会为之而奋斗。

当兴趣的探索对象指向某种职业时，就形成了职业兴趣。职业兴趣是指一个人力求认识、接触和掌握某种职业或专业的心理倾向。一个人的职业兴趣在寻求专业或职业的过程中起着至关重要的作用。

首先，职业兴趣是人们职业选择的重要依据；其次，职业兴趣可以使人们更快地熟悉并适应职业环境和职业角色；再次，职业兴趣能发挥个体的主动性和创造性，开发个体的潜能。例如爱迪生，他几乎每天都在实验室里辛苦工作十几个小时，在那里吃饭睡觉，但丝毫不以为苦，正如他所说的："我一生中从未间断过一天工作，我每天其乐无穷。"

（四）兴趣爱好和对应职业

常见的兴趣爱好和对应职业选择，见表 1-1。

不要迷失在兴趣中

表 1-1　常见的兴趣爱好和对应职业选择

兴 趣 爱 好	对应职业选择
喜欢和事物打交道的工作	喜欢从事接触工具或数字的职业，相应职业如机器制造和修理、会计或出纳、裁缝或工匠等
喜欢和人交往的工作	喜欢从事销售、信息传递一类的与人打交道的职业，相应职业如推销员、营业员、服务员、记者等
喜欢有规律的工作	喜欢从事常规性、预见性和计划性比较强的职业，相应职业如办公室职员、图书资料或档案管理人员、统计员、打字员、邮件分发员等
喜欢社会福利或助人的工作	喜欢帮助他人排忧解难，改善他人状况的职业，相应职业如医生、护士、律师、教师、咨询师和技术推广人员等
喜欢组织和管理的工作	喜欢掌管一些事务，受到众人尊重和获得声誉的职业，相应职业如行政管理人员、学校辅导员等
喜欢研究人的行为和心理的工作	喜欢谈论或研究人们的行为和心理状态，相应职业如心理咨询师、作家、人类学研究人员等
喜欢科学技术的工作	喜欢独立分析、推理、研究和解决问题，喜欢通过实验获得新发现，相应职业如物理学家、化学家、生物学家、工程师等
喜欢抽象和创造的工作	喜欢创造性的式样和概念，有独立工作能力，对自己的学识和能力较自信，乐意解决抽象问题，相应职业如设计人员、演员、创作人员、画家等
喜欢从事操作机器的技术的工作	喜欢运用一定技术，制造产品、操纵各种机器设备或完成一些任务等，相应职业如驾驶员、飞行员、机械师等
喜欢从事具体的工作	喜欢制作看得见、摸得到的劳动产品并从中得到乐趣，从完成的产品中得到满足，相应职业如园林工、厨师、装帧工、理发师等

一种兴趣类型可以对应许多种职业，而每一种职业往往又都同时具有几种类型的特点。假如你想成为一名护士，那就应有喜欢和人交往、喜欢社会福利与助人、喜欢从事具体工作

等类型的特征；如果你对以上所述的某个方面缺乏兴趣，那就应努力关注和培养发展这方面的兴趣，否则，应该选择与你的兴趣特征相匹配的职业。

（五）兴趣的培养

1. 增加知识储备，培养兴趣基础

知识是兴趣产生的基础条件，因而要培养某种兴趣，就应有某种知识的积累，如要培养写诗的兴趣，就应先接触一些诗歌作品，体验一下诗歌美的意境，了解一点儿写诗的基本技能，这样就可能诱发出诗歌习作的兴趣来。可以说，知识越丰富的人，兴趣也越广泛；而知识贫乏的人，兴趣也会是贫乏的。

2. 开展有趣的活动，培养直接兴趣

直接兴趣能使人们对新鲜的事物或内容在感官上产生的一种新异的刺激，这种刺激反应表现强烈但比较短暂。例如，当我们每上一堂新授课时，学生往往表现出极大的兴趣，而且也较容易激发；但自从上了复习课，学生的兴趣就大不如前，有的甚至随着教学的深入、难度的增加，渐渐失去兴趣。直接兴趣是对活动本身感兴趣，因而要培养这种直接兴趣，应使活动本身丰富而有趣。例如，新颖的教学内容和有兴趣的教学方法，能激起学生学习的兴趣；生动的课外实践活动，能培养学生学习实践操作、动手动脑、发明创造的兴趣等。

3. 明确目的与意义，培养间接兴趣

间接兴趣能使人们由于认识到活动的意义和价值而引起兴趣，对活动的结果感兴趣。例如，学生在学习打篮球时，刚开始大家都表现出很高的热情，但遇到相对枯燥一点儿的练习，有的学生就表现出不耐烦的样子，注意力开始不集中，感觉篮球也没有那么好玩；而参加过篮球训练，经历过重要篮球比赛洗礼的学生则并不因此感到无趣，相反对他来说学起来更有挑战性，为能提高自己的球技而感到有意义。因而，要培养人们间接的稳定的兴趣，就应让人们明确活动的目的与意义。

4. 根据自身特点，培养兴趣品质

由于人所处的环境、所受的教育及主体条件各不相同，使人的兴趣都带有个性特点，因而要根据自身条件进行兴趣爱好的自我培养。例如，有的人兴趣广泛而不集中，就应加强中心兴趣的培养；有的人兴趣单一而不广泛，就应加强兴趣广泛性的培养；有的人兴趣短暂易变，就应加强兴趣稳定性的培养；有的人兴趣消极被动，就应加强兴趣效能性的培养；有的人兴趣在网络世界，容易沉迷，就应加强引导。

二、气质认知

（一）气质的概述

现代心理学认为，气质是一种不受活动的目的和内容所影响的心理活动典型的、稳定的心理特征，即心理活动的强度、速度、稳定性、灵活性和指向性等特征。这些特征是个体与生俱来的高级神经活动类型在情感和行为方面的表现。如有的婴儿一出生就表现得很好动、喜欢吵闹，对外界事物反应迅速；有的婴儿则表现得比较平稳、安静，对外界事物反应缓慢。

这些特征以后在儿童的游戏、学习、社会交往等活动中逐渐表现出来。

气质是人的心理活动和行为方面的动力特征。气质无所谓好坏，也无善恶之分。气质类型本身不能决定一个人社会成就的高低，每一个职业领域都可以找出各种不同的气质类型的代表，同一气质类型的人在不同的职业领域也能做出突出的贡献。

气质这一个性成分，虽然对一个人的智力活动有所影响，但不会影响到一个人的智力发展。也就是说，不同气质的人，都可以获得同样好的成绩；相同气质的人，也可能获得不同的成就。气质特征对于学业进步和完成任务的可能性不起决定作用。只要依靠个人的主观努力，充分发挥气质的积极因素，就能达到预期目的，取得好的成绩。

气质是先天形成的，一般不可变；但不是绝对不可变，而是具有一定的可塑性，可以在社会生活和教育条件下发展和改造。不同的角色需要不同气质的人去扮演。如果一个人恰恰从事了与自己气质不相符的职业，对这个人来说是痛苦的，对工作来说也是一种损失。因此，择业要"量质选择"。

（二）气质类型及其行为特征

从古至今，从国内到国外，学者们对气质类型进行了研究，对气质的分类主要包括：体液说、体型说、内分泌说和高级神经活动说。（古希腊）希波克拉底认为人体有四种体液：黏液、黄胆汁、黑胆汁、血液，机体的状态决定于这四种体液的混合。（古罗马）盖伦将人体体液的混合比例命名为气质，提出人的四种气质类型是胆汁质、多血质、黏液质、抑郁质，这四种气质类型具有不同的行为表现。各气质类型的优缺点比较如表 1-2 所示。

表 1-2　各气质类型的优缺点比较

气质类型	优　点	缺　点
胆汁质	热情奔放、精力充沛、朝气蓬勃、坦荡直率、勇敢无畏、聪敏刚强	冲动、任性、急躁、粗暴、鲁莽、自制力差
多血质	情绪饱满、灵活敏捷、心境愉快、善于交际、适应力强	注意力不稳定、兴趣多变、感情肤浅、粗枝大叶、缺乏毅力
黏液质	冷静沉着、坚韧不拔、善于自制、稳健持重、情绪稳定、埋头苦干	反应迟缓、机械、呆板、感情不丰富、因循守旧、固执己见
抑郁质	细致专注、责任心强、仔细谨慎、观察敏锐、感情纯真	压力感高、挫折感强、多愁善感、疑虑多思、优柔寡断、容易疲劳、耐久力差、缺乏进取

在实际生活中，真正属于某一种典型气质的人很少，大多数人是接近某一种气质的，同时又具有其他气质的某些特点。

（三）气质的养成

1. 沉稳

（1）不要随便暴露自己的情绪。

（2）不要逢人就诉说自己的困难和遭遇。

（3）在征询他人的意见之前，自己先思考，但不要先讲出来。

（4）不要一有机会就唠叨自己的不满。

（5）重要的决定尽量与他人商量，最好隔一天再发布。

（6）在讲话时不要有任何的慌张情绪，走路也是。

2．细心

（1）对身边发生的事情，常常思考它们的客观因素。

（2）对做不到位的执行问题，要发掘它们的根本症结。

（3）对习以为常的做事方法，要有改进或优化的建议。

（4）做什么事情都要养成有条不紊和井然有序的习惯。

（5）善于寻找几个他人看不出来的毛病或弊端。

（6）自己要随时随地对有所不足的地方补位。

3．胆识

（1）不要常用缺乏自信的词句。

（2）不要常常反悔，如轻易推翻已经决定的事。

（3）在众人争执不休时，要有自己的主见。

（4）当整体氛围低落时，自己要乐观、阳光。

（5）做任何事情都要用心，因为有人在看着自己。

（6）在做事情不顺的时候，歇口气，重新寻找突破口，就算结束也要干净利落。

4．大度

（1）不要刻意把有可能是伙伴的人变成对手。

（2）对他人的小过失、小错误不要斤斤计较。

（3）在金钱上要大方，学习三施（财施、法施、无畏施）。

（4）不要有权力的傲慢和知识的偏见。

（5）任何成果和成就都应和他人分享。

（6）必须有人牺牲或奉献的时候，自己走在前面。

5．诚信

（1）做不到的事情不要承诺，承诺了就努力做到。

（2）虚的口号或标语不要常挂嘴上。

（3）针对客户提出的"不诚信"问题，拿出改善的方法。

（4）停止一切"不道德"的手段。

（5）耍弄小聪明，要不得！

（6）计算一下产品或服务的诚信代价，那就是品牌成本。

6．担当

（1）当检讨过失时，先从自身或自己人开始反省。

（2）事项结束后，先审查过错，再列述功劳。

（3）认错从上级开始，表功从下级启动。

（4）着手一个计划，先将权责界定清楚，而且分配得当。

（5）对"怕事"的人或组织要挑明了说。

三、性格认知

（一）性格的含义及形成

性格与气质同属人的内在特征组成部分，有别于气质更多来源于先天，性格更多于后天形成，是个人对现实的较为稳定的态度和习惯化了的行为模式。性格一旦形成就具有一定的恒常性。

性格是遗传和环境因素相互作用的结果，遗传是性格的自然前提，环境因素对性格的形成和发展起决定性作用。任何环境不能直接决定人的性格，它必须通过人已有的心理发展水平和心理活动才能发生作用。社会的各种影响因素只有被个人理解和接受后，方可转化为个体的需求和动机，才能推动他去行动。

总之，性格是人在实践活动中，在人和环境相互作用的过程中形成和发展起来的，是各种因素相互作用的产物。

（二）性格的特征

虽然性格是一个复杂的心理现象，但是我们可以从性格的内外向、焦虑程度、意志坚强程度、独立性和控制力等几个角度来认识。性格的特征如表 1-3 所示。

表 1-3　性格的特征

特　征	内　涵	表　现	
态度特征	对社会、集体、他人及自己的态度	优良	爱集体、富有同情心、善交际、直率、温文尔雅、公正、诚实
		不良	孤僻、粗枝大叶、墨守成规、浮躁
		对自己	谦逊或自负、自豪或自卑、大方或羞怯
情绪特征	情绪影响人的活动或受人控制时经常表现出来的稳定特点	暴躁与温和、乐观与悲观、热情与冷淡等	
认知特征	认知的态度和活动方式上的差异	主动观察型与被感知型、详细分析型与概括型、快速型与精确型的差别等	
意志特征	通过行为方式反映	直觉性、自制性、坚定性、严谨、勇敢等；或相反，如盲目性、依赖性、脆弱性、优柔寡断、冲动、草率等	

1. 态度特征

性格的态度特征指的是个体处理社会各方面关系的特征，它决定了一个人对人生的选择方式。态度特征包括对社会、集体、他人的态度特征，如忠于祖国、大公无私、漠不关心等；对工作、劳动、学习的态度特征，如兢兢业业、刻苦勤奋、敷衍了事等；对待自己的态度特征，如谦虚谨慎、狂妄自大等。

性格的态度特征往往影响到职业的选择和成就。自私、对公益事业漠不关心、轻视社会行为规范的人，可能就不太适合从事与人打交道的职业。

2. 情绪特征

性格的情绪特征是指人在情绪活动时所表现出来的性格特征，主要反映在情绪活动的强度、稳定性、持续性及主导心境等方面的个别差异。

（1）情绪活动的强度，指情绪对人的行为的感染程度、支配程度及情绪受意志控制的程度。如有的人情绪强度难以控制，情绪一经引起就比较强烈；有的人冷静处事，情绪不易受感染。

（2）情绪活动的稳定性，指情绪的起伏和波动程度。如有的人情绪易波动，为一件小事就可能大发雷霆；有的人情绪稳定、持久，不动声色。

（3）情绪活动的持续性，指情绪发生后产生作用时间的长短。如有的人情绪活动一旦发生，持续时间就很长，对人的各方面影响较大；有的人情绪活动持续时间短暂，一经发泄，就烟消云散。

（4）主导心境，指人的经常性的情绪体验。如有的人总是愉快乐观，有的人总是多愁善感。

性格的情绪特征影响着人们的职业选择。情绪稳定而持久的人适合于从事精密细致的工作，比如医生、会计等，而情绪易冲动的人就不太适合从事这样的工作了。

3．认知特征

性格的认知特征是指人们在感知（感觉、知觉）、记忆、想象和思维等认识过程中所表现出来的个体差异。认知特征主要表现在四个方面：感知方面，如主动感知型和被动感知型；记忆方面，如直观形象记忆型和逻辑思维记忆型；想象方面，如幻想型和现实型；思维方面，如独立型和依赖型等。

偏好独立思考，有着丰富想象力与创造力的人更适合开放的工作环境，不受约束地工作，如设计师或各类艺术创作的职业；而倾向于被动感知，喜欢接受任务的人更适合按部就班地工作，如文员、会计、档案管理员等。

4．意志特征

性格的意志特征指的是个体对自我行为的自觉调节方式及水平方面的性格特征。具体表现在四个方面：行为目的方面的意志特征，如目的明确或盲目，独立或易受暗示等；行为的自觉控制水平方面的意志特征，如主动性、自制性等；在长期或经常性的行为中所表现的意志特征，如持之以恒、虎头蛇尾等；在紧急情况或困难状态下表现出来的意志特征，如勇敢或怯懦等。

性格的意志特征同职业的选择与成就有着密切的关系。坚韧的人适宜从事要求耐力很强的工作，如外科医生、科学研究员、运动员等。

性格特征的几个方面彼此关联、相互制约，组成了一个整体。一般来说，性格的态度特征是性格的核心，直接表现出一个人对事物所持有的比较恒常的倾向，也决定了性格的其他特征。

（三）性格的类型

对性格类型的划分，研究者有不同的见解，目前比较常见的是瑞士心理学家荣格提出的向性类型说。荣格认为，人的性格按照个体心理活动倾向，可以划分为外向型、内向型和中间型。

（1）外向型人的特点具体表现为：总是注意外界发生的事，追求刺激，敢于冒险；无忧无虑、随和、乐观、爱开玩笑、易怒也易平息，不假思索地行动；有与他人谈话的需要，好为人师、易冲动；喜欢变化、有许多朋友；善于交际、不喜欢独自学习。

（2）内向型人的特点具体表现为：倾向于事先计划，三思而后行，严格控制自己的感情，很少有攻击行为；性情孤独，内省，生活有规律；对书的爱好甚于对人的交往，除亲密朋友外，对人冷漠，保持距离；很重视道德标准，但有些悲观；安静，不喜欢交际。

（3）中间型人的特点介于外向型、内向型两者之间。

（四）性格特征和职业选择

常见的性格特征和职业选择对应情况，如表1-4所示。

性格影响职业发展

表1-4　常见的性格特征和职业选择对应情况

类　　型	性　格　特　征	对　应　职　业
变化型	在新的和意外的活动或工作情境中感到愉快，喜欢有变化的和多样性的工作，善于转移注意力	如记者、推销员、演员等
重复型	适合连续从事同样的工作，按固定的计划或进度办事，喜欢重复的、有规律的、有标准的工作	如纺织工、机床工、印刷工、电影放映员等
服从型	愿意配合他人或按他人的指示办事，而不愿意自己独立做出决策，担负责任	如办公室职员、秘书、翻译等
独立型	喜欢计划自己的活动和指导他人的活动或对未来的事情做出决策，在独立负责的工作情境中感到愉快	如管理人员、律师、警察、侦查员等
协作型	在与人协同工作时感到愉快，善于引导他人，并想得到同事的喜欢	如社会工作者、咨询人员等
机智型	在紧张和危险的情况下能自我控制沉着应对，在发生意外和差错时能不慌不忙出色地完成任务	如驾驶员、飞行员、消防员、救生员等
展现型	喜欢表现自己的爱好和个性，根据自己的感情做出选择，通过自己的工作来表现自己的思想	如诗人、音乐家、画家等
严谨型	注重工作过程中各个环节、细节的精确性。愿意按一套规划和步骤使工作尽可能做得完美，倾向于严格、努力地工作以看到自己出色完成工作的效果	如财会人员、统计员、审计人员、校对人员、图书资料或档案管理人员、打字员等

绝大部分职业会同时与几种性格类型特点相吻合，而任何一种职业也都同时具有几种职业性格类型的特点。

（五）性格的完善

1. 正确对待性格优劣

要善于正确地自我评估，辩证地对待自己的优缺点，使优势进一步巩固，不足的地方努力改善。"金无足赤，人无完人。"刚直坚韧的性格，坦诚不阿，但易失之偏激；温顺善良的性格，优点在于宽容待人，但可能不果断；好动开朗的性格，可取之处在于能不断进取，不足之处可能是轻率鲁莽；沉稳恬静的性格，优点是遇事深思熟虑，但往往失于迟缓……

实际上，性格本没有"优"与"劣"之分，但不同的性格特点对于不同的职业存在"匹配"与"不匹配"的情况，某种性格能让一个人在一种职业环境中获得成功，但在另一种职业环境中大受挫折。当你发现某种职业不适合自己，即企业赋予的职业角色的要求和你的性格特点不相匹配时，有以下两种方法可以借鉴。

一是"顺应本性"法：当你了解和认清了自己的性格特点，发现自己和职业角色的要求不匹配时，可能你需要做的就是寻找一种新的职业，发挥和强化性格中的优势，弱化和规避性格中的劣势，才会取得理想的工作绩效。

二是"优化性格"法：你需要改变自己已定型的性格，改善性格与职业角色要求之间不协调的部分，当然这个过程会比较漫长，甚至会经历较激烈的心理斗争。正所谓，"江山易改，本性难移"，要改变自己的性格，确实不易，但"难移"不等于"不能移"。如外向的人在表现自我的同时要适当地对自己的内心世界进行反省；内向的人在善于深度思考的同时要适当地表达出自己的意见。

2. 选择合适榜样学习

榜样是一面镜子，自己在面对镜子时能照出与他们的差距，同时也成为完善自身性格的无形力量。了解自己性格中缺少的从事某种职业应具备的特征，努力去弥补。暴躁易冲动的人，如果想要从事教师的职业，就需要努力培养自己的"忍"和"耐心"，以榜样为鉴，取人长，补己短。

3. 积极参与社会实践

社会是一个大熔炉，在与人交往中，我们可以发现自身性格的不足与缺陷，通过实践让自己长期养成一种自觉行动，并形成习惯，从而磨砺和完善自己的性格。微软公司作为全球知名企业，是许多人梦寐以求想加入的，而进入微软技术支持中心的第一步，便是接受为期一个月的封闭式培训，关于如何接电话，公司就有一套手册。微软公司培训的目的就是要把头角峥嵘的学子们转化为真正的职业人。

4. 自我要求严格执行

为了使性格更符合自己所从事的职业，我们需要通过自我分析、自我约束等方式来自我要求并积极执行。美国科学家富兰克林在年轻时就下决心要"克服一切坏的自然倾向、习惯或伙伴的吸引"。为此他给自己制订了一项包括13个项目的性格修养计划：节制、静默、守纪律、果断、俭约、勤勉、真诚、公平、稳健、整洁、宁静、坚贞和谦逊。为了监督自己是否逐条执行，他将这些内容记录在笔记本上，画出七行空格，每晚自我反省一番。如果白天犯了某一种过失，就在相应的空格上记下一个黑点。他希望通过长年累月的自我反省和自我要求，能够完全消灭那些黑点。后来，他也确实实现了自己的目标。

四、能力认知

（一）能力的含义和分类

能力是指顺利地完成某种活动任务在心理方面需要的基本条件，是直接影响活动效率，使活动得以顺利完成的心理特征的总和。能力总是和人完成一定的活动联系在一起的，人的能力是在活动中形成、发展和表现出来的。每一个人都具有由多种能力组成的能力群，在这个能力群中，常常是某方面的能力占优势，关键是认清自己的优势能力，并将其发挥出来。

通常，人们将能力分为一般能力和特殊能力两大类。一般能力是指在不同种类的活动中表现出来的共同能力。一般能力大致包括观察力、思维力、言语能力、想象力、记忆力、操作能力。它是有效地掌握知识和顺利完成活动所必不可少的心理条件，即使最简单的活动，都不能脱离一般能力。特殊能力是指从事某种专业活动所必需的多种能力有机结合形成的能力。任何一种专业活动都是与该专业内容相符合的几种能力的结合，如数学能力、音乐能力、绘画能力等。

另外，人们也会将能力分为实际能力和潜在能力。实际能力是指个人在行为上已经表现出来的成就。潜在能力是指个人假如有机会学习，可在行为上表现出来的成就。

人们还会将能力分为内容性能力（或称专业知识能力）、功能性能力（或称可迁移能力）和适应性能力（或称自我管理能力）。

（二）能力与职业的关系

能力的定义和特征与适应职业对应表，如表 1-5 所示。

表 1-5　能力的定义和特征与适应职业对应表

能　力	定　义	特　征	适应职业
语言能力	是对指示词及其含义的理解和使用的能力，以及善于清楚、正确地表达自己的观念和向他人介绍信息的能力	具有高度语言能力的人，能准确地表达自己的内心思想感情，擅长于学习语言文化，喜欢写作，喜欢编讲故事和做文字游戏	作家、秘书、编辑、社会科学家、教师、政治家等
数理逻辑能力	是指迅速而准确地运算，以及在准确运算的同时，能推理、解决应用问题的能力	心算速度快，能清晰地进行逻辑推理，喜欢使用计算机	科学家、工程师、计算机程序设计者、会计和哲学家等
空间判断能力	是指能从三维空间观察环境，在头脑中构成形象并使之变形的能力	空间感强，能看懂几何图形，识别物体在空间运动中的联系，解决几何问题的能力强	建筑师、艺术家、机械师、工程师和城市规划师等
运动协调能力	是指个体对身体运动的控制能力和熟练操作对象的能力	喜欢体育运动和体育竞赛，与人谈话时手势较多，动手能力强，手工技能较好，容易模仿他人的行为举止	运动员、木刻人员、画家、装配人员、演员等
人际关系能力	是指善于理解他人，尊重他人的能力	深谙人情世故，掌握人际吸引规律，擅长于组织活动，善于协调，理解对方情感，且使之通力合作	教师、销售员、咨询人员、政治家、企业家等
艺术能力	是指运用艺术手段再现社会生活和塑造某种艺术形象的能力	喜欢演奏乐器，容易记住音乐旋律，能够辨别他人唱歌是否走调，音乐节奏感强，学习时常有音乐伴随	作家、画家、歌唱家、演员等

（三）能力的提升

1. 能力发展需要整合

哈佛大学教授戈尔曼认为："人的成功要素中智力仅占 20%，而其他因素占 80%。"社会不断进步，促使职业发展的要诀在于综合运用自己的各项技能。职业活动不是只需要单独地使用某种能力，而是需要多种能力的整合。实际上我们不能单靠一种能力就能胜任某种职业，但每种职业都会特别强调某种能力。例如秘书职业，就需要语言能力、资料处理能力、创造力、耐心、热情、简单的电脑维修技能、会议安排等多种能力，但是其核心职业能力是资料处理能力。

日本管理学家大前研一说："现在是碎片化知识的时代，所有人8到18岁所读之书、所学知识可以浓缩在一张光盘中，唯有能将其整合者，才能成为解答者。"对于能力的整合我们可以遵循"核心+卫星"策略，核心就是自己的优势能力，是求职岗位所需要的核心能力，是求职成功的保证，而卫星则是自己的非优势能力，是求职岗位所需的辅助或附属能力，是职业发展的催化剂。

2. 能力提升靠实践

职业所要求的能力大多是要靠后天努力才能完善的，其提高的关键在于平时的实践，职业实践和教育培训是职业能力形成和提高的前提。

先天条件，如身高、体重、体质、智力水平等会对职业能力的形成和提高产生影响，但这不是绝对的，也不是不可变化的。鲁迅先生说过一句耐人寻味的话："其实即使天才，在生下来的时候的第一声啼哭，也和平常的儿童的一样，决不会就是一首好诗。"可见，即使天才，也要靠后天的刻苦努力。

如果我们的能力尚有不足，则要相信勤能补拙。如果我们对自己的能力不够自信，则应抱着"是骡子是马拉出来遛遛"的信念，大胆地去做，那么可能会发现自己表现不佳只是因为之前一直没有足够的机会或没有胆量去展示而已。

提高职业能力的途径除了在实践中学习和摸索，最有效的方法是接受教育和培训，学校教育能使人掌握一定的基础知识和职业技能。上岗前再参加一些针对性强的专门培训，对上岗后更好地胜任岗位职责会有极大的帮助。

五、价值观认知

（一）价值观的含义及特点

体现价值观的小故事

价值观，是基于人的一定的思维感官之上而做出的认知、理解、判断或抉择，也就是人认定事物、辨定是非的一种思维或价值取向，从而体现出对周围的客观事物（包括人、事、物）的意义、重要性的总评价和总看法。在阶级社会中，不同阶级有不同的价值观念。

价值观有以下四个特点。

一是多样性。由于不同人的先天条件和后天环境不一样，人生的经历也不尽相同，每个人价值观的形成都会受不同环境的影响，因此，不同的人形成的价值观也不尽相同，构成了价值观的多样性。

二是稳定性。个体的价值观一旦形成，就具有相对的稳定性，常常不易改变，且具有持久性。

三是社会历史性。处在不同历史背景或历史时代的人，其形成的价值观也是不同的，个体的价值观深深地打上了历史的烙印。

四是可改变性。人的价值观可随着环境的变化、知识经验的积累而发生改变。

（二）职业价值观的含义

职业价值观是价值观在所从事的职业上的体现，是人们对待职业的一种信念和态度，或者在职业生涯中表现出来的一种价值取向。

职业价值观内涵包括三个方面。

（1）职业价值观是一个人对各种职业价值的基本认识和基本态度。

（2）职业价值观表明了一个人通过工作所要追求的理想是什么：为了钱？为了权利？还是为了一种感情关系？

（3）职业价值观是人们在选择职业时的一种内心尺度。它支配着人的择业心态、行为、信念和理解等；支配着职业认知、明白事务对自己职业发展的意义及自我了解、自我定位、自我设计等；同时也为自认为正当的职业行为提供充足的理由。

由于个人的身心条件、年龄阅历、教育状况、家庭和环境影响，以及兴趣爱好的不同，人们对各种职业的主观评价也不同。不同的人由于其价值观不同，对具体职业和岗位的选择也就不同。

（三）职业价值观与职业

职业价值观特点与职业类型对应情况，如表1-6所示。

表1-6　职业价值观特点与职业类型对应情况

职业价值观	特　点	对应职业类型
自由型	凭自我能力处事，不受他人指使，充分施展自身本领	自由职业者、艺术家、摄影师、音乐教师、作家、演员、诗人、作曲家、编剧、漫画家等
权力型	权力欲较强，无视他人想法，为所欲为，且视此为无比快乐	政治家、律师、调度员、推销员、广告宣传员、旅店经理等
自我型	一心一意发挥个性，追求真理。不考虑收入、地位及他人对自己的看法，尽力挖掘自身潜力，施展本领，且视此为有意义的生活	科研人员、科技工作者、科学报刊编辑、科学家、实验人员等
技术型	拥有一技之长，专心致志钻研技术	工程师、技师、行业专家、司机等
经理型	考量职业的出发点和落脚点，包括日常人际关系的维系，都关注经济利益	各行各业中的经理
合作型	人际关系较好，视朋友为最大财富	秘书、公关人员、销售员等
小康型	追求优越感，渴望拥有社会地位和名誉，希望受到他人尊重，虚荣心较强，自我意识强	办公室职员、计算机操作员、会计、出纳、统计员等
享受型	喜欢安逸的生活，不愿接受挑战	无固定职业类型
志愿型	富有同情心，默默无闻处事，视帮助他人为无比快乐	社会工作者、社会学家、教师、护士、导游等

第三节　自我认知的养成

孔子的生涯发展

一、科学认识自我

认识自我是建立在自我观察、自我分析基础上的对自我素质的全面评估。在认识自我的过程中，应该掌握三大原则：客观性原则，即对自己进行观察、分析、评价要以客观事实为基础和依据；全面性原则，即对自我的认识应当全面，既要看到自己的优点和长处，又要看到自己的缺点和不足；发展性原则，即应以发展变化的眼光来看待自己的现实素质。我们可以通过以下途径科学地认识自我。

1. 经验估测

从做事的经验中了解自己。一般人取得的成果、成就及与社会接触的过程都是一种学习，不经一事，不长一智。成败得失，其经验的价值也是因人而异的。对聪明又善用智慧的人来说，成功、失败的经验都可以促使他再成功，因为他了解自己，有坚强的人格特征。善于学习，因而可以重蹈失败的覆辙。而对某些自我比较脆弱的大学生来说，失败的经验更容易使其失败，这也是正常的现象。因为他们没有从失败中得到教训，改变策略追求成功，反而挫败后形成挫败心理。不敢面对现实去应对困境或挑战，甚至失去许多良机。对有些自我狂大的人而言，成功可能成为失败之源。他们可能幸得成功便骄傲自大，以后做事便自不量力，往往连遭失败。因此，大学生要细加分析和甄别由成败经验获得的自我认知。

2. 他人评价

唐太宗李世民痛失魏徵时曾说："以铜为镜，可以正衣冠；以古为镜，可以知兴替；以人为镜，可以知得失。"他人就像一面镜子，透过他人对自己的评价可以清楚地了解自己不知道但是他人知道的一面：背脊我。他人可以是同学、朋友、师长、父母等。

"以人为镜"就是听取他人评价的过程。20 世纪初期社会学家查尔斯·霍顿·库利（Charles Horton Cooley）提出"镜中我"（looking-glass self）的概念，他认为他人评价就是通过观察他人对自己言行举止的反应来进行自我感知。他人评价就如同一面镜子可以真正地观测到自己在生活中的表现，交接自己的各项特质。这好似出门之前照镜子一般，以确定自己的服饰是否整洁合身、搭配是否协调。他人评价是可以方便利用的一种自我探索方式。

3. 自我反省

反省即自我省思，是通过自我意识来省察自己言行的过程，是自我意识的能动表现，也是自我认知行之有效的方法。

通过对自己一些成长经历的回顾，比如过去哪些事情我做起来非常快乐？哪些事情我做起来很痛苦？哪些事情我做起来非常轻松？哪些事情我做起来比较费劲？等等。最后，将分析到的结果与职业联系起来。

在日常生活中，用以自我反省的方法有很多。

第一个方法是写日记。记载日常经历的事件，从中总结成败得失，记录个人感悟。

第二个方法是写"个人传记"。"个人传记"是对个人成长史的回顾，它的重点不在于定性的评价，而是要尽量描述事情的本来面目，并写出自己的感受，常常包括：①我当时有什么志向？②我立下这种志向，最主要是受到哪些事情或经验的影响？③我当时最崇拜什么人，为什么？④我最后选择了什么？放弃了什么？等等。

第三个方法是撰写成就故事。其重点是：①至少找出五件在学习、工作或生活上的成就，每件事例都要记载时空背景，包括人物、地点和实践，并做出以下分析：发生了什么事？遭遇了哪些挑战？出现了哪些机会？我是怎么解决问题的？经过我的努力，取得了哪些成果？②

找出这些经历彼此是否有共通之处，如都使用了某项能力、都对某个过程感兴趣等，这才是核心所在。

4．心理测量

心理测量是通过回答心理学专家精心设计的有关问题来认识自我、了解自我的一种方式。在测试时，应该如实回答，否则自测结果就不能反映真实的情况，失去自测的意义。因此，在回答自测问题时，不要考虑他人会怎么认为、怎样回答才算正确等。事物皆可度量，只是心理更难测知。"权，然后知轻重；度，然后知长短。物皆然，心为甚。"

心理测量有很多种方法，如智力测验、人格与性格测验、职业兴趣测验等，运用这些测验，可以协助受测者了解自己的职业兴趣、人格特质，协助做决定并发掘问题，协助规划并合理规划未来。对职业规划和管理来说，适当地运用心理测量是必要的。尽管测量结果未必完全准确，但是作为职业规划的参考依据还是可取的。

我们可能会认为有人外向有人内向，有人注意细节有人偏重大局。在日常生活中，透过行为管窥心理特质，有时难免会失之毫厘谬以千里。因为心理自我宛若戴着面纱的女子，不肯以真面目示人。但随着心理科学技术的成熟，心理测量技术也日益完善，它透过行为表现推测心理特质。经过心理学家的长期研究，对心理特质所对应的行为表现已经列举得较为全面，所以心理测量，尤其是标准化的心理测量，测试结果也相对比较可信。

二、积极认可自我

（一）积极而准确地评价自我

在现代社会，认识自我是一种境界，是我们所应具有的素质，积极而准确地评价自我是促使自己产生自尊感、克服自卑感的关键。

1．接受自己的全部

俗语说："金无足赤，人无完人。"每一个人都有自己的优点和缺点，对自己的优点要充分发挥，对自己的缺点要正确对待。有时缺点表现为自身的不足或缺陷，自己要勇于面对，并积极主动地去克服和接受。

2．肯定自己的价值

要积极悦纳自我，喜欢自己，觉得自己独一无二，有价值感、自豪感、愉快感和满足感；要性情开朗，对生活乐观，对未来充满憧憬；要树立远大的理想，并以此来激励自己不断地克服消极情绪。

（二）正确对待挫折和失败

一个人在成长的过程中，难免会遭遇失败，有勇气面对挫折，认真总结教训，树立不达目的不罢休的信心，增强自尊和自信，使自己有为实现理想而努力的更强大的动力，激励自己不断奋进。

1．学会面对，正视挫折

挫折对人有积极与消极两重性。以利而言，挫折能激发人的内在潜能，增强其韧性和解决问题的能力；以弊而言，挫折会使人产生一种害怕的心理，不敢面对挫折。如果一个人整日把自我看得很重，患得患失，忧心忡忡，那么空想和沮丧就会久居其脑海，产生自卑的心理。

做任何事情都要有接受成功和失败两种结果的心理准备，不要因成功而忘乎所以，因失败而丧失自信。成功了，要善于总结经验；失败了，更要认真吸取教训，分析失败的原因，寻找成功的窍门。要自觉矫正对"挫折"的理解，强化对"挫折"的体验，真正认识到"挫折"对人成长发展的重要性，采取积极有效的方法策略，敢于面对。

2. 目标明确，量力而行

一般来讲，如果一个人的期望值过高的话更容易承受挫折。但是，如果预设的目标远远超越了自己的实际能力，不但容易遭受挫折，而且还会无法承受挫折，出现难以想象的后果。

研究表明，在任何任务中都会存在一个难度上的"中间地带"。科学、合理的目标就应该落在这个"中间地带"。因为一项过于简单或过于困难的任务，都不会给人以挑战性的刺激。没有人会因为完成一项很容易的任务而产生成功感，也没有人因为不能完成一项极其困难的任务而产生失败感。我们制定的目标的确要长短结合，量力而行。挫折，有时是因为自己制定的目标过高引起的，当预定的目标没有实现时，我们应该及时地反省目标是否科学、合理。将自己定下来的目标细化，把目标落实到每一周或每一天。这样通过一项项任务的完成，就可以战胜困难，最终实现远大的理想。

3. 自我调节，释放能量

当遇到困难时，不能一味地责怪自己，要不急躁、不消沉。学会自我安慰、自我暗示、自我激励，以此来改变自己不良的心境。采取合理有效的方法，宣泄情绪。当我们遇到挫折时，可以向自己信任的老师、同学倾诉，同家人友好地交谈，并接受他人的劝解；或者参加体育锻炼，把压抑的情绪释放出来，并寻求正确对待的方法。将消极的状态转化为积极的心理状态，促进健康人格的发展。

三、努力完善自我

（一）确立正确的理想自我

正确的理想自我是在自我认识、自我认可的基础上，按社会需要和个人的特点来确立自我发展的目标。大学生要积极探索人生，理解人生，树立正确的人生观、价值观和世界观，为理想自我的确立寻找合适的人生坐标，从个人与社会的联系中认识有限人生的价值和意义，并通过实现这一目标而努力地完善自我。

（二）不断地提高现实自我

不断战胜旧的自我，重塑新的自我，既要努力发展自己，又绝不能固守自我，要积极主动地为社会服务，勇于承担重任；既注重自我价值的实现，又不仅仅追求个人价值，在为他人和社会服务、为国家和民族做贡献的过程中实现自我价值。当然提高现实自我是一个长期的过程，必须坚持不懈，持之以恒，才能使现实自我不断地向理想自我靠拢，并最终实现自己的人生目标。

（三）获得积极的自我统一

自我统一要做到自我认识、自我体验和自我调控的统一。大学生在认真探索人生的过程中，逐步获得积极的自我统一，实现自身的价值。在获得自我统一的过程中，首先要分析和确认"理想自我"的正确性和可行性，然后与现实的我相对照，最后有针对性地、有计划地解决二者之间的矛盾，缩小差距，最终获得统一。

1. 从自我认知角度来看，你是如何思考和制定职业发展目标和方向的？
2. 你理想中的行业或职业需要什么样的性格、能力和素质？
3. 从兴趣、气质、性格、能力和价值观等五个角度对自己进行分析，并根据结果思考如何自我完善。

过程训练

1. 自我测试。

请填写以下内容，对自己形成一个客观的认知。

我是＿＿＿＿＿＿＿（个性形容词），我觉得我的身高＿＿＿＿＿＿＿。

我不＿＿＿＿＿＿＿（私人的忌讳），我的体重令我＿＿＿＿＿＿＿。

我喜欢＿＿＿＿＿＿＿（兴趣、喜好），我常有的表情是＿＿＿＿＿＿＿。

我曾＿＿＿＿＿＿＿（得意或失意的事），我不喜欢的外表一部分是＿＿＿＿＿＿＿。

我想＿＿＿＿＿＿＿（愿意或理想），我喜欢他人形容我＿＿＿＿＿＿＿。

我要＿＿＿＿＿＿＿（强烈地拥有），我最想要听他人说我＿＿＿＿＿＿＿。

我很＿＿＿＿＿＿＿（特别的喜好或厌恶），我不喜欢他人说我是＿＿＿＿＿＿＿。

2. 自我反省。

请你写出到目前为止你曾经经历过的三个重要选择，回想一下，当时的场景，你是如何做出选择的。

（1）＿＿＿＿＿＿＿＿＿＿＿＿＿＿＿＿＿＿＿＿＿＿

＿＿＿＿＿＿＿＿＿＿＿＿＿＿＿＿＿＿＿＿＿＿＿

（2）＿＿＿＿＿＿＿＿＿＿＿＿＿＿＿＿＿＿＿＿＿＿

＿＿＿＿＿＿＿＿＿＿＿＿＿＿＿＿＿＿＿＿＿＿＿

（3）＿＿＿＿＿＿＿＿＿＿＿＿＿＿＿＿＿＿＿＿＿＿

＿＿＿＿＿＿＿＿＿＿＿＿＿＿＿＿＿＿＿＿＿＿＿

思考你做决策的依据，以及所体现的价值观，并分析这些价值观对你生涯发展的影响。

第二章
启航职业规划

青年的人生目标会有不同，职业选择也有差异，但只有把自己的小我融入祖国的大我、人民的大我之中，与时代同步伐、与人民共命运，才能更好实现人生价值、升华人生境界。

——习近平

第一节　职业发展规划

如何选择职业道路

一、职业是人全面发展的重要载体

每个人来到这个世界，作为完整的人生都将经历婴儿、童年、少年、青年、中年和老年时期，在每个时期，都面临着一个共同的课题——自我发展。

人的自我发展不仅遵循发展的普遍规律，也存在其自身发展的特殊规律。就发展的普遍性来说，每个人都要经历大致相同的发展阶段，从嗷嗷待哺到追逐嬉戏，从读书求知到成家立业……就发展的特殊性来说，每个人的发展水平和状态在很大程度上取决于人的主观能动程度。从现实生活的实践来看，人们常常会接触到这样的情况：先天条件、成长环境或面临机遇相似的两个人，由于后天个人努力不同，人生的发展轨迹将会截然不同。有的人走出了满怀自信——勤奋好学——积极进取——得心应手——步步高升的成功之路；而有的人，虽然起先也雄心壮志，但总感到怀才不遇——满腹牢骚——频繁下岗，最后毫无成就。每个人都想让自己的人生过得充实而绚丽多彩，并富有意义，在进入职场前制定切实可行的职业发展规划，是人们职业顺利发展和实现理想人生目标的重要环节。

众所周知，在人生发展的过程中，人们需要围绕职场、家庭和社会三个主要舞台扮演各种各样的角色。在职场这个舞台上，人们需要努力工作，尽可能地让自己的事业有所成就；在家庭这个舞台上，人们要履行家庭责任和义务，尽可能地让自己的家庭幸福美满；在社会这个舞台上，人们要承担社会责任和义务，尽可能地为社会创造财富。人们只有实现了身心健康、家庭和睦、事业有成和子女成才四个方面和谐发展，才称得上实现了自己的成功人生。

在现代社会，职业在人们的生活中起到的作用越来越重要，并占据整个人生发展历程相当长的时光，也是绝大多数人投入时间、精力最多的人生组成部分。完整的人生职业发展规划一般分为四个大的阶段：工作阶段、职业阶段、事业阶段、离职阶段。

职业发展规划也可以分为九个小阶段：成长和探索阶段、进入工作阶段、基础培训阶段、取得正式成员资格阶段、职业中期阶段、职业危险阶段、职业后期阶段、衰退和离职阶段、离开组织和职业阶段——退休。著名心理学家马斯洛把需求分成生理需求（对食物、水、空气、性欲、健康的需求），安全需求（对安全、舒适、安宁的需求），归属需求（对爱、被爱、被接纳的需求），尊重需求（对自己人格、工作成果受到尊重的需求）和自我实现需求（对发挥潜能及实现富有意义的目标的需求）等五类，依次由较低层次到较高层次逐步推进。

人们实现人生较高层次的需求与个人的职业发展程度有着密切的关系。

在工作阶段，个人的职业价值观、兴趣、性格、能力素质与所担任的职位进行匹配性选择，工作只是个人谋生、满足其生理需求和安全需求的一种手段。随着个人知识的丰富、能力的提高及个人与职位的匹配性和适应性的吻合，个人的职业生涯也就进入了职业阶段。在此阶段，工作成为发挥个人才干、满足其归属需求、尊重需求的一种手段。而当个人的职业生涯进入事业阶段后，个人不再把工作当作一种生存手段，而是作为实现其人生价值的手段。在此阶段，虽然工作负担重、责任大，但总是以工作为乐，在工作中总有用不完的激情，个人通过工作满足其对发挥潜能及实现有意义人生的追求，到了离职阶段，人们就对职业，乃至人生有了新的认识和体验。

总之，人全面发展的质量和需求满足的程度与人们职业发展的高度存在密切的关系。在现代社会，职业是人全面发展的重要载体，人全面发展又是成功职业生涯的最终目的。

二、职业发展规划的定义和分类

（一）职业发展规划的定义

所谓职业发展规划，是指个人根据自身特质和职场环境，对将要从事和已从事的职业的主客观条件进行测定、分析、总结、研究和调整，对其兴趣、爱好、能力、特长、经历及不足等方面进行综合分析与权衡，结合自己的职业倾向，制定职业发展的方向和目标，还要制定切实可行的方案，并在一定时空下，为实现目标做出设计和安排。

1. 认识自我，了解社会，主动发展

在职场中，人的职业发展受到多方面的条件和因素的影响与制约，但选择适合个人发展的职业道路是取得职场成功的重要前提，衡量职业道路是否真正适合自己的根本标准是人职的匹配。职业发展规划能够帮助我们正确地认识自我，澄清自我需要，掌握职业发展开发和管理的知识和技能，从而帮助我们在遵循自身个性特点、能力优势的基础上结合社会需要，选择适合自身发展的职业道路。

2. 突破障碍，未雨绸缪，优化行动

在职业发展和个人成长成才的过程中，人们总会面临两个障碍：一是内部障碍，如目标不明、缺乏技能、态度消极等；二是外部障碍，如市场波动、政策变化、组织动荡等。制定合理的职业发展规划，能有效地帮助人们从容突破内部和外部障碍，开发人的潜能，达成自我实现。

面对快速发展的市场经济、知识经济和信息化社会时代，人们身处职场，总会认为个人

的职业发展难以规划，即便做了规划，也难以实现，这是认识误区。凡事预则立，不预则废。正因为人们身处的外部环境和内部条件变化太快，才需要主动、提前谋划和应对。

影响人们职业发展的因素诚然有很多，有无法预测和无法控制的，也有可以预测和可以控制的。只要我们正视和面对这些当下一时尚不能预测和控制的因素，积极和主动促进那些可以预测和可以控制的因素朝着有利于自身发展的方面进行转变，就能在一定程度上起到未雨绸缪、优化行动的作用。再者，职业发展规划的制定和执行随着主观情况的变化而变化，它是一个不断调整的动态过程。

（二）职业发展规划的分类

按时间长短来划分，职业发展规划可分为：人生规划、长期规划、中期规划和短期规划四种类型。

（1）人生规划：主要制定整个人生的职业发展方向和目标，时间一般为 40 年以上。

（2）长期规划：主要制定较长远的，一些比较粗的、不具体的职业发展方向和目标，时间一般为 5 年以上。

（3）中期规划：相对于长期规划，主要制定较中长期的职业发展方向和目标，时间一般为 3～5 年。

（4）短期规划：制定一些具体的、操作层面的，为实现中长期的职业发展方向和目标而采取的步骤，时间一般为 3 年以内。

三、职业类型和职业发展的取向

（一）职业类型划分

1. 按职业大小和粗细划分

我国运用科学的职业分类理论和方法，参照国际标准，借鉴国际先进经验，充分考虑我国转型期社会分工的特点，按照以"工作性质相似性为主、技能水平相似性为辅"的分类原则，编制颁布《中华人民共和国职业分类大典》。按 2022 版的《中华人民共和国职业分类大典》，我国的职业分类结构由大到小、由粗到细分为 8 个大类、79 个中类、450 个小类和 1639 个细类（职业）。

大类按照工作性质的统一性分为 8 个。

（1）党的机关、国家机关、群众团体和社会组织、企事业单位负责人。

（2）专业技术人员。

（3）办事人员和有关人员。

（4）社会生产服务和生活服务人员。

（5）农、林、牧、渔业生产及辅助人员。

（6）生产制造及有关人员。

（7）军队人员。

（8）不便分类的其他从业人员。

中类是在大类的范围内，根据工作任务与分工的统一性进行的分类；小类是在中类基础上依据工作环境、功能和相互关系进行的分类；细类（职业）主要是按工作的工艺技术、操作流程等相似和统一性所做的划分和分类。

2. 按人职匹配原则划分

（1）技术型职业：从事这类职业的人往往出于自身的个性与爱好考虑，不愿意从事管理工作，而愿意追求在技术领域的成长和技能提高，在自己所处的专业技术领域谋求发展。

（2）管理型职业：从事这类职业的人有强烈的愿望去做管理人员，倾心于全面管理，相信自己有能力达到高层领导的职位，因此，他们将职业目标定为有相当大职责的管理岗位，并对组织有很大的依赖性。

（3）创造型职业：从事这类职业的人具有强烈的创造需求和欲望，意志坚定，勇于冒险。他们想要建立完全属于自己的东西，或是以自己名字命名的产品、工艺，或是自己的公司，或是反映个人成就的私有财产。他们认为只有这实实在在的事物才能体现自己的才干。目前，国家及诸多地方政府也倡导、鼓励和支持创造性职业，实现自主创业。

（4）自由型职业：从事这类职业的人喜欢独来独往，希望随心所欲地安排自己的工作方式和生活方式，追求能施展个人能力的工作环境，尽力摆脱组织的限制和制约。很多有这种职业定位的人同时也有相当高的技术型职业定位。

（5）安全型职业：从事这类职业的人最关心的是职业的长期稳定性与安全性。他们为了安定的工作、可观的收入、优越的福利与养老制度等付出努力，追求组织的安全性和地理位置的安全性，并对组织有较强的依赖性。由于受社会发展水平的影响，目前我国绝大多数的人都选择了这种职业定位。

3. 按从业人员的特质划分

（1）技能型职业：从事这类职业的人愿意使用工具从事操作性工作，动手能力强，做事手脚灵活，动作协调；偏好于具体任务，不善言辞，做事保守，较为谦虚；缺乏社交能力，通常喜欢独立做事。

（2）事务型职业：从事这类职业的人尊重权威和规章制度，喜欢按计划办事，细心、有条理，习惯接受他人的指挥和领导，自己不谋求领导职务；喜欢关注实际和细节情况，通常较为谨慎和保守，缺乏创造性，不喜欢冒险和竞争，富有自我牺牲的精神。

（3）研究型职业：从事这类职业的人抽象思维能力强，求知欲强，肯动脑，善思考，不愿动手；喜欢独立的和富有创造性的工作；知识渊博，有学识才能，不善于领导他人；考虑问题理性，做事喜欢精确，喜欢逻辑分析和推理，不断探讨未知的领域。

（4）艺术型职业：从事这类职业的人具有创造力，乐于创造新颖、与众不同的成果，渴望表现自己的个性，实现自身的价值；做事理想化，追求完美，不切实际；具有一定的艺术才能和个性；善于表达，怀旧心态较为复杂。

（5）经管型职业：从事这类职业的人注重追求权力、权威和物质财富，具有领导才能；喜欢竞争、敢冒风险、有野心/抱负；为人务实，习惯以利益得失、权利、地位、金钱等来衡量做事的价值，在做事时有较强的目的性。

（6）社交型职业：从事这类职业的人喜欢与人交往、不断结交新的朋友、善言谈、愿意教导他人；关心社会问题、渴望发挥自己的社会作用；为人友好、热情、善解人意、乐于助人；寻求广泛的人际关系，比较看重社会义务和社会道德。

4．按职业发展前景划分

（1）"恒星"类职业：该类职业是指从人类有文明记载以来，几乎一直存在的职业。

（2）"朝阳"类职业：该类职业是指像一轮红日冉冉升起的职业。

（3）"如日中天"类职业：该类职业是指已经充分发展并且目前占据主流的职业。

（4）"夕阳"类职业：该类职业是指那些从业人员正在减少，人员数量呈下降趋势的职业。

（5）"黄昏"类职业：该类职业已经"暮色环绕"，像"单一的"服务职业，从业人数急剧减少。

（6）"曙光"类职业：该类职业好似"东方已经出现亮光，但是太阳还没有升起"的职业。

（7）"流星"类职业：该类职业就像流星般一闪而过，曾经很多人做的工作，现在仅已寥寥无几，基本不存在了。

（8）"昨日星辰"类职业：该类职业曾经持续很长时间，现已完全消失。

大学生在制定职业方向的时候应该更多考虑从事那些"曙光"类职业、"朝阳"类职业和"恒星"类职业。

（二）职业发展取向

在职场中，每个人的成功都是特定的环境和条件下实现的，离开当时的环境和与环境相适应的个人条件，就不可能实现。

由于职业价值观的不同，每个人的职业发展取向会不同，进而造成不同的职业行为，形成不同的职业发展态势。因此，需要自己根据实际情况，找到独特的职业发展价值取向，并努力达到个人职业发展的预期，实现职业发展的目标。

人的职业发展取向和特征，一般概括为以下九种。

1．以价值为核心的职业发展取向

取向特征：把提高个人价值作为职业发展的核心内容，不断增加职业积累，推进职业价值的不断增值。

行为表现：树立正确的价值观，加强自身修养，在工作和生活中自觉表现存在价值，在职场中一般处于主动和核心地位。

2．以需求为核心的职业发展取向

取向特征：明确自己的职业需求，并为满足和实现这一需求而积极努力，在需求的推动下，不断实现个人职业发展的目标。

行为表现：为实现自己的既定目标不懈努力，并在实现既定目标后，再制定新目标，推进自己的需求不断升级。

3．以目标为核心的职业发展取向

取向特征：及时制定明确的职业发展目标，开拓进取，充分利用各种资源为实现目标服务，直至实现自己的职业理想。

行为表现：能够及时制定职业发展目标，掌握达到目标的方法和步骤，推进和确保每一个目标的实现。

4. 以理想为核心的职业发展取向

取向特征：关注自己的未来，有明确的职业愿景，能为自己的职业理想不断努力奋斗。

行为表现：时刻被自己的职业理想所激励，为自己的职业理想不懈奋斗，随着自己奋斗历程的延伸，职业理想越来越清晰，职业发展越来越有成效。

5. 以名誉为核心的职业发展取向

取向特征：职业活动的核心目标是呵护名誉，让自己具有超强的职业能力，从而推进个人职业发展。

行为表现：严格要求自己，时时刻刻追求完美，力求获得较高的美誉度。

6. 以地位为核心的职业发展取向

取向特征：高度注重社会地位，把获得社会地位作为自己的职业追求，努力挖掘社会资源，寻求更多的职业晋升台阶和机会。

行为表现：尊重有社会地位的人，不断积累社会资源，构建有利于自身职业发展的人际环境，时刻为自己未来提高社会地位做准备。

7. 以兴趣为核心的职业发展取向

取向特征：把职业与兴趣紧密结合起来，不断扩展自己的职业兴趣，为自己的兴趣寻找相应的职业兴趣，推进个人职业发展。

行为表现：对岗位充满激情，不断激发和稳定自己的职业兴趣，并全身心、创造性地投入工作。

8. 以物质为核心的职业发展取向

取向特征：把物质回报作为职业的根本追求，注重自己在职场中的利益获得，通过物质利益获得快乐和动力。

行为表现：关注工作的物质报酬，在物质利益的驱使下工作，注重付出和回报的比重。

9. 以市场为核心的职业发展取向

取向特征：注重市场对人的评价，从市场的需要出发，寻找自己的职业发展领域，并在市场中获得职业收益。

行为表现：关注市场需要，时刻为市场的需要做素质准备，靠实力和竞争获得职业发展的机会。

四、职业发展规划的原则和路径

（一）职业发展规划的原则

1. 可契合性

职业生涯能够成功发展的核心，就在于所从事的工作正是自己所擅长的。拟定职业发展规划目标要契合个人性格、特长和兴趣。一个人从事自己所擅长的工作，在工作时就会游刃有余；从事自己所喜欢的工作，在工作时就会身心愉悦。如果一个人所从事的工作，既是自己所擅长的又是自己所喜欢的，那么必能快速富有成效，业内脱颖而出，这正是成功的职业规划核心所在。

2. 可执行性

有些职场从业者很有雄心壮志，短时间内的工作虽具有一定的飞跃性，但更多时候是一种积累的过程——资历的积累、经验的积累、知识的积累，所以职业规划不能好高骛远，而要根据自己的实际情况，一步一个脚印，层层晋升，最终方能成就梦想。

3. 可持续性

职业发展规划不是一个阶段性的目标，而是一个可以贯穿自己整个职业发展生涯的远景展望，所以制定职业发展规划，目标必须具有可持续发展性。如果职业发展目标太过短浅，那么不仅会抑制个人奋斗的热情，而且不利于长远发展。

（二）职业发展规划的路径

职业发展路径是指人们在制定职业发展目标之后，以目前自身具备的条件和所处的环境作为起点到选择实现职业发展目标的路线的过程。选择不同的职业发展路径，人们为实现目标所付出的努力将是不同的。为此，在职业发展规划制定过程中，必须做好职业发展路径的选择，使自己为实现目标所制定的行动计划和措施沿着既定的职业发展方向前行。

职业发展路径主要有四种选择类型。

1. 单通道职业发展路径

单通道职业发展路径是指职业发展过程中只从事一种职业，发展路径只有一个通道，只能在这个通道中做垂直运动。如高等院校的专任教师的职业发展路径就是这种类型。专任教师通过教师任职资格考试，获得资格后，在教书育人的岗位上不断学习进修，提高理论知识水平和专业技能，积累自身的经验，成为一名"人类灵魂的工程师"。这种职业发展路径较为简单，职业发展的目标就是专业技术职称的不断晋升，从初级职称到中级职称，最终到高级职称。

2. 双通道职业发展路径

双通道职业发展路径是指职业发展过程中有两个职业发展的通道，形成"V"字形的运动轨迹。如高等院校的教师，在从事专任教师"教书育人"的同时，还从事教育管理工作，行使"管理育人"的职责。其个人的发展路径，一方面呈现专业技术职称的不断晋升：从初级职称到中级职称，最终到高级职称；另一方面呈现管理职级的不断晋升：办事员、科员、科级、处级、厅级……

3. 螺旋形职业发展路径

螺旋形职业发展路径是指职业发展过程中从事几种职业，通过不断学习来提高自身各方面的技能，在工作实践中不断积累自己的人力资本，为将来在不同职业中寻求发展机会打好基础。螺旋形职业发展路径不明确，较为复杂，需要个人有极强的职业发展规划能力，呈螺旋上升状。如某人原来在高等院校既担任专任教师，又从事行政管理工作，在从业过程中积累了丰富的工作经验，在信息搜集分析经验后，转行到教育主管部门，出任领导职务，实现职业发展的转型。

4. 跳跃式职业发展路径

跳跃式职业发展路径是指职业发展过程中职业发展并非依照等级一步一步晋升，而是跳过某个或几个等级，在较短的时间内达到较高的职务等级。这种职业发展路径并不常见，需要特殊的机遇或个人特别的努力，如高等院校的一些专业技术人才，在学术方面刻苦钻研，获得了重大的成果，因此在职称评定时破格晋级。

第二节 职业规划理论

一、职业选择理论

职业规划理论始于心理学，随着哲学、社会学、教育学、管理学及人力资源学等学科知识与内容不断融入职业规划的理论和实践，促进了职业规划理论的发展，使职业规划理论变成综合性学科。

1. 帕森斯（Parsons）——特质因素理论

帕森斯是美国波士顿大学的教授，被誉为"职业辅导之父"。1909 年，他在《选择职业》一书中提到：选择职业时，首先必须了解个人的能力、态度、兴趣、局限等；其次要了解各行各业达到成功的需要和条件、自身优点、酬劳、机会及未来展望等；最后要以个人和职业的互相配合（人职匹配）作为职业选择的最终目标。特质因素论的突出特点是它着重于个人的性向、成就、兴趣、价值观、人格与职业条件的匹配上，没有关注个人的性向、成就、兴趣、价值观和人格是如何变化的，即忽视了生涯发展的变化性，因而逐渐被后来的生涯发展理论所取代。

2. 霍兰德（Holland）——人格类型理论

美国心理学家、职业指导专家霍兰德是生涯辅导理论的又一发展者。他认为生涯的抉择与调整是个人在对特定职业类型进行认同后，个人人格在工作世界中的表露或延伸。

人格类型理论由四个基本假设组成：①大多数人的人格特质都可以归纳为六种类型，即现实型、研究型、艺术型、社会型、管理型和常规型；②工作环境也有六种类型，其名称、性质与人格类型的分类一致；③人们都尽量寻找那些能突出自己特长、体现自己价值和能令自己愉快的职业；④一个人的行为表现是职业类型和人格类型相互作用的结果。如果知道自己的人格类型和职业类型，我们就可以预测自己的职业选择、工作变换、职业成就、教育及社会行为。依据人格类型理论的假设，通过适当匹配，可以预测个人的职业满意程度、职业稳定性及职业成就。

二、职业发展理论

1. 施恩（Schein）——职业锚理论

职业锚理论产生于美国著名的职业指导专家施恩教授领导的专门研究小组，这一理论是通过该学院毕业生的职业生涯研究演绎而成的。职业锚，实际上就是人们选择和发展自己的职业时所围绕的中心，是指当一个人不得不做出选择的时候，他无论如何都不会放弃的职业中的那种至关重要的东西或价值观，是自我意向的一个习得部分。职业锚强调个人能力、动机和价值观三个方面的相互作用与整合。职业锚是个人同工作环境互动作用的产物，在实际工作中是需要不断调整的。职业锚理论将人们的职业锚分为五种类型：技术或功能型职业锚、管理型职业锚、创造型职业锚、自主与独立型职业锚、安全型职业锚。

职业生涯发展是一个持续探索的过程，在这一过程中，每个人都可以根据自己的天资、能力、动机、需要、态度和价值观等，逐步形成较为清晰的自我观念。随着人生的不断发展，一个人对自己的了解愈加深刻，职业锚的定位也将愈加准确。

2. 舒伯（Super）——生涯发展理论

舒伯的生涯发展理论非常完善，他集差异心理学、发展心理学、职业社会学及人格发展理论之大成，进行了长期的研究，系统地提出了有关生涯发展的观点，为职业生涯指导与规划奠定了科学基础。他认为生涯发展是一个连续不断、循序渐进且不可逆转的过程，并将生涯发展划分为成长、探索、建立、维持和衰退五个阶段。在这五个阶段中，每个阶段都有一些特定的发展任务需要完成，而前一阶段发展任务的完成与否关系到后一阶段的发展。同时，舒伯视自我概念为确立一个人终身依循的关键力量。他认为生涯成熟和青春期中的自我觉察程度、职业的知识，与发展的规划能力之间存在相互影响的关系。

此外，舒伯在 20 世纪 90 年代初期又设计了生涯彩虹图。舒伯认为，人生的整体发展是由时间、角色空间和投入程度所决定的，即个人生涯包括时间、角色空间和投入程度三个层面。人们在生涯发展过程中扮演不同的角色，而所有的角色都彼此相互影响。

生涯彩虹图（Life-career rainbow）

三、职业决策理论

1. 克朗伯兹（Krumboltz）——社会学习理论

美国著名心理学家克朗伯兹的社会学习理论是以社会学习的观点来解释人类生涯选择的行为的，特别强调社会因素和学习经验对生涯选择的影响。基于对环境影响作用的重视，社会学习理论认为生涯的选择是一种相互的历程，这种选择不仅反映个人自主的选择结果，也反映社会所提供的就业机会与要求。同时，社会学习理论也认为生涯决策是人生长期的历程，不只是发生在人一生中的某一阶段，而是由人在发展历程中连续不断的各种事件与任务决策技巧所决定的。因而，在教育与生涯辅导中应重视生涯决策技巧的教导。

2. 彼得森（Peterson）——认知信息加工理论

在 20 世纪 90 年代初期，桑普森（Sampson）、彼得森（Peterson）和里尔登（Reardon）提出从信息加工取向看待生涯问题解决的认知信息加工理论。该理论假设：生涯选择以认知与情感的交互作用为基础；进行生涯选择是一种问题解决活动；生涯问题解决者的能力取决于知识和认知操作；生涯问题解决是一项记忆负担繁重的任务；生涯决策要求有动机；生涯发展包括知识结构的持续发展和变化；生涯认同取决于自我认知；生涯成熟取决于一个人解决生涯问题的能力；生涯咨询的最后目标是促进来访者信息加工技能的发展；生涯咨询的最终目的是提高来访者作为生涯问题解决者和决策制定者的能力。

该理论把生涯发展与咨询的过程视为学习信息加工能力的过程。该理论的提出者按照信息加工的特性构成了一个信息加工金字塔，位于塔底的领域是知识的领域，包括自我知识和职业知识；中间领域是决策领域，包括沟通——分析——综合——评估——执行五个阶段；最上层的领域是执行领域，也称为元认知。

第三节　职业规划设计

职业发展规划经典
"四问四答"

一、职业规划决策的困境

职业规划决策是一个复杂的过程，学生在决策过程中往往会出现难以决策的情况，大致内容如下。

（1）决策过程前，由于缺乏准备造成不能做决定。主要造成因素有：①缺乏动机。认为还没到需要制定职业发展方向和目标的时候，不愿意做出选择。②犹豫不决。面临抉择时，通常都会感到困难，做不了决定。③信念不定。认为一旦决定就不能改变，改变将意味着失败。

（2）决策过程中，由于信息缺乏或信息不对称造成决策困难。信息缺乏主要表现为：①缺乏职业决策过程信息。不清楚如何制定职业发展方向或目标。②自我认识不足。不了解自己的兴趣、价值观、性格和能力优势等方面的特点。③缺乏职业信息。对社会需求和职业培训等方面的情况不了解。④缺乏获取信息的方式。不明白如何获取职业和培训等方面的信息。信息不对称主要表现为：①信息不可靠。个人所了解的自己与正在考虑的职业有不匹配的地方。②内部冲突。所学专业与自己爱好不能很好地结合。③外部冲突。自己制定了职业规划或决定了自己所向往的职业，但与父母意愿不一致，得不到他们的理解。

二、职业规划设计的准则

大学生职业发展规划

（一）择己所能

1. 一般能力与职业选择

一般能力是指在不同种类的活动中变现出来的共同能力，包括对事物全面和细致分析的能力，对问题的综合、抽象、概括和判断的能力，对事物基本的想象和创造的能力，对知识的积累和掌握的能力等。

2. 特殊能力与职业选择

特殊能力是指从事某项专业活动所需的能力，也被称为特长，如语言表达能力、空间想象能力、空间判断能力、形态知觉能力、音乐鉴赏能力等。一个人要想顺利地完成某项工作，除具备一般能力外，也需要具有特殊能力，如教育工作者，需要有阅读和表达能力；科研工作者，需要有逻辑思考和计算判断能力。例如，建筑设计人员必须具备一定的空间想象能力和空间判断能力，但对语言表达能力的要求就显得并不那么重要了。

因此，职场从业者在选择职业时，要从自身实际能力出发，有的放矢选好、选准职业。

（二）择己所爱

1. 兴趣特征和职业选择

一个人从事一项自己喜欢的工作，工作本身就能给他带来一种满足感，从而使他的职业生涯变得妙趣横生。兴趣对人生事业的发展至关重要。调查表明，兴趣与成功概率有着明显的正相关性。一个人在进行职业发展规划时，应考虑自己的特点，珍惜自己的兴趣，择己所爱，即选择自己所喜欢的职业。

2. 性格特点与职业选择

人的性格千差万别，或热情外向，或羞怯内向，或沉着冷静，或性情急躁。研究表明，不同的职业有不同的性格要求。虽然每个人的性格都不能百分之百地适合某种职业，但可以根据自己的职业倾向来培养、发展相应的职业性格。对团队而言，不同性格特征的人员会拥有不同的工作岗位和工作业绩；对团队成员个人而言，不同性格特征的人员决定着自己的事业能否成功。

（三）择己所长

任何职业都要求职场从业者掌握一定的专业技能，具备一定的能力条件。而一个人一生中不可能将所有技能都全部掌握。所以在进行职业发展规划选择时应择己所长，从而有利于发挥自己的优势。运用比较优势原理充分分析他人与自己，尽量选择冲突较少的优势行业。

随着现代科学技术的飞速发展，社会职业在不断分化、细化和融合，社会不仅需要专业型人才，更需要复合型和创造型人才。一个人所学专业和所从事职业之间虽然没有严格的一一对应关系，但大致存在以下三种关系。

1. 一对一

一个专业方向对应一个职业目标，这类专业人员一般通过中等职业学校和高等职业技术院校培养，培养目标单一。这类职业的技术含量比较高，往往需要职场从业者主动规划，先定目标，后选路线，在各条路线中选择求学成本最低的一条路线。这类职业一般适合于专业技术人员。

2. 一对多

这类专业人员一般通过普通高等院校培养，培养目标强调宽口径、厚基础。这类专业所对应的职业目标有多个，在确定了专业方向后，要确定和自己的职业人格相匹配的职业目标，并根据具体职业目标的标准有针对性地学习和开发其他必要的知识与技能。这种类型适合于学生在学业规划时先确定专业方向、后确定职业目标的情形，是一种比较被动的职业发展态势。为此，学生毕业后要抓住第一份工作的机会，化被动为主动，或学习深造，或找与专业对应的职业。

3. 多对一

这类职业一般属于管理型人格的职业，如项目经理等。这种类型适合于先确定职业目标、后确定专业方向的情形。它和第一种"一对一"关系比较类似，个人在学业规划时处于比较主动的态势，能够尽快找到一条求学成本最低的路线。

（四）择己所利

职业是个人谋生的手段，其目的在于追求个人幸福。所以在进行职业发展规划时，首先考虑的是自己的预期收益——个人幸福最大化。从一定程度上来讲，职场明智的选择是在由收入、社会地位、成就感和工作付出等变量组成的函数中找出一个最大值。这就是职业发展规划设计的收益最大化原则。

（五）择时所需

社会需求不断演化，旧的需求不断消失，新的需求不断产生，新的职业也不断产生。所以在进行职业发展规划时，一定要分析社会需求，择时所需。同时要目光长远，能够准确预测未来行业或职业发展方向，再做出选择。一个人不仅要有社会需求，而且这个需求要长久。

针对社会需求的不断变化，在设计职业规划时，要充分认清宏观工作世界，拓展职业选择范围。

1. 宏观工作世界的现状

宏观工作世界是一个人实现其理想职业的外部平台。宏观工作世界的现状包括劳动力供求关系、各地区各行业的需求分析、职业发展的理念等内容，具有很强的时效性。

产业经济结构调整面临结构性失业——结构性失业是经济和产业结构变化及生产形式、规模变化促使劳动力结构进行相应调整而造成的失业。我国正面临对经济结构进行重大的调整，与之相对应的劳动力结构也将同步调整，劳动供给过剩和短缺并存现象显现，结构性失业必然存在，但这种结构性失业，不是因为缺乏就业机会，而是现实需求的合格劳动力供给不足，如高级技术人才和高级管理人才尤为短缺。

信息化和全球化带来国际化人才竞争——高速发展的信息技术促使经济资源在全球范围内进行重新组合和配置，中国企业发展迅速面向世界，中国成为世界代工中心，从世界工厂到中国制造、中国"智"造，企业的国际化趋势日益明显，具有国际化视野和素质的职场人员，将会有更广阔的发展舞台。

2. 多种工作形式的选择

全职工作——每周固定时间，连续为同一单位或雇主服务和工作。全职工作具有相对的稳定性和职业保障，职场从业者认为有组织、有依靠，但他们把自己的全部职业生涯交到单一固定的"他人"手上，也有风险。

兼职工作——每周并非完全固定时间为同一单位或雇主服务和工作。职场从业者通常没有将工作报酬作为固定的生活收入来源。虽然兼职工作收入不是很高，岗位也不够稳定，但对那些仍希望继续读书，又受经济条件限制的学生来说，是一条增长社会经验和获取生活补贴的很好途径。

多重工作——职场从业者通常为两个或两个以上的单位或雇主服务和工作，除"有规律"地做全职工作外，还兼职一份工作。他们喜欢在具有多样性、灵活性和变化性的工作环境中，不断更新技能，从而也为自己提供生活"双保障"。

自由职业——是目前社会上比较受追捧的一种一个人经营的自雇的工作形式。这种工作形式具有自由、开放的特性，但自由职业的风险相对较高，需要职场从业者具有较强的自我管理和良好的心理安全感和自信心。

自我创业——这种工作形式具有较强的挑战性和高风险性。职场从业者要容忍各种不确定的状态和风险，具有控制内在的特质，要有成为企业家的潜质和能力，才能实现最终理想。

三、职业发展方向的确定

马克思《青年在选择
职业时的考虑》

（一）职业发展方向确定的考虑因素

1. 个人特质

个体差异是普遍存在的，每个人都有自己独特的个人特质。每一种职业由于其工作性质、环境、条件、方式的不同，对从业者的价值观、兴趣、性格、能力、心理素质等有着不同的要求。当然，人是有弹性的，可以根据环境要求做出改变和调整。但是，人的弹性只能在一定的范围内做出改变和调整。因此，在确定职业发展方向时，需要我们根据自身个人特质的弹性范围，寻找到个人特质与职业之间的最佳匹配点。匹配得好，则个人特质与职业环境协调一致，工作效率和职业成功的可能性就会大大提高；相反，则工作效率和职业成功的可能性就会很低。要实现个人特质与职业之间的良好匹配，就需要我们正确分析自身的职业价值观、职业兴趣、职业性格和能力优势等个人特质。

2. 社会需求

社会需求是影响一个人职业选择的一个非常重要的因素，这是由职业的内涵所决定的。一种职业的产生和发展是社会需求的结果，有了需要才有社会分工。比如，随着企业不断的发展，企业所有者需要有专人为自己的企业提供专业的服务，因此有了"职业经理人"；有人在职业发展中会遇到很多困惑，需要他人为自己提供专业的帮助，因此有了"职业规划师"……没有社会需求，没有社会分工，职业也就不会产生。我们不管从事什么性质的工作，都要站在职业服务对象的角度思考问题，满足职业服务对象的实际需要，只有这样，我们的工作才会卓有成效，我们的职业发展规划才有可能实现。

3. 所学专业

任何工作岗位都需要职场从业者具备相应的专业知识与专业能力。学校的专业教育使学生接受多年的专门培养，比较全面地掌握相应职业所需要的专业知识与专业能力。因此，在确定未来职业发展方向时，需要考虑职场从业者以往所学的专业。

4. 社会资本

一个人职业发展规划能否实现成功，不仅取决于个体的人力资本，即个人身上所蕴含的知识和技能，而且还取决于社会资本，即通过正常的朋友、同事等途径开展社交活动，与他人建立健康、长期和稳定的人际关系资源。社会资本对我们职业发展的影响主要体现在以下几个方面。

（1）信息获取。比如，社会资本可以提供工作职位空缺、组织政策等方面的信息。

（2）资源获取。社会资本享有对组织资源更多正式或非正式的权力、影响和控制。

（3）职场庇护。比如，社会资本提供有利和及时的曝光机会、承担挑战性工作的机会及职业建立和辅导等。能够成为我们提供社会资本的关系有亲友关系、同学关系、师生关系、战友关系、同事关系、熟人关系等。

（二）职业选择的考虑因素

（1）我是谁？（Who）

"我是谁？""我的特长是什么？""我的爱好是什么？""我的职业兴趣是什么？""我的竞争优势是什么？""我的家庭情况如何？"等等。

（2）我选择的职业是什么？（What）

"我的职业选择有哪些？""我的问题有哪些？""我的职业选择影响因素有哪些？"等等。

（3）需要多长时间？（When）

"实现我的职业目标需要多长时间？""我确定职业发展规划时间需要多久？"等等。

（4）我就业的地方在哪里？（Where）

"我向往什么样的工作环境和生活空间？""居住地点与工作场所的距离远近如何"等等。

（5）为什么要选择这个职业？（Why）

在做职业选择时，需要探索和思考"自己为什么选择职业 A 而不选择职业 B？""我职业选择的主要困境原因有哪些？"等等。

（6）如何完成我的职业选择或目标？（How）

做完具体的职业选择后，主要要考虑"如何找到合适的工作？""如何完成目标？""如何安排时间？"等等。

四、职业规划设计的流程

职业规划设计的流程，如图 2-1 所示。

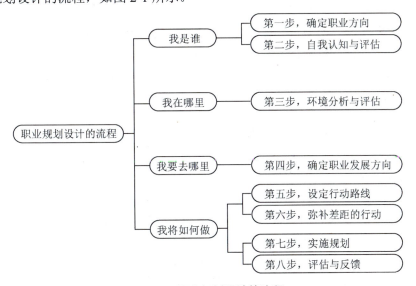

图 2-1　职业规划设计的流程

五、职业规划方法的选择

（一）SWOT 分析法

SWOT 分析法（又称态势分析法），是美国旧金山大学管理学教授于 20 世纪 80 年代初提出来的，该分析法广泛应用于个人的自我分析之中，其中：S 代表 Strength（优势），W 代表 Weakness（弱势），O 代表 Opportunity（机会），T 代表 Threat（威胁）。S、W 是内部因素，O、T 是外部因素。

SWOT 分析法是检查我们的技能、能力、职业、喜好和职业机会的有效工具。通过细致的 SWOT 分析，我们会清楚地知道自己的优势与弱势，而且还能仔细地评估出自己所感兴趣的不同职业道路的发展机会和存在的威胁。

一般来说，在使用 SWOT 分析法时，应遵循以下四个步骤。

1. 细致评估自己的优势和弱势

每个人都有自己独特的喜好、技能、天赋和能力。对自己进行细致的评估，列出自己最喜欢做的事情和自己的优势所在，也找出自己不喜欢做的事情和自己的弱势。

2. 寻找出职业机会和职业威胁

不同行业、不同职业都面临不同的机会和威胁，找出这些外部因素将有助于职场从业者成功找到一个适合自己的职业目标。

3. 明确今后一段时期职业目标

个人进行仔细的 SWOT 分析评估之后，在竭尽所能地发挥出自己的优势，使之与行业提供的工作机会相匹配的前提下，找出自己从学校毕业后一段时期内最想实现的职业目标，比如，自己想从事哪种职业，自己想管理多少人，或者自己的薪水意愿等。

4. 列出五年内的职业行动计划

职业行动计划主要涉及一些具体的东西。比如，实现上述目标的行动计划，自己要做的每一件事，何时完成这件事等。如果需要一些外界帮助，说明你需要何种帮助和自己如何获取这种帮助。制订详尽的行动计划将帮助自己实现一段时期内的职业目标。

（二）"6W"分析法

"6W"分析法是用 6 个"W"来思考职业发展规划的，具体来说，就是要解决职业发展规划的 6 个现实问题。

（1）Who are you？你是什么样的人？对自己的兴趣爱好、性格倾向、身体状况、教育背景、专长特点、以往经历和思维能力等进行分析，对自己有一个全面、客观、清醒的认识。

（2）What do you want？你想要什么？自己清楚地知道想要什么样的职业和什么样的生活，如职业目标、收入目标、学习目标和成就期望等。

（3）What can you do？你能做什么？自己的专业技能何在？最好能学以致用，发挥自己的专长，在学习过程中积累自己的专业相关知识技能。同时个人的工作经历也是一个重要的经验积累，它能帮你判断自己能够做什么。

（4）What can support you？什么是你的职业支撑点？你具有哪些职业竞争能力？你的各

种资源和社会关系如何？个人、家庭、学校、社会的种种关系，也许都能够影响你的职业选择。

（5）What fit you most？什么是最适合你的？行业和职位众多，哪个才是最适合你的呢？待遇、名望、成就感和工作压力及劳累程度都不一样，看个人的选择了。选择最好的并不一定是最适合的，选择适合的才是最好的。

（6）What can you choose in the end？最后你能够选择什么？通过前面的问题，你能够做出一个简单的职业规划了。机会偏爱有准备的人，做好了你的职业规划，为未来的职业做好准备，当然比没有做准备的人机会更多。

第四节　职业规划调整

未来职业发展的特点及其发展趋势

一、调整职业规划的成因

（1）社会的发展从来都不会一成不变，时时刻刻都在发生着变化。职业是依附于社会环境的，也是在不断发生变化的，所以我们探索的职业生涯也是一个动态的过程，需要不断地根据各种影响因素进行调整。

（2）在职业生涯的不同时期，将会面临不同的机遇，接受不同的挑战，能变通地调节、把握两者的关系将会使你更容易实现目标。在职业规划的进程中将会遭遇不可想象的挑战和无法调控的机遇，自己和外部因素的变化将对自己所规划的职业生涯进行改变。

（3）职业规划的调整有利于实现职业目标。职业规划是一个循序渐进的过程，目的是实现个人的职业理想，达到职业目标，也就是金字塔的顶端。学生刚毕业时，所有条件都不成熟，10 年或 20 年后，他的实际情况会发生改变，职业规划也会不断调整，最终实现自己的职业目标，达到自我价值实现的最大化。

二、调整职业规划的时机

很多学生都对职业规划比较迷茫，但职业规划并不是一成不变的，对于刚毕业的学生来说，调整自己职业规划的最佳时间节点有两个，第一个时间节点是在毕业前，这时学生已经有了初步的求职实践，可以根据自己的感悟及社会需求在求职过程中进行一定的调整。第二个时间节点是工作 3～5 年后，这时大家都有了一段时间的社会工作经验了，可以根据自身的特点和思维去及时地调整职业规划。工作 3～5 年再调整职业规划的原因在于，通过 3 年以上的社会工作，可以让刚毕业的学生更加清楚地了解社会和企业需要什么样的人才，通过从社会实际需求的角度来看待自己的发展方向，这时结合社会实际和自身特色进行职业规划的调整具有重大意义。

三、调整职业规划的方法

（1）重新认识自己。重新认识自己，就是依据个人条件的变化，以及实际工作中的经验积累，更清晰地认识自己，明白自己想要什么，能做什么，在认识自己的基础上，调整自己的职业规划更具有现实意义和长远的发展意义。

（2）重新评估自己的职业规划。通过对目前经济的发展动向、行业发展趋势、自己在本行业是否有更多的发展空间、工作现状、人际关系、工作环境等因素进行全面的分析，进一步确定自己适合做什么、能做什么。

（3）调整职业发展目标。根据外部情况和自身条件发生的变化，可以适当地调整自己设定的职业发展长期目标和中期目标。

（4）调整和落实行动计划。职场从业者要根据每个阶段不同的外部和内部环境的变化来调整自己的职业发展规划。

一个人想要拥有一个相对符合自身的职业发展规划，就一定要经过不断的调整与磨合，这种调整并不是在发现现实与目标的差距之后的消极放弃，而是针对目前的社会发展现状及自身能力修改出更加能够实现自我提升的目标与规划。

1. 什么是职业发展规划？
2. 选择 1～2 个职业规划理论，谈谈对自己有何启示。
3. 请给自己制定一份职业发展规划。

过程训练

请阅读以下材料：

青年马克思在谈到选择职业的理想和价值时曾经写道：如果我们选择了最能为人类福利而劳动的职业，那么，重担就不能把我们压倒，因为这是为大家而献身；那时我们所感到的就不是可怜的、有限的、自私的乐趣，我们的幸福将属于千百万人，我们的事业将默默地、但是永恒发挥作用地存在下去，而面对我们的骨灰，高尚的人们将洒下热泪。

请结合青年马克思的职业观，谈谈你的职业价值追求和职业理想。

第三章

正视职业能力

当今时代，知识更新不断加快，社会分工日益细化，新技术新模式新业态层出不穷。这既为青年施展才华、竞展风采提供了广阔舞台，也对青年能力素质提出了新的更高要求。

——习近平

第一节　扬帆职场的角色转换

一、大学生活和职场工作的区别

1. 学校与职场的区别

在学生心中，学校是"安乐窝"。但学校始终都只是一个驿站，所有的学生完成学业，终究都要走向职场，接受社会的考验。不少学生在进入职场后迟迟难以进入状态，是因为学校生活与职场生活有很大的差别。

（1）存在目的不同。在职场中，任何一个组织都有自己的组织章程和发展方向，成员之间恪守共同的规则，依此推动组织与个人的共同发展，为社会、为组织创造更大的价值。而学校是为学生传授知识，为社会培养输送人才的。

（2）文化氛围不同。学校是一个"熟人型"的小社会，教师、同学之间就像一个和谐的大家庭，校园的生活方式相对单纯而简单，主要围绕寝室、教室、图书馆和食堂等，活动范围相对较小。而职场犹如战场，是一个"陌生型"的社会，每天可能要应对不同的问题，面对陌生的面孔，处理不同的事情。

（3）人际关系不同。职场是各种为了特定目标集合在一起的组织的聚合体，职场以利益往来和利益交换为存在的基础。而学校师生之间和同学之间彼此没有直接的利益关系，是一个"互助互利"的短期结合。

（4）管理模式不同。学校的管理模式较人格化、弹性化：学习时间可弹性安排；休息时间除了法定节假日还有寒暑假；教师公平对待学生，以知识为导向。职场中的管理模式与学校管理相比则有很大的不同：严格规定上下班时间，不能迟到早退，按法定节假日休息；以完成任务、经济效益为导向；要完成领导交代的具体的、实在的工作任务。

2. 学生与职业人的区别

学生将成为未来的职业人，在学校期间的学习，就是为职业人打基础、做准备的。职业化程度的高低，在一定程度上决定着大学生未来职业生涯的成败。而学生与职业人的明显区别是学生角色向职业人角色转型的主要障碍。即将步入职场的学生，要想在职场上达到较高的职业化程度，成功地实现角色转型，必须事先清楚学生与职业人的重要区别。

（1）主体立场不同。学生与职业人处于不同的立场。对学校而言，学生是主体，学生享有主体性地位，学校是为学生服务的；对职场而言，职业人则是客体，职业人都是为职场服务的。

（2）处事规则不同。职场与学校是不同的社会结合体，学生与职业人的处事规则不同。在学生时代，处世交往、待人接物都比较简单直接，不会牵涉过多的利益纠纷；进入职场后，作为职业人，必须学会职场处事规则，高效做事，以结果为导向，并且要承担责任。

（3）合作习惯不同。学生之间的合作是松散的、情感导向的；而职业人之间的合作是利益导向的、义务性的。

二、学生和职业人角色转换问题

即将离开校园迈入职场的学生，最关心自己如何能顺利地在职场中、在工作岗位上干出一番事业，最需要充分认识自我和积极适应社会，从而尽快地完成从学生角色到职业人角色的转换，树立良好的职业形象，建立和谐的人际关系，为自己的人生发展奠定基础。

走出校园的学生在从学生角色向职业人角色转换的过程中，往往会面临新旧角色的冲突。一些人由于受到社会因素、家庭因素，尤其是自身认知能力、人格心理发展、意志品质及情绪情感等的影响，不能正确认识角色转换的实质，或者在角色转换中不能持之以恒，在从学生角色到职业人角色的转换过程中，呈现出以下四个方面的问题。

1. 对学生角色依恋

一些学生在角色转换过程中容易产生对学生角色的依恋怀旧心理。经过十几年甚至二十年的读书生涯，学生生活使得每一位学生在学习、生活和思维方式上都养成了一种相对固定的习惯。因此，在职业生涯开始之初，许多人常常会不自觉地把自己置身于学生角色之中，以学生角色的社会义务和社会规范来要求自己或对待工作，以学生角色的习惯方式来待人接物，以及观察和分析事物。

2. 对职业人角色畏惧

一些学生在刚进入职场时，面对新的工作环境，不知道应该如何应对工作，怕担责任、怕出事故、怕闹笑话、怕造成不良影响，于是工作上放不开手脚，前怕狼后怕虎，缺乏年轻人的朝气和锐气。

3. 主观思想上自傲

一些学生对人才的理解不够全面和准确，认为自己接受了比较系统正规的教育，甚至获得了硕士或博士学位，就属于高层次人才了。因而，往往看不起基层工作和基层工作人员，甚至认为让自己做一些琐碎的、不起眼的工作是大材小用，有失身份，于是轻视实践，眼高手低。

4. 客观作风上浮躁

一些学生在角色转换的过程中，受社会环境的影响，表现出不踏实的浮躁作风和不稳定的情绪情感。如某学生一阵子想从事这项工作，另一阵子又想从事那项工作，不能深入工作内部了解工作性质、工作职责及工作技巧，不能静下心来踏踏实实地学习如何适应工作，发生了不管从事何种职业都不会有较好的表现的情况。

三、学生和职业人角色转换准备

1. 提前奠定良好的心理基础和知识技能基础

一般来说，在校学习期间的学习环境、学习条件、学习技能的训练都是最为理想的。因此，在确定工作去向，离开学校生活之前的这段时间，是有针对性地学习知识、培养能力进而转换角色的最佳时期。在这段时间内，除了按照学校正常教学完成课程学习、实习实践和毕业论文，还应当进行如下的学习和训练。

（1）学习与未来工作岗位有密切联系的专业知识和专业技能。大学的课程设置总体上偏重对基础知识的学习和基本技能的培养，而不一定涉及特定岗位所需要的专业知识和技能。因此，学生要加强这方面的学习和训练，进行必要的补充，同时还可以加深对未来职业岗位的认同，培养职业兴趣。

（2）进行非智力因素技能训练。可以说，学生在智力方面相差不太大，而非智力方面的差别却是影响学生择业、就业和创业的重要因素。学生要敢于表现自己，克服在公众面前"害羞"和"胆怯"的心理，这是给人留下良好印象的前提和关键；学生还要善于表现自己，提高书面表达能力和口头表达能力。学生在与人交往的过程中要诚恳而不谦卑，自尊而不自傲，不急不躁，以富有感染力的幽默语言来展示自己的意图和信誉。

（3）进行必要的心理准备特别是"受挫准备"。学生大都很有才华，但并非都能在自己的工作岗位上取得成功。过硬的职业技能对职业成功固然重要，充分的心理准备更是不可缺少的，特别是要有"受挫"的心理准备。一般来说，事业不会是一帆风顺的，如果心理准备不足，就会产生过激情绪，造成能力低下，在愤世嫉俗中使得自己的才华泯灭。因此，在校期间要注意调整心态，充分做好心理上的"受挫准备"。在事业顺利的时候不沾沾自喜，以平常心对待工作上的平淡、无为和不被重用；在屡试屡挫的境地中屡挫屡试，不懈追求。在平凡的岗位上，做出不平凡的成绩，这些是职场事业成功者必备的素质。

2. 尽快提高和锻炼自己以适应职场的实际需求

（1）善于展现自己的知识。刚毕业的学生因为刚刚完成学业，走出校门，迈入职场，往往表现为"初生牛犊不怕虎"。因此，刚入职的学生在同事面前一定要表现得谦虚、随和，在尊重同事丰富经验的同时，适时适度地展现自己的知识。切忌以文凭自居自傲，那样只能使同事对自己产生反感，使得自己越来越脱离群体，变得孤立无助。

（2）树立工作的责任意识。刚毕业的学生对未来都抱有美好的期望，都想建功立业。但是从人才成长的基本规律来看，多数人在刚迈入职场，走上工作岗位之初，一般都不会被委以重任，而是要先从最简单的辅助性工作做起，这样使一些人凭着对工作的新鲜感和学识上的优越感，认为自己被大材小用了，不愿意做一些基础工作，甚至开始闹情绪。这是缺乏责任意识的表现，做任何一项工作，要有足够的热情，更要有丰富的经验、随机应变的能力。这种经验和能力的获得，需要在平时的工作中积累和训练。因此，不管工作的大小、岗位的高低，刚毕业的学生都要以满腔的热情、高度的事业心和责任感认真对待。

（3）培养实事求是的工作作风。刚毕业的学生具有较强的自尊心和自立意识，在工作上总想独当一面，取得成就。尽管很多人对待工作的态度是认真谨慎的，但很多时候，在工作中难免出现失误。如果工作中出现了失误，就要认真分析原因，总结经验教训，找准失误点；同时要敢于向领导和同事承认错误，开展批评和自我批评，并勇于承担责任，以获得领导和同事的理解；另外，要虚心学习、请教，总结经验教训，防止类似失误再次发生。

（4）重视职场发展的岗前培训。岗前培训不仅仅是让新人了解单位的基本情况，熟悉规章制度和工作程序，更重要的是通过岗前培训来树立集体主义观念，培养新人的人际协调能力和奉献精神。从某种意义上来讲，岗前培训可以直接反映出新人的素质高低，因此用人单位都非常重视，并依此择优录用，分配岗位。为此，刚毕业的学生要以认真的态度把握好这一充实自己、表现自己和提升自己的良好机会。事实证明，很多刚毕业的学生都通过岗前培训期间的才华展露、出色表现在后来的工作中被委以重任。

四、实现学生和职业人角色转换

1. 诚信为先

一般而言，学生在学校里学的专业知识不够完整，并且这些知识在一定程度上也缺乏针对性和实用性。学生一般都要到用人单位中经过实际操作，才会真正熟悉专业技术。因此，就用人单位而言，学生诚信的品质比其拥有的技术更容易被看重，这样一个人的人品素质便成为企业最关注的东西。

2. 谦虚好学

作为新人，处在一个新的职场环境中，不管自己有多大的能力和抱负，也要本着谦虚好学的态度。刚刚参加工作的新人总是迫不及待地把自己的创新想法说出来，希望得到大家的认可。而事实上，能人是能在勤奋做事上，而不是能在不切实际地自作主张，工作业绩才是最好的竞争武器。

3. 沟通合作

善于交流和沟通的新人更容易融入集体，主动友善地接近身边的同事，在该发言的时候发言，在工作和生活中真诚地关心他人。对于这样态度积极的新人，周围其他同事也会很乐意接受这种善意的亲近，并做出积极的回应。这样双方都能更快地彼此熟悉和了解，不仅有利于新人成长，也有利于整体工作的开展。具有合作意识的人将更受他人的欢迎。

4. 务实勤奋

有位人事管理部门的负责人曾这样评价单位的两个职场新人："其中一个名校毕业的新人透着一股聪明劲，但是喜欢夸夸其谈。开始还比较引人注意，公司有意培养他，结果一段时间下来，发现这个人不踏实，一碰到烦琐的事就往后躲，很快就被淘汰了。而另外一个非名校毕业的新人，不是特别聪明，但他很勤奋，对于一些琐碎的事也从不推诿，结果发展得最好。"所以，作为一个职场新人，既要仰望星空，更应脚踏实地。职场欢迎的是务实勤奋之人，最忌眼高手低之徒。

5．责任心强

不少新人都对办公室的琐事不屑一顾，认为堂堂一个名校毕业生，应该干大事。但一些小事常常能反映出职业人的责任心，体现出其职业素质。对于一些他人都推脱不想做的事，新人如果能主动要求接过来做，就会比较容易融入同事圈，得到领导或同事的认可。其实，新人做的每一件事情都是一个向领导或同事展示自己学识、能力的机会，只有做好每一件事，才能取得领导和同事的好感与信任。

第二节　职业核心能力的界定

一、职业核心能力所述的内容

职业核心能力成为当代世界
人力资源开发的热点

当人们接受了一定年限较为系统的各级各类学校教育，取得了相应的学业水平和专业知识，初步具备了从业的基本能力后，要成功走向社会，更好、更快地适应和应对日趋变化的职场，一般需要具备职业特定能力、职业通用能力和职业核心能力。

（1）职业特定能力，又被称为专业能力或专业技能。它是针对某一具体职业所应具备的工作能力。在每一个具体的职业、工种和岗位领域中，都需要一定数量的职业特定能力。

（2）职业通用能力，又被称为行业通用技能。它是每一个领域或行业存在的一定数量的通用能力，其适用范围涵盖整个行业领域。

（3）职业核心能力，是从事任何职业或行业工作都必须具备的，具有普遍适用性的技能。这种能力适用范围广，是所有职场从业者都必须具备的最根本、最基础、最关键和最核心的能力。

长期以来，人们总是重视职业特定能力的学习与训练，比如通过训练让自己掌握一门技术、一种技能，但对于职业核心能力的练习有所忽视或忽略。实际上，职业核心能力的应用范围要远宽于职业特定能力，它们是具有共性的技能和知识要求的。职业核心能力往往是人们职业生涯中更重要的基本技能，因此也具有更普遍的适用性和更广泛的迁移性。

从职业能力的构建来说，每一种职业都包含三种类型的能力模块，第一种是自身特定的能力模块，第二种是可与其他职业通用的基本能力模块，第三种是与所有职业基本要求相一致的核心能力模块。核心能力的模块是所有职业共有的。

全国职业核心能力认证培训项目（简称 CVCC 项目）认为，所谓职业核心能力，是在人们职业生涯中除学业和专业岗位能力之外取得成功所必需的基本能力，它是让人们自信和成功地展示自己，并根据具体情况选择和应用的、可迁移的基本能力，是成功就业和伴随人终身可持续发展的"关键能力"。掌握了职业核心能力，有助于帮助人们获得更多机会，为更好从事专业工作创造条件和搭建平台，从而提升专业水准、获得更多成功和实现职业幸福感。

职业核心能力一般包括三个方面的能力：基础核心能力（如职业沟通、团队合作和自我管理等），拓展核心能力（如解决问题、信息处理和创新创业等）和延伸核心能力（如领导力、执行力、职业沟通和心理平衡）等。我国人力资源管理部门一般将职业核心能力大致界定为交流表达、数字运算、变革创新、自主学习、与人合作、问题解决、信息处理和语言运用八个方面。

实践表明，职场从业者除具备敬业爱岗、忠诚事业和担当精神外，如还有以下方面的职业核心能力和水平，就有成为成功人士的可能。如果没有这些能力，就会减少在职场中获得成功的几率。

（1）逆向思维的能力。

（2）确定和调整目标的能力。

（3）换位思考的能力。

（4）较好的文字功底和语言表达的能力。

（5）较强的信息采集和处理的能力。

（6）方案拟定和抉择的能力。

（7）超强的情绪管理的能力。

（8）协调和沟通的能力。

（9）适应和应对环境的能力。

（10）超强抗压的能力。

（11）总结和提炼的能力。

（12）主动学习和善于实践的能力。

（13）服从组织安排和乐于帮助他人的能力。

二、职业核心能力特征的表现

职业核心能力的内容确定了职业核心能力具有如下特征。

（1）可培养性。职业核心能力不是人天生就具备的，是可以通过后天培养和训练而具有的，若通过可行的方法培养训练则会取得较大的成功。比如与人交流的能力，虽然说这与人们天生性格倾向有关，但通过后天的努力学习和勤于实践一样可以弥补其天生的不足，可以达到获得与人交流交际的技能目的。

（2）可适用性。职业核心能力与专业能力不同。它是每一个行业、任何职业都需要的能力，它不仅辐射到职业领域，也影响到人的终身成就与发展。

（3）可迁移性。职业核心能力可以随着职场从业者的行业转换而成功迁移，成为职场从业者所具有的个人能力的一部分。在一个人具备了职业所需的核心能力之后，这些能力便会储存于其脑海中，转化成其行为，工作时自然会运用到实践当中。

三、职业核心能力的影响因素

1. 知识因素

知识是提高职业核心能力的基础，要提高职业核心能力必须掌握各种学科知识。一名优秀的学生必须具备最佳的知识结构，包括文化基础知识、思想理论知识和专业知识。学生做到有目标地积累知识，强化知识的整体效应，注重知识的动态调节，促使知识向能力转化。

2. 心理因素

心理作为学生生理功能的客观反映，是其行为活动过程中的一种必然伴随现象，它会对提高学生能力产生积极或消极的作用。学生要积极地把握好自然心理素质和社会心理环境的主、客观因素，发挥其积极作用。

3. 实践因素

职业核心能力归根到底来源于人类实践活动，并受其制约。实践的需要是推动职业核心能力发展的直接动力，它为提高职业核心能力提供了经验材料，为衡量职业核心能力提供了客观尺度，是推动职业核心能力不断完善的先决条件，也是提高职业核心能力的必然归宿。

4. 环境因素

环境即一个人周围的情况，有大小、范围之分，如国际环境与国内环境、外部环境与内部环境等；环境又有性质、内容之别，如社会环境与自然环境、政治环境与经济环境等。对学生来说，无论哪一种类型的环境，只要是自己所接触的，就都能在客观上对自己的能力产生一定的影响。

5. 方法因素

法国科学家贝尔纳认为，良好的方法能使我们更好地发挥和运用天赋的才能，而拙劣的方法则可能阻挠才能的发挥。作为一名学生，必须明确方法对提高自身能力的影响，要正确地、科学地运用方法。

第三节 职业核心能力的作用

舜的为人处世能力

一、实现职业可持续发展的基础能力

一个人如果具有了一种特定的职业能力，就可以在一种特定的职业和岗位上从事一定的工作，如果还具有行业通用能力，则可以在这个行业里自由流动，在本行业内找到一定的工作职位。假如一个人仅仅具有职业特定能力和行业通用能力，但缺乏职业核心能力，那么，他的职业选择面就会很狭窄，很难适应跨岗位、跨行业的工作。所以，尽管职业核心能力是隐性的，然而它最宽厚，它承载着整个能力体系，是所有能力结构的基础。

如果我们把职业能力结构各层次之间的关系比作一棵大树，核心能力就是大树的主干，通用能力是主干上的分支，职业特定能力是分支上的树叶。职业特定能力种类繁多，但属性相似的职业特定能力可归属于某一类行业通用能力，而所有这些通用能力又都是在核心能力这个主干上的，并共同支撑着林林总总的职业特定能力。职业核心能力是一种综合能力，是一种跨专业、跨行业的能力，是一种为职场从业者可持续发展服务的能力。

因此，掌握好职业核心能力，能够帮助职场从业者在任何工作中调整自我、处理难题，并很好地与他人相处。同时，它是一个可持续发展的能力，可以帮助职场从业者在变化的环境中，重新获得新的职业技能和知识，更好地发展自己，适应更高层次职业和岗位的要求。

二、衡量职场从业者素质的必备能力

据不完全调查，目前企事业用人单位在招聘和用人标准上越来越强调综合能力素质，也就是越来越重视职场从业者的职业核心能力。过去用人单位选人用人首先是讲学历看文凭，只要专业对口就行；后来学历文凭的门槛越来越高，还要有职业资格证书，强调要有实际操作能力和动手能力；到现在，这些学历文凭和资格证书的"硬指标"又都显得不够了。许多企事业用人单位在招聘时并不是很注重专业背景，而是更加强调与人沟通、协调和合作的能力，遇到困难要有调动自己的潜能来解决问题的能力，以及不断学习、自我成长的"软指标"能力。现代企事业用人单位招聘标准的变化表明，个人综合素质、工作态度比学历和资历更加重要，学历或资历不能代表将来，用人单位想要的是能支持职场从业者持续发展的能力，而这种能力就是职业核心能力。

三、实现职业岗位可转换的保障能力

目前，我国职业结构形态正在发生着剧烈的变化，主要表现在：一是大批新职业和岗位以超出人们想象的形式和速度显现在社会生产和生活之中。这些新的职业和岗位，技术复合性强、智能化程度高，工作的完成更多地依靠劳动者善于学习、会解决实际问题并具有创新精神。二是现代职业的工作方式发生了根本变化，工作的完成更多地依靠员工的团队合作精神和职业沟通的能力。三是知识经济时代，知识更新快，技术周期缩短，人们发现不再有"铁饭碗"。工作流动加快，人们在职业生涯中要不断改变职业。不管一个人现在掌握了什么技术，都不能保证他能成功地应对明天的工作，社会最需要的是能不断适应新的工作岗位的能力。人们不再从一而终地守在某一个职业岗位上，往往不是因为人们不努力，而是这个岗位本身不存在了，人们需要转岗。

上述的这些变化对职场从业者提出了新的要求：不仅要有完成现有岗位任务的职业特定能力，还要具有适应岗位迁移和就业方式不断变化的适应能力，而拥有了职业核心能力就拥有了这种适应能力。

第四节　职业能力的培养途径

职场成功人士必备的
15种重要能力

一、职业能力内涵

人们投身职场，首先要对工作、职业和事业的相互关系有清晰的认识。

所谓工作，是指个人经过体能或心智上的努力，以产生某事或某种结果，由一系列相似的职位所组成的一个特定的专业领域。这里所说的职位，通常也被称为岗位，主要是指组织中执行一定任务的位置，和分配给个人的系列具体任务直接相关的特定工作岗位。

所谓职业，是指一系列有内在联系的工作的总称，是对不同专业领域中一系列相似的服务或彼此相关工作的集合，有时也代表着一种身份。

所谓事业，是指人们所从事的，具有一定目标、规模和系统的对社会发展有影响的经常性活动，有时事业也可以指个人的成就。

从时间上来看，工作没有限制；职业是连续的、稳定的；事业不仅是连续的、稳定的，而且个人把其从事的事业当成生命的一部分。

人的能力，是指人们在实践活动中形成和发展起来的、直接影响活动效率和成功率，使活动的任务得以顺利完成的心理特征，可以分为一般能力和特殊能力。

职业能力，是指人们在职场中从事某种职业所应具备的多种能力的综合。比如，作为一名教师，不仅需要有较强的语言表达能力和教学组织能力，而且需要具备教学管理能力和教学效果分析、判断能力，还需要掌握和运用教育心理学等多方面的知识和能力。职业能力是人们了解自己能否胜任某种职业的依据，与职业选择直接相关。

可持续发展的职业能力具有丰富的内涵，是衡量学生是否真正转型为现代职场从业者的主要标志，是能否成功应对复杂多变的从业环境威胁的必备素质。

二、培养职业能力

提升个人的核心竞争力

（一）职业素质培养

1. 树立科学的职业理想

在职业准备阶段，学生应该树立什么样的职业观，以及什么样的职业理想，才能为今后的职业生涯发展打下良好的基础，为今后的健康幸福的生活做好铺垫呢?人们工作是否愉快，生活是否幸福，这与他们的职业观与职业理想密切相关。

职业理想有其目标价值，具有超前性和导向性的特点，对人们能够产生吸引、激励的作用。在学生时代，只有树立科学的职业理想价值观，才能把自己的思想引到积极、健康的方向，激发自己的精神动力，塑造自己健全的人格。学生有了正确的职业理想，才能为今后的职业生涯发展与成功奠定坚实的基础。

2. 建立敏锐的职业意识

"意识"意味着清醒、警觉、注意力集中和受意愿支配的动作或活动。正是通过意识，我们分析因果关系，想象现实中不存在的情景和可能性，计划未来的行动，用我们预期的目标来指引行为。职业意识表现为职业敏感、职业直觉，是职业本能的思维过程。学生要想成为职业人，必须具备多种职业意识，如目的意识、问题意识、行动意识、变革意识、效率意识、责任意识、团队意识、创新意识、服务意识、系统意识……

3. 培养良好的职业心态

从一定程度上来讲，人与人之间的差异，体现在其对事物的态度上。但这种差异能造成人生结果的巨大差异，如成功或失败。一个人事业能否成功，不光在于自己的才华，更重要的是自己的态度。态度决定行为，行为决定习惯，习惯决定性格，性格决定命运。要改变自己的命运，就从改变自己的态度开始。什么样的心态决定我们将有什么样的生活。作为职业人，需要具备的心态主要有积极的心态、主动的心态、包容的心态、自信的心态、行动的心态、学习的心态、奉献的心态、竞争的心态、感恩的心态……

4. 模范遵守职业道德

道德，就是依靠社会舆论、传统习惯、教育和人的信念的力量去调整个人与个人、个人与社会之间关系的一种特殊的行为规则。简单地说，道德就是讲人的行为"应该"怎样和"不应该"怎样的问题。

人生在世，最重要的两件事：学做人和学做事。做人和做事，都必须受到道德的监督和约束。职业道德是指从事一定职业劳动的人们，在特定的工作和劳动中以其内心信念和特殊的社会手段来维系，是以善恶进行评价的心理意识、行为原则和行为规范的总和，它是人们在从事职业的过程中形成的一种内在的、非强制性的约束机制。

职业道德是事业成功的保证，职业人必须具备职业道德。根据《中华人民共和国公民道德建设实施纲要》，我国现阶段各行各业普遍适用的职业道德的基本内容是：爱岗敬业、诚实守信、办事公道、服务群众、奉献社会。

5. 遵从职业行为规范

行为是指机体种种外显动作和活动的总和，具体来说是指一个人说了什么、做了什么和想了什么。根据社会伦理和组织所要求的行为规范，一个人的行为可以分为正确的行为和错误的行为。职业行为就是职业人要坚守的正确行事规范。

职业行为包含职业人对工作、对组织、对领导、对同事、对客户和对自己等方面的行为规范。坚守这些职业行为，就是一个人职业化素质的成熟表现。

6. 全面学习职业技能

职业技能是工作岗位对从业者专业技能的要求。现代企业需要职业化人才，职业化素质修炼与职业竞争力的提升培训，可以帮助组织管理者和员工形成良好的职业意识、职业心态、职业道德、职业行为及掌握职业化所需要的各种职业技能。

职业化必备职业技能主要有角色认知、正确的工作观、科学的工作方法、职业规划与管理、高效沟通的技巧、高效的时间管理、商务写作的技巧、团队建设与团队精神、人际关系处理的技巧、商务谈判的技巧、情绪控制的技巧、压力管理的技巧、高效学习的技巧……

（二）职业能力培养

1. 通过专业知识的学习培养职业能力

专业知识是在特定行业、环境和工作等条件下，完成岗位职责和工作任务所必需的知识，与所从事的职业密切相关，具有一定的针对性和适应性，包括专业理论和专业技术等方面的知识。专业能力是职业能力的核心内容，随着职业的日益分化和细化，人们从事任何工作，都必须具有与履行自身岗位职责相匹配的专业技能。专业知识是职业能力，特别是专业能力形成的基础。

2. 通过通识知识的学习培养职业能力

通识知识是在普遍条件下，人们工作和进行与工作密切相关的生活、学习等方方面面所应该具备的基本知识，是人们开展工作，从事实践活动的前提。通识知识是人的基本能力形成的基础。随着职业要求的不断提高，职场从业者除具有扎实的专业知识外，需要具备广博的综合知识和技能，才能够使工作顺利开展。通识知识的学习能够培养人们适应社会的能力、组织管理的能力、沟通协调的能力和创新创业的能力。

3. 通过社会实践的锻炼培养职业能力

社会实践是培养人职业能力的有效途径。人们通过社会实践活动可以有效积累社会经验，提高基本技能，加强实际应用能力，促进个人的专业理论学习和实践紧密结合，使人们系统地了解从业领域的知识结构，巩固和拓宽专业知识面，培养分析、解决问题的实际能力，增进对本专业的感性认识，提高创新创业的有效性。

4. 通过职业发展的规划培养职业能力

职业发展规划的目标是围绕个人人生目标，明确人生阶段的任务，有计划、按步骤地去完成，最终实现自己的人生理想。

1. 从学生身份转换到职业人，你打算如何做好准备？
2. 你具备了哪些职业核心能力？
3. 你打算从哪些方面提升自己的职业核心能力？

过程训练

请写下你生活中的五件或更多的成就事件，这些成就事件可以是工作或学习上的，也可以是在课外活动或家庭生活中发生的，比如说同学聚会，一次美好难忘的旅行等。它们不必是惊天动地的大事，可以是你做过的令你感兴趣的事件，或者令你有历险感的事件，还可以是有成就感的事件。

在撰写成就事件时，应当包含以下因素。

① 你想达到的目的，即需要完成的事件。

② 你面临的障碍、局限。

③ 你的具体行动步骤，描述一下你每一步都做了什么（如何克服障碍，实现目标）。

④ 对结果的描述，即你取得了什么成就，最好能够量化评估。

完成撰写后，和同学一起分析这些成就事件中你所运用的技能。这些经历中反复出现的技能就是你喜欢运用的技能，按照这些技能出现的频率排序。

第四章
善于自我管理

　　广大青年要如饥似渴、孜孜不倦学习，既多读有字之书，也多读无字之书，注重学习人生经验和社会知识。

　　时间不等人！历史不等人！时间属于奋进者！历史属于奋进者！为了实现中华民族伟大复兴的中国梦，我们必须同时间赛跑、同历史并进。

——习近平

　　"修身、齐家、治国、平天下"，对每个即将走入职场或刚刚走入职场的从业者来说，修身是最基本的，而修身的明显表现就在于自我管理。

　　自我管理，就是指个体对自己的目标、思想、心理和行为等表现进行管理，自己把自己组织起来，管理自己、约束自己、激励自己，从而实现自我奋斗目标的过程。

　　自我管理是每个人对自己生命运动和实践的自我调节。旨在通过一系列自我行为表现，使自己科学地、有目的地逐步走向自我完善和完美，从而达成自我实现、自我成就和自我超越，更有效地发掘和实现自身的社会价值，履行与担当社会责任。

　　实践告诉人们，只有高效的自我管理，才能使人们在职场中取胜，卓有成效的自我管理是个人获取成功的基础。

第一节　学习管理

　　学习管理是指利用管理学的方法，通过计划、组织、领导和控制等手段，把学习程序化、流程化、规范化，创建、更新最佳方案，从而达到高效学习的目的。

华罗庚的学习
管理方法

一、知识价值

　　如今是知识经济时代，知识和资金在个人职场发展通往成功的道路上所起的作用是不同的。如果你拥有资金，但缺乏知识，那么无论从事何种行业，你越拼搏，失败的可能性就越大；但如果你拥有知识，只是缺少资金，那即使小小的付出，也会给你带来回报，并且很有可能达到成功。

　　对职场从业者个人而言，知识的力量在于其可以改变和决定命运，一方面是指知识本身所具有的前所未有的巨大功能；另一方面是指知识能够塑造人的性格，改善人的心态，从而通过学习、拥有知识铸就成功人生。好比"华山论剑"，靠内功、靠武功的修炼和领悟而制胜，这个内功和武功就是知识的充分积累和准备。从一定程度上来讲，要想成功，必须拥有知识。

学校的学习是获取知识的重要途径，但职场从业者要想在职场获取持续的成功，仅仅靠掌握和接受学校课本内容，所谓的学习前人积累的知识和经验，读好与个人爱好兴趣、专业职业有关的"有字之书"，那是远远不够的，职场需要的"学问"，并不是靠完成学校学习所获得的一纸文凭就可以包罗和体现的。诚然，在社会上，文凭能够为人们进入职场给予第一个机会和最初打开许多就业的大门，但并不能保证和伴随你一直走向成功。这就需要你具备包括社会经济、文明文化、时代精神等整体要素知识，学习前人积累的知识和经验，即所谓通过社会实践，读好"无字之书"，获得知识，扩大视野，调整心智，去更好地认识世界和适应世界，最终改造世界。

二、学习功效

就人们对待学习的态度和成效而言，共有三种类型的学习者：第一种是不想学习、不肯学习的人，这种人很快就会被淘汰；第二种是想学习、肯学习，但不善学习的人，这种人终究也会被淘汰；第三种是想学习、肯学习，并会学习、善学习的人，这种人最终会取得成功。

1. 只有学习才能适应不断变化的需求

"未来的文盲，不再是不识字的人，而是没有学会如何学习的人。"在知识经济时代，资讯瞬息万变，知识总量扩张，造成知识老化加快。据不完全统计，一个学生在校所学的知识可能仅占其一生所需知识的十分之一左右，其余的知识在工作实践中获取。因此，要想在知识信息化时代取得一定的成功，要以开放的心态树立与时俱进的终身学习观，来适应外界变化的需要，取消危机感，取得竞争优势和机会。职场竞争最终体现在学习者学习的能力和学习的创新能力上。IBM公司总部大楼写着"学无止境"四个字，就是告诫员工，只有学习才能适应不断变化的需求！

2. 只有学习才能取得可持续性的成功

现代社会，职业的半衰退期越来越短，今天的优势职业，明天就可能被淘汰。社会不会因个人而改变，所以你只能依靠自身力量去实现和发展自我。为此，无论何时何地，只有保持清醒的头脑，对所处环境有全面深入的了解和认识，并通过不间断的自觉学习，方能保持知识和技能不落伍，紧随环境变化的要求，增强自己的优势，提升自己的职业竞争力，在职场中实现持续性发展。

三、懂得学习

人们从小就开始学习，但是，并不是每个人都会学习。有的人学习态度积极，认识正确，但缺乏有效的学习方法，最终事倍功半；有的人学习态度不端正，学习方法又欠缺，收获微乎其微。为此，需要学习者自觉和努力掌握学习规律，懂得学习策略，按照学习流程，努力提高学习能力，做到善于学习和学会学习。

1. 懂得学习策略

所谓学习策略，就是学习者为了提高学习的效果和效率，有目的、有意识地制定有关学习过程的复杂方案，是学习者对学习方法选择和综合运用的意识和倾向，是学习方法正确发挥作用的必要条件。它是伴随着学习者的学习过程而发生的一种心理活动，这种心理活动是一种对学习过程的安排，这种安排不是僵死的固定的程序，而是根据影响学习过程的各种因素即时生成的一种不稳定的认知图式。这种认知图式可以被学习者接受而成为经验，也可以因学习者的忽略而消失。因此，学习策略是指学习者在完成特定学习任务时选择、使用和调控学习程序、规则、方法、技巧和资源等的思维模式，这种模式是影响学习进程的各种因素间相对稳定的联系，其与学习者的特质、学习任务的性质及学习发生的时空均密切相关。

2. 制定学习目标

学习目标是学习者预期达到的学习结果和标准，人们一旦有了明确的学习目标，就会聚精会神，始终处于一种主动紧张的竞技状态。

学习目标的制定，应始于个人的"需要"，按美国管理大师彼得·圣吉所著的《第五项修炼》一书中提及的自我超越、心智模式、共同愿景、团队学习和系统思考内容，确定当前和今后一段时期的工作、生活和发展的需要。

学习目标的制定要做到：在时间和资源有限的前提下，目标内容必须具体、明确；目标可达成、可实现；结果可测量、可评估。

3. 制订学习计划

学习计划是人主体意识的具体体现。建造高楼大厦需要绘制设计蓝图，学习计划就是学习者实现学习目标的执行蓝图，其对提高学习效率至关重要。

学习计划的制订，要走好"三部曲"。首先，根据内外部环境的分析确定学习的具体任务，即学习的具体内容；其次，必须选择切实可行的措施和方法，以保证任务的具体落实；最后，充分考虑时间因素，科学合理地利用和分配时间，使学习生活有条不紊地进行。

在具体学习计划制订的过程中，还应注意以下事项。

① 学习计划做到符合自身的实际情况。

② 学习计划的制订要从实际出发，切忌好高骛远，应切实可行。

③ 学习内容的确定做到尽可能具体、详尽和量化。

④ 学习任务安排，做到既全面周到，又保证重点。

⑤ 学习时间安排科学合理，做到统筹兼顾。

⑥ 学习节奏灵活多变，做到长计划和短安排有机结合。

⑦ 学习计划的制订要积极寻求支持，多听取他人的意见，请求他人指导。

⑧ 学习计划的关键在于实施，重在行动。

4. 安排学习时间

学习时间安排要做到有序合理。有序合理地安排学习时间不仅能节约时间，更有助于提高学习效率。时间安排得越科学，可供我们支配的时间就越多，我们就有更多的时间去学习，去做自己想做的事。

① 根据学习任务的轻重缓急，确定任务完成的先后顺序。

② 安排的每一项学习任务要注重细化，明确学习的步骤和具体时间的安排。

③ 善于有效利用碎片化的时间，对不重要的事情说"不"，改变拖延习惯。

④ 学会做好"时间日志"。

四、学会学习

（一）学习风格的特点、类型

1. 学习风格的特点

（1）学习风格的内涵。

学习风格概念源自普通心理学，指人用自身的人格力量来调节生活和适应社会的方式及群体工作的能动性。对于学习风格，长期以来没有形成一个统一的界定。西方许多学者从各自的角度阐释着学习风格的内涵。如凯夫（Keefe）在 1979 年从信息加工角度界定学习风格："学习风格是由学习者特有的认知、情感和生理行为构成的，它是反映学习者如何感知信息、如何与学习环境相互作用并对之做出反应的相对稳定的一种学习方式。"学习风格是学习者持续一贯的带有个性特征的学习方式，是学习策略和学习倾向的总和。

（2）学习风格的特点。

① 独特性。

学习风格是在学习者个体神经组织结构的基础上，受特定的家庭、教育和社会文化的影响，通过个体自身长期的学习活动而形成的一种风格，具有鲜明的个性特征。

② 稳定性。

学习风格是个体在长期的学习过程中逐渐形成的，一经形成，便具有持久稳定性，很少随学习内容、学习环境的变化而变化。但是学习风格的稳定性并不表明它是不可以改变的，它仍然具有可塑性。

③ 直接性。

人的个性，诸如能力、气质和性格等对学习的影响和作用往往是间接的，而学习风格是学习者惯常使用的、有所偏爱的学习策略和学习方式，它直接参与学习过程，一方面使学习过程得以顺利进行，另一方面使学习过程和学习结果受个性的影响。

2. 学习风格的类型

（1）主动型学习者。

特性：主动型学习者较偏好多人一起合作的团队学习，学习者乐于通过谈论、应用、解释给他人听，以此来掌握信息。

建议：学习者可以多参与诸如读书会性质的活动。在读书会里，每个学习者思考着针对不同的主题轮流向其他学习者做阐述，相互提问、相互回答。

（2）反思型学习者。

特性：反思型学习者喜欢独自安静地一个人完成学习，较偏好单独去思考学习的内容。

建议：假设学习者正处于一个只有很少或根本没有思考时间的学习环境中，其可以偶尔停下来回顾之前学习过的内容，思考可能的答案和应用方式。学习者还可以试着在阅读完部分学习内容后，写写简短的摘要或心得。

（3）感悟型学习者。

特性：感悟型学习者不喜欢复杂和突发情况，对细节很有耐心，擅长记忆和抽象思维，不喜欢学习与现实生活没有明显关联的课程，较偏好学习具体的事实。

建议：假设学习者处于一个大多数学习内容都是理论与抽象概念的环境中，可能会因此而产生学习困难的情况。这时候，学习者需要关注与学习内容概念相关的范例或问题解决的过程，并确定这个概念可以如何运用于实际生活中。

（4）直觉型学习者。

特性：直觉型学习者偏好发觉事物间的关联性或可能性，喜欢以快速而创新的方法完成学习和工作，不喜欢重复而规律的事物。

建议：学习者在学习中应关注理论解释或与事实相关的理论，并培养耐心，避免忽略细节造成错误。

（5）视觉型学习者。

特性：视觉型学习者擅长记住所看到的事物，如看到图片、图表、流程图、时间表、影片，或者实际演练时会有更佳的记忆效果。

建议：学习者可以试着去找出一些与课程内容有关的具有视觉刺激的事物来辅助学习，也可以找一些与学习内容相关的多媒体材料作为参考。

（6）听觉型学习者。

特性：听觉型学习者比较能从文字说明或口述讲解的方式中获得更佳的学习效果。

建议：学习者可以试着在阅读完学习内容后用自己的话写下内容大纲或摘要；也可以尝试小组学习，倾听其他学习者对于内容的解说；还可以让自己也试着用自己的话向其他学习者解释内容，以此来提高学习效率。

（7）循序型学习者。

特性：循序型学习者倾向于从头开始按部就班地进行学习，一步一步循着逻辑前进。此外，循序型学习者亦倾向于跟随逻辑性的步骤去寻找答案。

建议：学习者可以试着花一些时间将学习内容整理成符合自己思考逻辑的大纲或摘要，长期下来会让自己节省许多的学习时间；也可以把所学的新主题与已知的内容联系起来，以强化整体性的思维能力。

（8）综合型学习者。

特性：综合型学习者偏好跳跃式的学习，吸收没有任何联系的随意材料，用独特的方式组合学习内容，从而掌握知识，解决问题。

建议：学习者试着把要学习的内容与既有的知识联系起来，找出学习内容的相关性，或参考相关的书籍，达到全面了解学习内容。

（二）学习的方式方法

1. 学习的主要方式

（1）自主学习。

① 自主学习是相对于"被动学习"而言的，它是一种积极主动的学习态度和学习方式，

是一种高品质的学习方式。

② 自主学习使我们能够不唯书、不唯上，能够用自己的眼睛去观察，用自己的头脑去判别，用自己的语言去表达，从而能够使自己成为一个独特的自我。

（2）合作学习。

① 合作学习是相对于"个体学习"而言的，是指学习者在小组或团队中为了完成共同的任务，有明确的分工的互助性学习。

② 每个人都有自己的智慧和长处，通过合作学习，将这些智慧和长处集中起来，能够使人们更好地去认识世界、适应世界和改造世界。

（3）探究学习。

① 探究学习是相对于"接受学习"而言的，它是一种具有很强的问题性、实践性、主体性和开放性的学习方式。

② 善于发现问题。问题是探究学习的先导，它既是探究学习的资源，也是探究学习的推动力。

③ 尝试解决问题。在生活中，我们只有勤于思考、乐于探究，才能解决问题，最终取得成功。

2. 学习的管理方法

（1）创造性思维法。

创造性思维法就是打破常规，改变思维定式，寻求非常规的方法以提高学习力的一种学习方法。有效运用该方法，可以让学习者找到意想不到的途径来解决问题，帮助学习者加深对知识的理解和掌握，提高学习效率。创造性思维法主要有头脑风暴法、系统探究法、联系类比法和组合创新法，其中最常用的是头脑风暴法。

（2）螺旋上升学习法。

螺旋上升学习法就是以学习者感兴趣或想研究的内容为目标，用一系列的循环知识单元来代替平铺直叙的知识积累和阐述的一种学习方法。每一个循环都比上一个循环更高一层，更进一步。这种学习方法，一般是从某个概念、某种假设出发的，围绕中心内容，学习、掌握与中心内容有关联的基本知识，经过阶段性的学习后，达到初步学习的目的。在这一循环学习中，又产生新问题，再以此为新起点，进一步循环，进一步学习，将学习者的知识和能力不断推向更高的层次。

（3）快速掌握学习法。

快速掌握学习法就是学习者以超常规的速度，灵活地掌握新知识的一种学习方法。在具体学习的过程中，学习者先不求全部、完全理解，也不求师拜学或听取他人讲解，而是针对要学的内容，发挥自己已有的潜在知识，进行"自我教学"，发现问题、分析问题和解决问题。这样经过多次的"自我教学"，就能得心应手地掌握要学的知识，并且难以忘记。

（4）求异质疑学习法。

求异质疑学习法就是学习者注重发现问题，对现有的知识结论善于质疑，激发自己探索知识的兴趣和热情，增强自主探索未知领域的动力的一种学习方法。求异质疑学习法是以问题为导向的学习方法，是提升学习管理能力的根本。

（5）时时处处学习法。

时时处处学习法是学习者懂得和善于从工作、生活和学习中发现问题，进而从细节入手，去思考、去学习，在其快乐的状态下，掌握知识，获得学问的一种学习方法。这种学习方法需要学习者处处留心，对周围事物有强烈的求知欲，并具有高度敏感性和勇于实践的精神。

（6）提高注意力学习法。

提高注意力学习法是学习者从面对来自网络、电视、广播、报纸和书籍等海量信息中，善于提升注意力，对信息进行筛选和分类，通过记忆和理解，并运用思维付诸行动，在不断积累经验的过程中，把握和发挥这些信息的价值的一种学习方法。提高注意力学习法关键在于学习者要提升注意力。

3. 具体的学习方法

（1）目标学习法。

目标学习法是美国心理学家布卢姆所倡导的。布卢姆认为只要有最佳的教学，给学习者足够的时间，多数学习者都能取得优良的学习成绩。

教学内容是由许多知识点构成的，由点形成线，由线完成相对独立的知识体系，构成彼此联系的知识网。因此，明确目标要做到两点：一是要了解所学知识点在知识网中的位置，着重从宏观中把握微观，注重知识点的联系；二是明确知识点的难易程度，应该掌握的层次要求，即识记、理解、应用、分析、综合和评价等不同层次。有了目标才能增强我们学习的注意力与学习动机。

明确学习目标是目标学习法的先决条件。目标学习法的核心问题是，必须形成自我测验、自我纠正和自我补救的自我约束习惯。对应教学目标编制形成检测题，对自己进行检测，并及时地反馈评价、纠正和补救。

（2）问题学习法。

带着问题去学习，有利于集中注意力，目的明确，这既是有意学习的要求，也是发现学习的必要条件。心理学家把注意力分为无意注意与有意注意两种。有意注意要求预先有自觉的目的，必要时需经过意志努力，主动地对一定的事物产生注意。它表明人的心理活动的主体性和积极性。问题学习法就是强调有意注意中有关解决问题的信息，使学习有明确的指向性，从而提高学习效率。

（3）对比学习法。

矛盾的观点是对比学习法的哲学依据。要进行对比，首先要看对比双方是否具有相似、相近或相对的属性。对比学习法的优点在于：①对比学习法可以减轻我们的记忆负担，相同的时间内可识记更多的内容；②对比学习法有利于区别易混淆的概念、原理，加深对知识的理解；③对比学习法把知识按不同的特点进行归类，形成容易检索的程序知识，有利于知识的再现与提取，也有利于知识的灵活运用。

（4）联系学习法。

唯物辩证法认为世界上的任何事物都同周围的事物存在着相互影响、相互制约的关系。科学知识是对客观事物的正确反映，因此，知识之间同样存在着普遍的联系，把联系的观点运用到学习当中，有助于对科学知识的理解，起到事半功倍的作用。

根据心理学迁移理论，知识的相似性有利于迁移的产生，迁移是一种联系的表现，而联系学习法的实质不能理解为仅仅只是一种迁移。运用联系学习法是发挥主观能动性的充分体现，它以坚信知识点必然存在联系为首要前提，从而有目的地去回忆、检索大脑中的信息，找出它们之间的内在联系。当然，原来对知识掌握的广度与深度直接影响到建立知识间联系的数量多少，但通过辩证思维，以及翻书、查阅甚至是新的学习，去构建新的知识联系，并使之贮存在人的大脑之中，使知识网日益扩大。这一点是迁移所不能做到的。

（5）归纳学习法。

归纳学习法是通过归纳思维，形成对知识的特点、中心和性质的识记、理解与运用。作为一种学习方法，归纳学习法崇尚归纳思维，不等同于归纳思维本身，同时以分析为前提。

运用归纳学习法要善于去归纳事物的特点、性质，把握句子、段落的精神实质，同时，以归纳为基础，搜索相同、相近、相反的知识，把它们放在一起进行识记与理解。其优点就在于能起到更快地记忆、理解作用。

（6）缩记学习法。

缩记学习法就是要尽可能地压缩记忆的信息量，同时基本上又能记住应记的内容。比如要点记忆法、归纳记忆法、意义记忆法，都属于压缩记忆法。每段话有明确要点的自然用要点记忆法，如果没有就要经过归纳形成要点后进行记忆。可见，记忆以要点为基本单位，也可理解为以中心思想为单位。记住了要点并不是要放弃其他内容，而是以对其他内容的理解为前提，它可极大地增加记忆的信息量。

（7）思考学习法。

孔子曰："学而不思则罔，思而不学则殆。"他提倡学习知识面要广泛，并且强调要在学习的基础上进行认真、深入的思考，把学习与思考结合起来。如果只是读书记诵一些知识，而不通过思考加以消化，这只能是抽象的理解，抓不住事物的要领，分不清是非。

《中庸》中提出"为学"的五个阶段：博学、审问、慎思、明辨、笃行。慎思就是要把外在的知识和事件与自己的切身经验结合起来进行认真的思考，既用自己的经验来思考知识与事件，又用知识与事件来思考自己的经验，不断地交换位置和方向，以达到理解和重新理解知识、事件和经验的目的，促进自己精神世界的成长。

（8）合作学习法。

同水平差不多的人一起学习，就有了一个学习伙伴，更何况每个人都有自己的长处；和同水平高于你的人在一起学习，他就是你的老师，你自然可以学得许多东西；和同水平低于你的人在一起学习，你就是他的老师，这就是我们常说"教学相长"，你同样可以学得许多东西。当然，合作学习并不是几个人的简单相加。

有效运用合作学习法，要把握五个要素：①学习者知道他们不仅要为自己的学习负责，而且要为其所在合作学习组的其他学习者的学习负责；②面对面的促进性相互作用。③每个学习者都必须承担一定的学习任务；④社交技能；⑤合作学习组必须定期地评价共同活动的情况，保持小组活动的有效性。

合作学习有利于增进人与人之间的相互了解、温情与信任，学会处理人际关系的技能、技巧与策略，学会有效地表达自我。在学习交往中，可以培养、发展真正的责任意识和义务感。

（9）循序渐进法。

在学习中，我们有一个误区，认为只要肯花时间，多做练习，学习成绩必然进步，其实不尽然。虽然量变的结果是质变，但并不能说任何量变都会引起质变。在现实生活中，有的人所花时间不多、练习量不大为何能有明显的进步呢？这就是一个效率问题。学习不能盲目地投入精力，要做到循序渐进。

（10）持续发展法。

用发展的观点看待学习问题，提倡持续发展法。要求学生在学习上不能偏科，力求全面发展。全面发展并不等于平均发展，对自己的兴趣、特长应该发展，为此，应围绕其中心不断完善自己的知识结构，向纵深发展，培养自己拥有研究性学习的能力和科学献身的精神，使自己持续发展。可持续发展首先是观念上的要求，只有拥有这样的学习观，才会拥有这样的学习方法；学生只有拥有了这样的学习方法，才能从根本上消灭死记硬背、盲目崇拜的倾向，重视其他科学的有效方法。

第二节　时间管理

时间是人生最宝贵的财富和资本。无论人们从事什么职业，即使不花费任何财力和精力，但都必须花费时间。为此，时间管理能力的高低决定着人们事业和生活的成败。

励志文章：管理时间=
管理自己

一、认识时间管理

（一）时间及其特征

时间是一个较为抽象的概念，是物质运动、变化的持续性、顺序性的表现。时间作为一种特殊资源，其重要性不言而喻。时间具有以下四个基本特征。

（1）不可增减。时间的供给是固定永恒的，不会受到内外条件的变化而增减，对每个人来说一天都是 24 个小时，毫无弹性，我们也无法开源。

（2）不可复得。时间具有一维性，总是朝着一个方向向前发展，无法像丢失物品一样可以失而复得。时间一旦丧失，将永远无法挽回，不可逆转。

（3）不可蓄积。"机不可失，失不再来"，时间不像人力、物力和财力等可以被积蓄储藏，不论人们愿不愿意，必须消费，无法节流。

（4）不可取代。人们从事任何职业，都依赖于时间，时间是人们从事任何时间活动必不可少的基本资源。时间是无法取代的。

（二）时间管理的含义

时间管理是指通过事先规划和运用一定的技巧、方法与工具实现对时间的灵活及有效运用，从而实现个人或组织的既定目标。时间管理并不是要把所有事情做完，而是了解如何更有效地运用时间。时间管理的目的除了要决定什么事情应该做，另一个重要的目的就是决定什么事情不应该做。时间管理不是对所有事情都完全掌控，而是降低变动性。时间管理旨在通过事先规划和长期计划来达成目标，是一种提醒与指引。

时间管理即自我管理，自我管理就是改变习惯，将自己的时间投入与既定目标相关的工作中，达到"三效"，即效果、效率、效能。所谓"效果"，就是达到确定目标的预期结果；所谓"效率"，就是用最小的代价或最少的花费所获得的结果；所谓"效能"，就是用最小的代价或最少的花费，把事情又好又快做完，获得最佳的预期结果。任何一个制订出来帮助人们高效安排时间的计划，都必须从对时间宝贵性的认识入手，学会掌控时间，合理安排自己的工作和生活，最大限度地发挥时间的效力，提高工作效率。

时间管理的关键和核心是对时间的有效控制，把每一件事情都能控制得很好，分清事务的轻重缓急，合理利用可支配的时间，排出优先顺序，完成各种事务。

（三）时间管理的意义

1. 时间管理是成功者的重要素质

时间管理是一切成功的源泉。美国一名未来学家曾提出：21世纪，时间是世界上最值钱的"商品"。在美国，越来越多的人宁愿少拿一些工资，也愿意多一些休闲时间。现在有的员工喜欢用钱来购买休息时间，但并非一定去休息，而是去自由支配这些时间，去从事自己愿意做的工作，如参加各种志愿者活动。

时间就是金钱。在市场经济环境下，时间与商业机会、物质资本、知识资本等一样，成为创造财富必不可少的资源。职场从业者要想在职场中成为成功人士，就要有善于运筹自己时间的基本素质和水平。

2. 市场经济要求高水平时间管理

从一定程度上来讲，社会越发展，经济越发达，人们的时间观念越先进，时间的商品化特征就会越明显。农业化社会一般不需要或不注重时间观念和时间管理，工业化社会由于社会化生产程度明显提高，要求人们必须进行专门的时间管理，而且时间管理的节奏不断加快。市场竞争要求职场从业者必须具备高水平、快节奏的时间管理能力。

3. 全球竞争需要现代化时间运筹

在全球竞争的背景下，时间因素在国际竞争和个人事业发展中的作用日益明显。人们在谋划事业时，如果忽视时间因素，或者违背时间管理规律，或者考虑时间与其他因素关系不周全，轻则损失经济利益和财富收入，重则将导致事业失败。因此，在新的世界经济格局下，要想融入世界，就需要有现代化运筹时间的观念。

（四）时间管理的屏障

1. 缺乏计划

一般说来，计划是指人们为了实现某种目的而对未来行动所制订的设想和部署。缺乏计划，不仅浪费时间，而且会造成工作的无序性、不协调和低效率。所谓无序性，是指因为没有明确的目标及为此而确定的步骤、重点、分工等，在实现过程中就会不分轻重缓急，不能确保重点，造成无法顾全大局、杂乱无章。所谓不协调，是指未通过计划做出事先的协调，造成在计划的制订和实施过程中的总目标与子目标之间、各具体目标之间、预期目标与时间约束之间、目标与手段之间存在矛盾，使得目标不能顺利实现。所谓低效率，是指因为无序性和不协调，不能有效激励行为主体的积极性，不能合理地挖掘并组织相关的条件，增强了盲目性，使得操作中存在重复浪费，因而不利于提高效率。

2. 组织不当

工作目的和工作任务明确后，是否能顺利实现，关键在于能否有效地进行合理的组织工作。组织工作不当在实际生活中主要表现在：管理职责权限不清、日常工作内容重复、事必躬亲没有授权、主次不分没有重点。这些表现不仅会造成时间的严重浪费，而且直接影响组织目标的实现。

3. 不懂拒绝

在日常生活的诸多请托中，人与人之间大致存在三类请托：第一类是职务所系而责无旁贷；第二类虽也是职务所系，但请托本身是不合时宜或不合情理的；第三类请托则属无义务履行的。其中后两类请托常常引起人们的困扰。拒绝请托是人们保障自己工作、学习和生活的有效方式。"浪费自己的时间，等于慢性自杀；浪费他人的时间，等于谋财害命。"职场中如果自己不懂拒绝，勉强接纳他人的请托无疑会打乱自己的工作节奏。

4. 惯于拖延

很多人都存在拖延的习惯，特别是当自己付出劳动或要做出抉择时，当自己对某项工作产生畏难情绪时，当想逃避某项大家不愿意去面对的事情时，拖延会无情地带走时间，使人们失去很多宝贵的机会，甚至可以使你一生无法取得成功。

造成拖延的主要原因大致有缺乏信息、缺乏责任、害怕失败，无法面对一些有威胁性、有困难、艰难的事情。当然，拖延时间和人们的潜规则也存在关联。

5. 缺乏条理

我们常常会看到这样的现象，某个人每天忙得团团转，可是当你问他忙什么的时候，他却回答不出来，只说自己忙死了。在职场中，任何企业不需要一个看似整天忙忙碌碌，实则一事无成的员工，这样的人就是瞎忙，做事没有条理性，一会儿做这一会儿做那，一件事情没有做完，又跑去做另一件事情，结果第一件事情又要重新去做。不仅浪费时间、浪费精力，还浪费心情，而对于自己的能力却没有半点儿提高，甚至稍微复杂一点儿的工作都无法完成。

6. 进取不够

职场中有些人往往让时间白白流逝而毫无悔恨之意，心思不在工作上，在位不在岗、在岗不尽责。工作不求有功、但求无过，安于现状、敷衍了事、得过且过，缺乏对工作和生活的责任感和认真态度，进取意识不强，不愿面对工作中的具体事务，没有"只有努力才能改变"的精神，"当一天和尚撞一天钟"，沉溺于"天上掉馅饼"的美梦之中。到头来唏嘘不已，虚度光阴，一事无成。

二、时间管理法则

（一）明确管理目标

个人时间管理的目的是让自己在最短的时间内实现更多自己想要实现的目标。人的一生不能没有一个明确的目标和方向。目标和方向主导了人们一生的命运与成就，它是驱使人不断向前迈进的原动力。若一个人缺乏对目标的正确把握，就会虚耗精力与生命，就如一个没有方向盘的超级跑车，即使拥有最强有力的引擎，最终仍是废铁一堆，发挥不了任何作用。

为此，在制订计划和行动之前，一定要明确自己希望达到的目标是什么，对目标要做到心中有数，绝不能采取得过且过、随波逐流的态度。在制定目标时，要明确自己想实现的短期目标和长期目标，进而构建成功的人生。

目标明确了，如何制定目标，实现有效的目标管理并非一件容易之事，应遵循 SMART 原则（目标管理原则）。

"目标管理"的概念是管理学家彼得·德鲁克（Peter Drucker）于 1954 年在其所著的《管理实践》一书中最先提出的，其后他又提出"目标管理和自我控制"的主张。德鲁克认为，并不是有了工作才有了目标，恰恰相反，有了目标才能确定每个人的工作。如果一个领域没有目标，这个领域的工作必然被忽视。目标管理提出以后，便在美国迅速流传。正值第二次世界大战后西方经济由恢复转向迅速发展的时期，企业亟须采用新的方法来调动员工的积极性以提高竞争能力，目标管理的出现可谓应运而生，被广泛应用，并很快为日本、西欧国家的企业所仿效，在世界管理界大行其道。目标管理的具体形式多种多样，但其基本内容是一样的。所谓目标管理就是一种程序或过程，它使组织中的上级和下级一起协商，根据组织的使命制定一定时期内组织的总目标，由此决定上、下级的责任和分目标，并把这些目标作为组织经营、评估和奖励每个单位和个人贡献的标准。

SMART 原则的主要内容如下。

1．明确性——S（Specific）

明确性就是用具体的语言清楚地描述要达成的行为标准。明确的目标几乎是所有成功项目的一致特点。很多项目不成功的重要原因之一就因为目标制定得模棱两可，或没有将目标有效地传达给相关的团队成员。

实施要求：目标设置要有项目、衡量标准、达成措施、完成期限及资源要求，在对团队目标进行评价时能够很清晰地看到部门阶段性（某一个周期内，如月、季度、一个迭代周期等）计划要做哪些事情，计划完成到什么样的程度。

2．可衡量性——M（Measurable）

可衡量性就是指目标应该是明确的，而不是模糊的。应该有一组明确的数据，作为衡量是否达成目标的依据。

如果制定的目标没有办法衡量，就无法判断这个目标是否已实现。比如项目经理问"这个目标离完全实现大概还差多少？"团队成员的回答是"我们早实现了"。这就是项目经理和团队成员对目标所产生的一种分歧。原因就在于没有给他一个可以衡量的分析数据。但并不是所有的目标都可以衡量，有时也会有例外，比如纯定性的目标就难以衡量。

实施要求：目标的衡量标准遵循"能量化的量化，不能量化的质化"。使制定人与考核人有一个统一的、标准的、清晰的、可度量的标尺，杜绝在目标设置中使用概念模糊、无法衡量的描述。

3. 可实现性——A（Attainable）

目标是要能够被执行人所接受的，如果上级利用一些行政手段，或者权利的影响力把自己所制定的目标强压给下级，那么下级典型的反映是一种心理和行为上的抗拒。一旦有一天这个目标无法完成的时候，下级就有很多个理由可以推卸责任："您看我早就说了，这个目标肯定完成不了，但您坚持要压给我。""控制式"的上级喜欢自己制定目标，然后交给下级去完成，他们不在乎下级的意见和反映。上级应该更多地吸纳下级来参与目标制定的过程，即便团队整体的目标。

实施要求：目标设置要坚持员工参与、上下沟通，使制定的工作目标在组织及个人之间达成一致。既要使工作内容饱满，也要具有可达性。我们可以制定出需要努力"跳一跳"才能够达成的目标，但是不要制定只能"抬头望月看星星"的目标。

4. 相关性——R（Relevant）

目标的相关性是指实现此目标与其他目标的关联情况。如果实现了这个目标，但与其他目标完全不相关，或者相关度很低，那这个目标即使被实现了，意义也不是很大。毕竟工作目标的设定，是要和角色与职责相关联的。比如一名参与开发的程序员，项目经理让他参加代码 Review 会议这是适合的；让他研究如何重构代码，学习相关的知识也是适合的；但是让他直接去与客户沟通，澄清 User Story 的业务问题，讨论如何优化业务流程，这就有一些脱离他本身的职责了。因为澄清 User Story 的业务问题是开发主管的职责，而讨论如何优化业务流程是开发主管和产品负责人的职责，必要时可以邀请开发人员和相关的测试人员参加讨论会议。

实施要求：目标设置要考虑目标之间的彼此关联性，以及不同岗位或角色的职责划分。不要出现职责交叉的目标，一旦出现，对于这样的工作目标需要进行拆分。如果不能及时进行细化，则需要进行必要的说明和澄清。

5. 时限性——T（Time-based）

目标原则的时限性就是指目标是有时间限制的。

实施要求：目标设置要具有时间限制，根据工作任务的优先级、过程管理、事项的轻重缓急，列出完成目标项目的时间要求，定期检查项目的完成进度，及时掌握项目进展的变化情况，以方便对工作内容或工作事项及时进行调整，以及根据工作计划的异常情况变化及时地进行变更控制。

（二）注重轻重缓急

有了明确的时间管理目标，接着制订一个具体完善的计划是至关重要的，它可以帮助人们控制进度。如果没有计划，就会使人们陷入混乱，不仅浪费时间，而且很难实现既定目标。

在制订计划的过程中，确定工作的优先级是关键。如果人们不具备这种判断力，就不能有效地规划和把握时间。设想人们在无关紧要的事情上所花的时间和在重要的事情上所花的时间一样多，没有区别，那时间分配一定是不合理的。为此，人们要懂得在时间支配上，按照事情类别和重要性进行必要的排序，做到时间的统筹兼顾，这样的话，人们做事就会有条不紊，实现高效率。

　　时间管理基本技能就是要分清计划的轻重缓急，不仅对所做的事情心中有数，而且清楚地知道主次，知道哪些事情必须先做。

　　在我们实际的生活和工作中，有些事情特别紧急，需要立即处理；有些事情不太紧急或不紧急，可以暂时搁置一下；有些事情非常重要，需要花费较多的时间和精力去完成；而有些事情不太重要或不重要，只需花费较少的时间即可。著名管理学家科维提出了一个时间管理的理论，把工作按照重要和紧急两个不同的程度进行划分，分为四个"象限"，分别代表不同的优先级任务，即所谓的"时间管理矩阵"（见图4-1）。

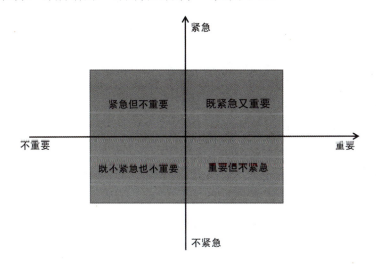

图4-1　"时间管理矩阵"

　　"时间管理矩阵"中所谓重要的事就是自己觉得有价值且对自己的使命、价值观及首要目标有意义的活动，它来自内在的需求，对自己而言重要有时并不紧急但需要更多的时间，并且天天做；所谓紧急的事就是自己或他人认为需要立刻处理的紧急时间或活动，来自外界且影响着人们的生活和工作次序。

1．四个象限的内涵

（1）第一象限：既紧急又重要。

　　在工作中，有些工作任务无法回避也不能拖延，需要马上处理，优先解决，如果延误或忘记处理，就会造成严重的后果，对于这类任务，我们可以将其划分为第一象限的工作任务，比如处理临近交货期的重要订单、重大项目的谈判、重要的会议工作等。

（2）第二象限：重要但不紧急。

　　第二象限不同于第一象限，工作任务不具备时间上的紧迫性，但具有重大的影响，对于个人或组织的存在和发展及周围环境的建立维护，都具有重大的意义。比如制订个人投资理财计划、建立人际关系网络等。

（3）第三象限：紧急但不重要。

　　第三象限的工作任务表面看类似第一象限，但实际上它仅仅是那些紧急但不重要的事情，由于第三象限的工作任务具有迫切性，它会让人们产生"这件事情很重要"的错觉，具有很大的欺骗性。很多人对此认识有误区，认为"紧急"的事情就是"重要"的事情。实际上，"紧急"和"重要"一点儿关系都没有。像办公室里领导突然来访、不必要参加的会议等事情都并不重要。这些不重要的事件往往因为它紧急，就会占据人们很多的宝贵时间。

（4）第四象限：既不紧急也不重要。

第四象限的事件大多是一些琐碎的杂事，没有时间的紧迫性，没有任何的重要性，这种事件与时间的结合纯粹是在扼杀时间，是在浪费生命。

2. 四个象限的关系

第一象限和第四象限是相对立的，而且是壁垒分明的，很容易区分。

第一象限是既紧急又重要的事情，每一个人或每一个组织都会分析判断那些紧急而重要的事情，并优先解决它。

第四象限是既不紧急又不重要的事情，有志向而且勤奋的人是断然不会去做这些事情的。

第二象限和第三象限最难区分，第三象限对人们的欺骗性是最大的，它很紧急的事实造成了它很重要的假象，耗费了人们大量的时间。依据紧急与否是很难区分这两个象限的，要区分它们就必须借助另一个标准，看这件事是否重要，也就是按照自己的人生目标和人生规划来衡量这件事的重要性。如果它重要就属于第二象限的内容；如果它不重要，就属于第三象限的内容。

3. 启示与策略

（1）走出第三象限。

具有假象的第三象限因为它的紧急性往往使人们难以脱身，所以人们经常会跌进第三象限而无法自拔。

第一象限的事情必须优先去做，第四象限的事情人们不会去做。第三象限的事情是没有意义的，但又是很难缠的，因此，必须想方设法走出第三象限。

（2）投资第二象限。

第一象限的事情重要而且紧急，由于时间原因人们往往不能做得很好。第二象限的事情很重要，而且会有充足的时间去准备，有充足的时间去做好。可见，投资第二象限，它的回报才是最大的。

（3）区分着做。

马上做：如果一个人总是有既紧急又重要的事情要做，那么说明他在时间管理上存在问题，设法管理好时间。

计划做：尽可能地把时间花在重要但不紧急（第二象限）的事情上，这样才能减少第一象限的工作量。

授权做：对于紧急但不重要的事情的处理原则是授权，让他人去做。

减少做：不重要也不紧急的事情尽量少做。

（三）善用时间法则

1. 黄金法则

意大利经济学家帕累托提出"80/20 法则"。在时间管理上的运用就是学会善用"80/20 法则"这一黄金法则，花费 20%的时间投入，努力产出 80%的实际效益。就个体而言，一个人的时间和精力都是非常有限的，要想真正"做好每一件事情"几乎是不可能的，要学会合理分配自己的时间和精力。要想面面俱到还不如重点突破。把80%的资源花在能产出关键效益的20%的方面，这20%的方面又能带动其余80%的发展。为此，人们要把注意力放在20%的关键问题或事件的思考和准备上，学会运用"关键的事情占少数，次要的事情占多数"这一普遍规律。

80%最佳效果的工作来自20%的时间；20%较为次要的工作花去80%的时间。人们需要寻找20%的努力就可以获得80%效果的领域；集中精力解决少数重要而不是所有的问题；在自己每天思维活跃的时间内完成具有挑战性和创意的工作；将精力花在最容易看见成效的事件上。

2. ABC 法则

大凡成功者都有一个共同的特点：他们都是管理时间的高手；而失败的管理者往往无一例外地都不善于管理时间。这是因为，管理时间是有技巧的：①把每天要做的事列一份清单；②确定优先顺序，从最重要的事情做起；③每天都这么做。

时间管理的 ABC 法则，就是把要做的事情，根据事情的重要程度决定优先顺序，分为 A 类、B 类和 C 类事情。

（1）所谓 A 类事情（一般占总事情的20%）：非常有助于达成目标的事情。人们在日常工作中，不要去做想做的事情、喜欢做的事情，也不要去做紧急的事情，而去做必须做的事情、需要做的事情。

（2）所谓 B 类事情（一般占总事情的80%）：对达成目标有帮助的事情。这类事情最明显的特点是：人们去做了，对目标达成有帮助；如不去做，也没有太大的问题。对这类事情，可以进行合并处理、简化处理和适度授权处理。

（3）所谓 C 类事情：对达成目标没有任何帮助的事情。对处理该类事情，最佳的建议是：只要可能，就绝对不要去做这类事情，或者采用无限制的拖延，也可以考虑用完全授权的方式请他人帮助去做，这是值得的做法。

根据该法则，人们应当把每天的目标量化起来规定好自己的时间，每天早上工作之前先看自己的时间规划，最重要的是什么事情？做最重要的事情，把 A 类事情作为最重要的、最有价值的、最关键的事情，保证自己首先把 A 类事情做好，把最好的精力专注聚焦到 A 类事情上，其次是 B 类事情，最后是 C 类事情。

这样，人们一旦把每天的工作事项排列好，把自己的目标列出来，自己看过了所做的计划，也就知道了生命中最重要的是什么，就会马上把工作时段分配出来了，会抓住重点了。

三、有效管理时间

（一）养成时间管理的意识

大学生时间管理方法

做到有效管理时间，前提是养成时间管理的意识。一般应树立以下几方面的时间管理意识。

（1）制定恰当的生活目标，按照重要程度排序。

（2）集中主要精力，专注完成最重要的工作任务。

（3）时时刻刻铭记自己要实现的最重要的工作目标。

（4）树立"时间就是金钱"的观念。

（5）只要全身心努力了，不过分追求结果完美。

（6）为所做的每一个任务设置一个时间限度。

（7）必须为每天的工作制定时间表。

（8）将最终实现目标转换成若干个小目标分别去完成。

（9）根据具体事件情况，将某项工作任务交给他人去做。

（10）给每个工作步骤制定必要的时限。

（二）改进时间管理方法

1. 计划工作

做到有计划地工作，一方面就是要建立一整套包括任务目标、工作标准、完成期限、优先顺序等在内的计划体系；把所有需要完成的事务按照时间紧迫性和工作重要性进行划分，制定优先工作次序；留足一定的处理不断变化或偶然事件的时间。另一方面就是做好时间日志，把重要的任务安排在自己工作效率高、受干扰少的时间阶段。把自己剩余的时间按效率和外界干扰的不同，赋予不同的分值，然后把优先度高的任务分配到峰值较高的时间阶段。

2. 调控时间

当自己要面临完成一项巨大的总任务时，试着将该任务分成若干项小任务，使之易于管理，并相应安排一定的大块时间来完成这些任务，化整为零，进而顺利地完成既定的总任务。

同时，在"剪裁"大块时间后，合理利用所剩的零碎时间，发挥其价值。也可以把自己的事情分成很多小段，采用见缝插针的方法每次完成一项任务，化零为整，在不知不觉中就完成了整个任务。

3. 懂得拒绝

在时间管理中最重要的一个词是"不"，量力而行地说"不"，对己对人都是一种负责的态度。接受自己不能胜任的委托工作，不仅徒费时间，还会对自己其他的工作造成干扰。同时，无论是工作还是效果都无法达标，都会打乱委托人的时间安排，结果是"双输"。为此，接到他人的委托，不要急于说"是"，而要明白自己能不能如期按质完成工作。如果不能，就要具体与委托人协调，在必要时，敢于说"不"。在日常生活中，当自己遇到无休止的电话、闲聊和不速之客来访时，自己一定要自信客气地婉转拒绝对方，回到自己要做的重要事情上去。

4. 学会授权

每个人的时间都十分宝贵，精力也十分有限，如果都抱着"万事不求人"的心态去为人处世，结果将不是最理想的。如日常工作中能做到在遇到问题或棘手事情时，请人帮助或授人之权，就可以大大缩短完成目标的时间，做到事倍功半，使自己能更好地聚焦到要从事的重要事情上去。

5. 善用工具

如今，现代科学技术迅猛发展给人们的生活和工作带来了很大的便利。过去很多天才能到达的地方，现在只要几个小时，或者几十个小时就可以到达。信息时代可以使人们在几秒钟内和远在地球那边的人通过卫星或海底电缆进行通话和交流，过去我们需要花许多时间才能了解的信息，现在足不出户即可了解。现代的科学技术给我们带来的好处比比皆是，我们早已深有体会。人们如果借助和善用了像电子邮件、MSN、视频会议、网络购物、网上支付、互联网+、线上学习等工具，必将使其大大节约处理事务的实际时间。

6. 远离诱惑

要把有限的时间，发挥出无限的效益，就需要对自己的时间有一个合理的、高效的安排，做到把有限的时间用到"刀刃"上，使之发挥最大效能。在日常生活中，我们常常喜欢沉醉于一些有趣的事件上，但有趣的事件往往都是不重要的，为此，人们要自觉远离这些花费我们大量时间，但收效甚微的事件。

7. 劳逸结合

俗话说：每天运动一小时，快乐工作一辈子。珍惜时间、忘我工作是值得提倡的，但适当的休闲也是有必要的。劳逸结合，更有助于提高工作效率，发挥人的潜能。为此，人们应尽量避免参加有损健康又浪费时间的休闲娱乐活动，可以参加像旅游、健身等积极向上的休闲活动，使自己放松身心，蓄积能量，更好地投入工作和学习中。

8. 善于整理

工作做到有条不紊，是一种习惯，也是一种态度和精神。工作中形成的大量文件资料，包括纸质文档和电子文档，需要定期及时进行分类、整理、归档和销毁，整理文档资料的过程就是梳理工作思路，审视时间效益的过程。当然，保持办公桌面的整洁干净，办公用品安放规范有序，需要时随手可得，也是节约时间、树立干净利落职业形象的重要展现。

随着时间管理阶段的不断推进，时间管理的改进方法也随之不断增多，只要人们在生活和工作中养成时间管理意识，培养时间管理能力，就会不断提高时间管理效率，成为时间的真正"主人"。

第三节 计划管理

俗话说：凡事预则立，不预则废。所谓的"预"，也就是"计划"。任何事情在付诸行动之前，都应该有计划。计划犹如桥梁，连接着目标与目标，也连接着目标与行动。

计划对职场从业者而言至关重要，如果一个人没有计划，那么这个人的一生必定是忙碌而无所作为的。因此，做好计划管理，是人们善于自我管理的组成部分，是职场从业者不可缺少的一种能力。

一、计划的作用和类型

（一）计划的含义

计划是对事情进行预先筹划和安排的一项活动。职场从业者自我管理中的计划就是人们明确个人发展的总目标和各阶段的分目标，并围绕这些目标对自己未来行为的规划、选择和评估，是个人行动的导向和行为控制的标准。

1. 从名词和动词两种词性理解计划

作为名词，计划是指为实现个人发展目标而进行方案谋划与行动安排。

作为动词，计划是一种认识机会、设定目标、预测环境、规划方案、评价方案做出决策及执行与评估的连续过程。

2. 从广义和狭义两个方面理解计划

（1）广义的计划是指人们制订个人发展计划、实施个人发展计划和检查个人发展计划等整个计划工作的全过程。

（2）狭义的计划是指人们制订个人阶段性的计划，即通过一定的科学方法，为自己既定的发展总目标实施做出具体的安排。

做好任何计划，必须清楚地确定和描述内容，一般概括为"5W1H"。

① What to do？要做什么？（确定目标）即给出符合组织或个人自身需求和价值的不同层次的工作具体目标、任务和要求。

② Why to do it？为什么做？（找出原因）即给出实施计划的具体原因，明确计划工作的宗旨、目标和战略，并论证其可行性。

③ When to do it？何时去做？（明确时间）即规定计划中各项工作的开始和完成进度，一边进行有效的控制，一边做到时间的安排与个人或组织的内外部实际相适应。

④ Where to do it？在何地做？（规定地点）即规定计划的实施地点或场所，了解计划实施的环境条件限制，以便合理安排计划实施的空间组织和布局。

⑤ Who to do it？谁去完成？（组织人员）即明确规定每个阶段计划目标的实施人员、实施部门或组织，并明确全体的责任和义务。

⑥ How to do it？如何完成？（选择方法）即制定实现计划和措施的方法，以及相应的政策和规划。

（二）计划的作用

1. 有利于明确目标，提高效率

加强计划管理可以使人们有明确的行动方向，并在不断变化的环境中为人们指明和聚焦目标。同时，计划还可以促使人们协调各方，进行分工与合作，有序地推进工作开展，提高效率。

2. 有利于增强预见，规避风险

计划作为预测未来变化、设法消除变化给人们带来不确定性和风险的有效手段。通过计划管理可以帮助人们对未来可能出现的问题有提前的预见和认识，促使人们采取科学的方法早做安排，主动迎接机遇和挑战，规避风险，化不利为有利。

3. 有利于减少浪费，取得效益

通过计划管理一是可以消除不必要的、盲目的活动所带来的浪费；二是有助于在较的短时间内完成工作，减少非正常工作时间带来的损失；三是促使各项工作均衡化稳定发展，使资源充分发挥作用，取得较好的效益。

4. 有利于实施控制，纠正偏差

计划是组织实施的纲领，与控制功能紧密相联。通过计划管理可使工作目标、措施、步骤、时间要求具体明确，为控制工作提供标准。同时，人们可以通过计划对从事的活动进行控制，检查实际执行情况与原定计划之间的差距，及时进行调整以达到控制的目的，最终确保目标的实现。

（三）计划的类型

计划的类型有很多，可以按不同的标准进行分类。

1. 按计划的形式分类

按照不同的表现形式，计划分为宗旨、目标、战略、政策、程序、规则、规划和预算等（见表4-1）。

表4-1　计划的分类

类　型	含　　义
宗旨	表明组织是做什么的，应该做什么
目标	具体规定组织及其各个部门在一定时期内要达到的具体成果
战略	是为实现组织的长远目标而采取的总计划，是组织选择发展方向、制定行动方针，以及资源分配的纲领性文件
政策	是组织对成员做出决策或处理问题所应遵循的行动方针的一般规定
程序	规定一个具体问题应该按照怎样的顺序进行处理
规则	是在执行程序中每个步骤的工作时所应遵循的原则和规章
规划	为了实施既定方针而制订的综合性计划
预算	是以数字表示预期结果的一种"数字化"的计划"报告书"

2. 按计划的期限分类

按照计划的期限长短，计划分为长期计划、中期计划和短期计划。

（1）长期计划：是组织在较长时间内的发展目标和发展方向，属于纲领性和轮廓性的计划，也称为长远规划或愿景规划。长期计划一般期限在 10 年以上，决定中期计划的方向、任务和基本内容，是制订中期计划的依据。同时，长期计划需要中期计划和短期计划补充，使之目标具体化。

（2）中期计划：是按照长期计划的执行情况和预测到的具体条件变化而进行编制的，一般期限为 5 年左右，是长期计划的具体化，对长期计划的各项任务给予具体的数量表现，为短期计划的编制提供基本框架，具有衔接长期计划和短期计划的作用。

（3）短期计划：是长期计划和中期计划的具体实施计划和行动计划，在中期计划的指导下，具体规划年度工作任务和措施的计划。短期计划的一般期限为 1 年以内，如年度计划、月计划、周计划等。

3. 按计划的性质分类

按照计划的性质内容，计划分为战略计划和战术计划。

（1）战略计划：是应用于整个组织，为组织设立长期目标，寻求组织在环境中的地位的计划。战略计划的周期较长，涉及面较广，目标弹性较大。

（2）战术计划：是为服从、实行战略计划而制订的计划，旨在解决实际操作过程中存在的问题，提供一个可按照一定程序来实现目标的方案。相对战略计划，战术计划周期较短，计划目标弹性适中或较小。

从一定意义上来讲，战略计划是战术计划的依据，战术计划是战略计划的落实。

按计划的目的不同，计划还可以分为很多类型，比如学习计划、旅游计划、产品设计计划、宣传计划、生产计划、市场拓展计划、营销计划、质量跟踪计划等。

二、计划的步骤和原理

（一）计划制订的基本步骤

制订计划是一个过程，一般由若干相互连接的步骤组成。

1. 评估机会

评估机会是计划管理的第一步。为使制订的计划目标能切合实际，在计划管理的最初阶段，就要对当前面临的机遇，未来所遇的挑战，计划实施过程可能出现的变化和问题进行深入细致的研判，认清组织和自己的优势和劣势，分析计划实施的可能性和影响程度，从而明确解决问题的原因和达到的结果。只有对机会进行全面的评估，在不断交换、比较和反复中才能拟定出正确的计划目标。

2. 确定目标

确定目标是计划管理的核心内容。在充分估量机会的前提下，为组织制定战略，明确目标，制定政策、规则、程序和预算等，是计划管理达到预期成果的出发点和归宿。确定各级各类目标，要符合 SMART 原则。

3. 预测环境

为使制订的计划顺利实施，对未来可能影响计划的内外部环境进行预测是十分必要的。只有对未来环境和计划实施的前提条件了解得越细致、透彻，计划管理才会越可操作和协调。当然，由于未来环境的复杂性和不可预测性，要把计划环境中的每个环节做出精准预测，是不可能和不现实的，只要把握那些对计划起关键作用的环境因素和假设条件就可以了。

4. 拟定方案

计划能否顺利实施，关键取决于所做计划方案的好坏。通常制订的可行性计划越多，则行动就越高效。在拟定方案时，常见的问题不是可行方案少，而是同类备选方案太多，为此，拟定方案需要广泛收集信息，及时征集各方面的意见和建议，集思广益、开拓创新，聚焦到最有利于目标达成的备选方案上去。

5. 评价方案

有了备选方案后，如何根据计划目标和未来环境预测，从多个备选方案中遴选出最佳方案，需要客观、公正地进行方案评价。评价时，第一要取决于评价者采用的标准；第二要取决于评价者对各标准所赋予的权重数；第三要将定量和定性因素进行考虑综合。在具体评价方案时，需要借助数学方法和信息化技术手段，运筹学在评价方案时也将起到重要作用。

6．选择方案

根据方案评价结果，及时选出最优方案，这是计划制订和管理的实质性阶段。由于可取的备选方案通常较多，必须先按综合评价情况进行先后排序，再细化和完善，最后选出最优方案。

7．派生方案

总计划方案制订后，制订派生计划也尤为重要。派生计划是总计划下的分计划，是辅助总计划完成的基础和支撑。如要实现一家企业发展的战略计划，就需要与之配套的投资计划、生产计划、采购计划和营销计划，乃至员工培训计划也必不可少。

8．执行反馈

制订的计划要执行，需要转化为预算，通过编制预算，使计划的指标体系定量数字化，更加明确，更便于对计划执行进行控制。此外，针对计划执行效果还需评估，做到边执行、边调整、边修订、边完善，使计划管理落到实处。

（一）计划工作的基本原理

1．承诺原理

任何一项计划都是对完成各项工作目标所做的承诺，工作目标越大，承诺就越大，实现这一目标和承诺的时间就会越长，计划的时限相应就越长。承诺原理涉及计划期限问题。计划的期限与其所要完成的任务成正比，因此计划的承诺不要太多，否则造成计划的时间越长，承诺所实现的可能性将会越小。

2．"木桶"原理

众所周知，一个木桶能盛放多少水，不是取决于桶壁最长的木板，而是取决于桶壁最短的那块木板。计划管理中妨碍目标得以实现的因素有许多，但其中有些是对计划目标实现起主要限定作用的因素。为此，在制订计划时，要有针对性地采取得力措施，找准这些限定计划实现的"短板"，补齐这些"短板"，从而实现计划的期望目标。

3．灵活原理

计划是针对未来事件的，由于受主客观因素的影响，计划不可能做到绝对的精准。因此，计划本身必须具有灵活性，当出现例外时，有能力改变方向而不必花费太大的代价。计划越具灵活性，未来意外事件引起的损失就越小。在承担任务重、计划期限长的情况下，灵活性作用显得尤为重要。

4．应变原理

应变原理是计划工作的重要原理。因为未来情况随时都可能发生变化，原定的计划不会一成不变。尽管在制订计划时已充分预见了未来可能发生的情况，并有的放矢制定了相应的对策，但由于对策不可能面面俱到，情况也在不断变化，计划又往往赶不上变化，这些都造成有些问题不可能完全预见。所以，在计划实施的过程中，在保持总计划目标不变的前提下，我们要定期核查计划、调整计划，如情况发生变化，就要重新制订计划，就像航海家一样，必须经常核对航线，一旦遇到障碍就绕道而行。

三、计划管理的原则和方法

（一）计划管理的原则

在进行计划管理时，一般要遵循以下主要原则。

1. 实际原则

制订计划一定要实事求是、符合客观实际。任何异想天开、好高骛远的计划只能是纸上谈兵，最终无法实现。为此，制订计划既要仰望天空，又要脚踏实地，通过调查研究、集思广益和系统思考，制订出切合实际的计划。

2. 弹性原则

由于环境和条件是不断变化的，而计划一旦确定了，就具有一定的刚性，在一定时期内不易随着环境和条件的变化而频繁变更，这样为使计划管理更具有效性和相对稳定性，就要遵循弹性原则。努力在计划制订的过程中，使之具有适应性，做到"量力而行，留有余地"；但在执行计划时，必须严格准确，做到"尽力而为，不留余地"。

3. 全面原则

计划管理是一项系统的工程，从制订计划、执行计划，到反馈修订的整个过程来讲，将涉及很多人事和部门，任何计划都会受到多方面因素的直接和间接影响。为此，计划管理需要树立联系的观点，统筹所涉及的人事和部门，做到点线面结合，处理好局部和全局、个别和一般的辩证关系。

4. 重点原则

抓重点，抓主要矛盾和矛盾的主要方面，在计划管理中也是要遵循的一条基本原则。在把握全局的情况下，对计划涉及的所有因素，也要分清主次，避免"眉毛胡子一把抓""捡了芝麻，丢了西瓜"，通过抓关键和重点，来着力解决影响全局的问题。

5. 创新原则

计划管理本身是一项创造性的活动，在制订计划时，虽然要借鉴和传承以往的经验与成果，但更应具有创新和发展，要善于打破常规，以开拓进取、求新求异的精神，充分发挥积极性、主动性和创造性，努力提出更多具有创新性、构思新颖的计划。

（二）计划的管理方法

针对不同的计划工作，计划管理的方法有很多，较为普遍和常用的主要有三种。

1. PDCAR 法

（1）含义解读。

PDCAR 法是一种计划流程和行为修炼工具，对提升组织与个人执行力具有指导意义，既可以指导公司、团队和项目的正常运行，又可以用于规划个人的工作和生活。PDCAR 法主要适合于在做事中学做事，以培养"今日事今日毕"和"不犯第二次错误"的习惯。

（2）具体内容。

① 实事求是，科学计划。

PDCAR 法中的"P"代表计划（Plan），它包括以下几个方面的要求。

在制订计划时，应尽力考虑到可能发生的一切问题，并制定应对措施，将风险因素纳入计划中。

计划实施完毕后，将整个计划执行过程回顾一遍，仔细考虑每个细节，确认哪些部分成功了，哪些部分失败了。记下每一个失败的部分，争取在执行下一个计划时不犯同样的错误。通过这种实践，使人们的思想变得深邃、细致、客观和冷静。

讲究"实事求是"，冷静、客观、自主和全面考虑各方面的影响因素，通过换位思考，通盘考虑计划。

适当缩短预期的执行时间，给计划增加一些压力，以便督促执行。

② 抓住机会，坚持不懈。

PDCAR 法中的"D"代表行动（Do it）。

失败者往往在彷徨中丧失千载难逢的机遇，而成功者则善于抓住机遇、果断行动；失败者往往因为半途而废丢掉大好的前程，而成功者总是在坚持不懈中赢得计划的胜利。因此，对计划的执行者来说，最重要的就是要果断行动、坚持不懈。不要轻易改变自己的目标，不要因为困惑和犹豫与一个又一个成功的机会失之交臂！

③ 反复检验，及时调整。

PDCAR 法中的"C"代表检验和调整（Check it）。

计划在执行过程中要不断地检验和调整。如果在检验中发现了偏差，则需要查漏补缺、及时调整，以免犯更大的、不可挽回的错误；如果在检验中证实了计划的有效性和正确性，就可以加大投入，将计划执行到底。

④ 吸取教训，从头再来。

PDCAR 法中的"A"代表重新开始（Action again）。

计划的执行具有不确定性。在计划执行过程中，遇到失败和挫折是难免的，必须学会从失败中汲取经验或教训，不被挫折击垮，勇敢地重新开始。重新开始的勇气和决心是每个成功者必备的基本素质，也是通向成功的决定性力量。

⑤ 认真总结，详细记录。

PDCAR 法中的"R"代表记录和备案（Record）。

任何好的计划执行者总会在计划执行完毕后，认真总结计划执行过程中的经验、得失，并将计划执行的详细情况记录、备案。无论计划的执行是否成功，有关该计划的详细信息总能为自己和团队中的后来者提供可借鉴的宝贵财富。

PDCAR 法是一种十分有用的计划管理方法和工具，人人可以使用、事事可以适用、时时可以运用、处处可以应用，该方法对提高计划管理能力和计划执行能力具有现实意义。

2. 滚动计划法

滚动计划法是一种定期修订未来计划的方法。滚动计划法是按照"分段编制、近细远粗"原则，制订一定时期内的计划，然后按照计划的执行情况和环境变化，调整和修订未来的计划，并逐期向前移动，把短期计划和中期计划结合起来的一种计划方法。

滚动计划法，也称为滑动计划法，是一种动态编制计划的方法。它不同于静态分析法那样是在一项计划全部执行完之后再重新编制下一时期的计划，而是在每次编制或调整计划时，均将计划按时间顺序向前推进一个计划期，即向前滚动一次。

滚动计划法，既可用于编制长期计划，也可用于编制年度、季度生产计划和月度生产作业计划。不同计划的滚动期不一样，一般长期计划按年滚动、年度计划按季滚动、月度计划按旬滚动等。

滚动计划法是目前被广泛运用的一种计划管理方法，虽然使用这种方法编制计划的工作量较大，而且变更较频繁，效率相对较低，但其优点也十分明显。

① 把计划期内各阶段及下一个时期的预先安排有机地衔接起来，而且可以定期调整补充，从方法上解决了各阶段计划的衔接问题。

② 较好地解决了计划的相对稳定性和实际情况的多变性这一矛盾，使计划更好地发挥其指导生产实际的作用。

③ 促进计划制订和计划执行相辅相成，提升计划管理和分析预测水平，为组织或个人整体效益提高奠定坚实的基础。

3. 甘特图法

甘特图也被称为条状图、线条图，主要是以图示的方式通过活动列表和时间刻度，较为形象地表示出任何特定项目的活动顺序和持续时间。在甘特图中，一般横坐标表示时间，纵坐标表示活动（项目），线条表示整个时间上计划和实际活动（项目）的完成情况。

1．测评自己的学习风格特点，选择合适的学习管理办法。

2．利用时间管理 ABC 法则，试对自己一天的时间做出科学的安排。

3．请阐明在制订计划时"量力而行，留有余地"，而在执行计划时"尽力而为，不留余地"的内涵。

过程训练

1．请先填写你的时间收支周报表（见表 4-2）。

表 4-2　时间收支周报表

科目\项次	项　　目		时间（小时）	说　　明
收入	7 天×24 小时/每天		168	
支出				
固定支出 （指每天必须消耗的时间）	1	如：睡觉		
	2	如：上课		
	...			
不固定支出 （指每天偶然消耗的时间）	1	如：逛街		
	2	如：购书		
	...			

2. 填写时间收支周报表后，思考以下问题。

① 你一周的时间安排合理吗？

② 你的时间主要用在哪些事物上？

③ 你要不要做出相应的调整？

④ 如果需要调整，主要调整哪些内容？

⑤ 为何要做这些调整？

⑥ 调整的意图是什么？

第五章

融入职场团队

懂团结是真聪明，会团结是真本领。团结出凝聚力，出战斗力，出新的生产力，也出干部。在团结问题上，"一把手"更应带好头，起好表率作用。

——习近平

第一节　认识团队

一、团队概述

（一）团队的基本概念

20 世纪 60 年代至 70 年代中期，日本经济起飞迅速，成为世界经济大国，企业的国际经济竞争能力跃居世界前列。欧美等西方国家在对日本经济发展进行深入探讨时发现：日本企业拥有强大竞争能力的根源不在于其员工个人能力的卓越而在于其员工整体"团队合力"的强大，起关键作用的是日本企业具有新型的组织形式——团队。

1994 年美国管理学家罗宾斯首次提出"团队"的概念，他认为：团队就是由两个或两个以上的相互作用、相互依赖的个体为了特定目标而按照一定规则结合在一起的正式群体。

所谓"团队"，即由具有共同信念的人，为实现共同目的而组织起来的，通过各团队成员的充分沟通与交流，在保持既定工作目标的前提下，采取一致的工作措施与手段，充分发挥各团队成员的主观能动性，运用集体智慧将整个团队的人力、物力、财力集中于某一方向，从而实现优质高效地完成既定工作任务的一种组织形式。

组织采取团队形式完成目标的优势在于：体现团队成员的创造合作精神，有利于团队管理层进行战略思考，促进团队队伍多元化，提高团队工作绩效等。

团队具有的基本特征如下。

（1）明确的目标：团队成员明确了解所要达到的目标及目标所包含的重大意义。

（2）相关的技能：团队成员具备实现目标所需要的基本技能并能够进行良好的合作。

（3）相互的信任：团队中每个成员对团队其他成员的品行和能力都互相信任。

（4）共同的信念：团队成员对完成目标都富有奉献精神。

（5）有效的沟通：团队成员之间会进行畅通的信息沟通交流。

（6）谈判的技能：团队成员角色变换需要具有充分的谈判技能。

（7）公认的领导：团队的领导多为团队提供指导和支持而不是简单地控制。

（8）内外的支持：团队具有内部合理的基础结构和外部必要的资源条件。

（二）团队的构成要素

一个团队的构成有五个重要因素，通常被称为五个"P"。

1. 目标（Purpose）

每个团队应该有一个既定的目标、明确的发展方向和前景使之作为团队成员的导航，没有目标团队就没有存在的价值和意义。

2. 人员（People）

人员是构成团队最核心的力量，团队目标是通过人员来具体实现的。一个团队中需要有人出主意、有人定计划、有人去实施、有人来协调，以及有人监督工作进展和评价最终贡献。人员选择是团队建设和管理的重要部分。

3. 定位（Place）

定位主要包含两层意思。

（1）团队的定位，团队在业内所处位置由谁选择和决定，团队最终应对谁负责，团队采取什么方式激励下属等。

（2）个体的定位，作为团队成员在团队中扮演什么角色，是制订计划还是具体实施或评估。

4. 权限（Power）

团队当中领导人的权力大小跟团队的发展阶段相关。一般来说，团队越成熟，领导人所拥有的权力相应越小，在团队发展的初期阶段，领导权是相对比较集中的。

团队权限关系的两个方面。

（1）整个团队在组织中拥有什么样的决定权，如财务决定权、人事决定权、信息决定权等。

（2）组织的基本特征。如组织的规模多大，团队的数量是否足够多，组织对于团队的授权有多大，它的业务是什么类型等。

5. 计划（Plan）

计划主要有两层含义。

（1）目标最终的实现需要一系列具体的行动方案，可以把计划理解成目标的具体工作的程序。

（2）提前按计划进行可以保证团队的顺利进行。只有在计划的操作下，团队才会一步一步地贴近目标从而最终实现目标。

（三）团队与群体的区别

团队区别于一般群体。团队不是一群人机械地简单组合。团队具有一个共同目标，团队成员之间相互依存、相互影响、相互合作，追求集体共同成功。团队是一个有机整体，团队成员除具有独立完成工作的能力外，同时具有与他人合作共同完成工作的能力。概括来讲，团队和群体有以下根本性的区别。

（1）领导方面：作为群体，有明确的领导人；团队可能就不一样，尤其当团队发展到成熟阶段后，成员共享决策权。

（2）目标方面：群体的目标必须跟组织保持一致；但团队中除了这一点，还可以拥有自己的目标。

（3）协作方面：协作性是群体和团队最根本的差异。群体的协作性是中等程度的，有时成员还有些消极、对立；但团队中有一种齐心协力的气氛。

（4）责任方面：群体的领导要负很大责任；而团队中除了领导要负责任，每个团队成员也要负责甚至要一起相互作用共同负责。

（5）技能方面：群体成员的技能可能是不同的，也可能是相同的；而团队成员的技能是相互补充的，把不同知识、技能和经验的人综合在一起形成角色互补，从而达到整个团队的有效组合。

（6）结果方面：群体的结果或绩效是每一个个体的绩效相加之和；团队的结果或绩效是由大家共同合作完成的。

比如，日常生活中我们熟知的龙舟队和足球队就是真正意义上的团队；而像旅行团或候机旅客只能算是一个群体。

（四）高效团队的特征

高效团队与低效团队的特征对比，如表 5-1 所示。

表 5-1　高效团队与低效团队的特征对比

高效团队的特征	低效团队的特征
① 明确的团队目标 　团队成员对团队目标十分明确并且自觉献身于这个目标	① 没有共同的目标 　团队成员各有各的目标，难以或无法确立团队共同的目标
② 团队成员之间利益实现共享 　团队成员能够共享团队中其他人的智慧、团队的资源和信息	② 团队成员之间利益不能共享 　团队成员之间很少谈与自己工作有关的话题，出现"你防着我，我防着你"的情况
③ 成员具有不同的团队角色 　团队需要其成员担任不同的角色。有务实者、协调者、改革者、创新者、信息者、监督者、交际者、实现者等	③ 团队中角色单一 　虽然团队成员具有不同的分工但只有两个角色：领导与群众、管理者与被管理者
④ 团队成员沟通良好 　团队成员之间公开并且诚实地表达自己的想法，主动沟通并且尽量了解和接受他人	④ 团队成员沟通不畅 　极少主动交流，有人挑拨关系；有问题互相推诿和埋怨；背后议论他人
⑤ 团队具有共同的价值观和团队规范 　为不同的团队成员提供共同的、可兼容的统一平台	⑤ 团队没有共同的价值观和团队规范 　团队成员各有各的价值观
⑥ 团队成员具有较强的归属感 　团队凝聚力较强，团队成员愿意属于这个团队，团队成员之间愿意互相帮助或自觉自愿地多做工作	⑥ 团队成员没有形成凝聚力 　团队成员之间互相勾心斗角，你争我斗。团队成员把在团队中的工作作为谋生的手段，团队成员与团队之间完全是一种雇佣关系，一盘散沙
⑦ 团队内部有效授权 　团队成员有渠道获得必要的技能和资源，团队政策和做法能够支持团队的工作目标。在团队中能够做到人人有职有权	⑦ 团队内部高度集权 　职业经理的工作越来越忙，下属们却每天优哉游哉，无事可做

二、团队类型

团队的基本类型可以分为传统组织形式和虚拟组织形式两种。

（一）传统组织形式

1. 问题解决型团队

问题解决型团队，是指团队成员就如何改进工作程序、方法等问题交换看法，对如何提高生产效率和产品质量等问题提出建议。

问题解决型团队的核心是提高生产质量、提高生产效率、改善工作环境等。在团队中，团队成员只就改变工作程序和工作方法相互交流意见与建议，但没有权力根据所提意见与建议付诸行动。

2. 自我管理型团队

自我管理型团队是一种真正独立主自的团队，团队成员能独立自主地解决问题、参与决策建立，对工作的结果承担全部责任。一般来说，他们的责任范围包括控制工作的节奏、决定工作任务的分配等。自我管理型团队甚至可以自由组合，并让团队成员相互进行绩效评估，而使主管人员的重要性相应下降乃至被取消。基于自我管理型团队也存在缺勤率和流动率偏高等情况，采用这一形式需要有一定的范围且具备一定的条件。

3. 多功能型团队

多功能型团队通常由来自同一等级、不同工作领域、跨越横向部门界线的团队成员组成，他们聚集在一起的目的就是完成一项特定的任务。该类团队盛行于今的项目管理，与多功能团队有着内在的联系。

多功能型团队是一种运用很广、效果明显的组织形式，它能使组织内（甚至组织之间）不同领域、员工之间交换信息、激发出新的观点、协调复杂的关系、解决面临的问题。

（二）虚拟组织形式

虚拟团队是虚拟组织中一种新型的工作组织形式，是一些人由于具有共同理想、共同目标或共同利益而结合在一起所组成的团队。虚拟团队就是在虚拟的工作环境下，由进行实际工作的真实的团队成员组成，并在虚拟企业的各团队成员相互协作下提供更好的产品和服务。虚拟团队作为一种新型的组织形态，具有不少优于传统团队的特征。

虚拟团队与传统团队相比具有的优势如下。

（1）人才优势。现代通信与信息技术的使用，使区位不再成为影响人们工作与生活的因素，拓宽了组织的人才来源渠道。

（2）信息优势。虚拟团队成员来源区域广泛，企业能够充分获取世界各地的技术、知识、产品信息资源，从而能够全面地了解顾客，有利于组织尽快设计和开发出满足顾客需求的产品和服务。

（3）竞争优势。虚拟团队集聚世界各地的优秀人才，他们在各自的领域内都具有知识结构优势，众多单项优势的联合必然形成强大的竞争优势。

（4）效率优势。虚拟团队利用最新的网络、邮件、移动电话、可视电话会议等技术实现基本的沟通，有效防止了信息滞留。

（5）成本优势。虚拟团队打破了组织的界限，使得组织可以大量利用外部人力资源条件，从而减轻了组织内部人工成本的压力。

三、团队角色类型

（一）团队角色的类型

在团队中，每位团队成员都有各自的角色定位，只有掌握他们的角色才能处理好团队成员之间的关系，提高团队的工作效率，实现团队的既定目标。一个结构合理的团队一般由8种团队角色成员组成，如表5-2所示。

表5-2　8种团队角色成员组成表

角色	表象	特征	作用	优点	缺点
务实者	对团队忠诚，崇尚努力工作，自觉性和计划性强	务实、可靠、责任心强，工作效率高	善于行动，在团队中发挥的作用很大	有组织能力和实践经验，工作努力，勤奋，自律性强	缺乏灵活性，为人处世传统乃至保守
协调者	个性感召力强，能发现团队成员的优势，并引导大家共同实现目标	冷静、成熟、沉着、自信，办事客观，有控制力	善于寻找到合适的人，善于协调团队中各种错综复杂的关系	待人公平，看问题客观，工作目标性强	业务能力和工作水平并非很强，智能和创造力并非超常
改革者	竞争意识和进取性强，有高度的工作热情和成就感，办事效率高	思维敏捷、善于交际，工作主动性和挑战性强	作为团队行动的发起者，是确保团队快速行动的有效推动者	富有激情、不自满、勇于挑战、干劲足	缺乏耐心，较为冲动和急躁，易激起争端
创新者	拥有高度的创造力，思路开阔，富有想象力	个性鲜明、不拘一格、观念新，属于"点子型"人才	在团队中敢于提出新思想，开拓新思路，推动新实践	天资聪慧、才华横溢、知识渊博	好高骛远、不拘礼节、彰显个人主义
信息者	对团队外部环境敏感，有高度的工作热情，反应敏捷	性格外向、信息灵通	通过与人交往发现新事物，发掘新信息	人际交往能力强，勇于迎接挑战	事过境迁、易兴奋消逝
监督者	在团队中与其他团队成员之间常保持一定的距离，不会过于热情，也不易情绪化	清醒、冷静、理智、谨慎	在团队中善于发现问题，善于分析评价，善于分析利弊	讲求实际判断力，分辨力强	缺乏鼓励和激发他人的能力，也缺乏超越他人的能力
交际者	是团队中最积极的成员，对团队成员不会构成威胁，是团队中受欢迎的人	善于人际交往，善解人意，性格温和，合作性强，处世灵活	善于调和团队中各种人际关系，信奉"和为贵"，提升团队士气	随机应变、化解矛盾、促进合作	危急时刻往往优柔寡断，缺乏担当意识
实现者	意志力和毅力强，做事注重细节，力求完美，属于"理想主义者"	勤奋有序、事必躬亲、不愿授权	在团队中可以完成重要且要求高度准确的任务，对团队而言将起到不可估量的作用	坚持不懈、精益求精、持之以恒	拘泥细节、容易焦虑、吹毛求疵、不够洒脱

（二）正确认知角色

在团队中，每一个团队成员都不同程度地扮演着一个或多个角色。尽管高效的团队需要配备不同而且齐全的角色，所谓"一个都不能少"，但是由于"没有十全十美的人，也没有一无是处的人"，从这一角度而言，暂时缺少某一个角色成员或解除某个团队成员自以为不可缺少他的角色，团队也能继续运作。为此，每个团队成员都要充分精准认识自己在组织中扮演的角色，并珍惜这一角色。

每个团队成员具体认识自己在团队中的角色需要做到以下四点。

1. 具备能力，乐于合作

团队成员要在组织中可持续生存，首先要具备履行工作职责的能力，找准自己在组织中的角色定位，认识他人的团队角色，并乐于与其他团队成员沟通、合作，进而使自己不断胜任所担负的角色。

2. 分析优劣，扬长避短

团队成员要避免人性的弱点：容易看到自己的优点，不容易发现自己的缺点；容易看到他人的缺点，不容易发现他人的优点。在团队中要注重分析自己的优势、劣势和个性特点，做到扬长避短，最大限度地发挥自己的潜力。

3. 寻找时机，介入团队

团队中的每个成员都有角色定位和职位分工，不是每个团队成员都需要参与团队中的每一件事务。发表意见和建议的团队成员以何种角色身份出现？何时发挥作用？都要寻找和把握最佳时机，这样才能显现自己角色的作用。

4. 善于应变，转换角色

随着使命和目标的变化，团队的工作内容随之发生变化。团队成员的角色也应随之有所变化和调整，以便主动适应这种变化。同时，在角色转换过程中，始终要坚持团队利益高于一切，适时从团队利益出发，调整自己的角色行为。

第二节　加入团队

蚂蚁团结的故事

一、得到认可

从学校环境迈入职场环境成为团队中的一员，学生就要快速转变心态，从谦虚做人、踏实工作等多方面迅速适应，通过正常工作的交流，建立与人的交际关系，找到融入团队的有效途径。毕业的学生由于刚成为职场新人，经验不足，往往表现出无所适从的样子，因此如何得到职场同事和领导的认可显得尤为重要，一般主要从以下几个方面着手。

（1）遵守规则。作为职场新人，遵守团队规章制度是起码的职业道德。入职后首先学习团队规则，熟悉团队文化，以便在制度规定的范围内行使自己的职责，发挥所能。

（2）学会共事。作为职场新人，由于经验不足等原因要使自己能在岗位上"脱颖而出"，需要同事的帮衬和扶持，对职场前辈取恭谦之态乃为上策。

（3）专心工作。作为职场新人，以为既然定了岗就可以高枕无忧，尤其是在完成了既定工作后，就会利用上班的时间做一些与本职工作无关的事，这些都是妨碍自己进步的大忌。

（4）团队思考。作为职场新人，应多为团队考虑。如果一个忠于职守的团队成员在保证完成好本职工作的前提下，时时、处处、事事为团队考虑，那么该成员会受到他人的喜欢。

（5）坚定目标。作为职场新人，要制定长远目标。好高骛远、不切实际的想法不可取。如果刚工作不久，就这山望见那山高，提一些不合理的要求或干脆以辞职相要挟，这样做会招致领导的反感。职场新人应该制定好自己的发展规划，一步一步地去实现自己的人生目标。

（6）稳定心态。作为职场新人，既来之，则安之，稳定好自己的情绪和心态，踏踏实实地做好手上的工作，少索取多奉献，这是立业之本。就自身发展而言，职场新人与其东奔西跑，还不如就地成才开花结果。

二、获得信任

研究表明，高绩效团队的一个最大特点在于团队成员之间的高度信任。信任是团队成员合作的开始，是团队管理的基础。一个团队成员之间不能相互信任的团队，无法完成任何的合作和交流，团队也不能形成战斗力和凝聚力。

作为职场新人，在进入团队后总是迫切地希望做出成果，让自己的工作得到认可，这都需要与团队成员建立信任关系。

信任是指对个人或事件有意愿地相信，并敢于托付，是一种"心理契约"。信任一般有五个维度。

（1）正直：团队成员诚实可信赖。

（2）能力：团队成员胜任工作的分析问题、解决问题的知识技能和处理人际关系的能力。

（3）一贯：团队成员言行一致、可靠行为可以预测。

（4）忠实：团队成员能为他人着想，注重维护他人利益。

（5）开放：团队成员愿意与他人分享观点和信息，善于交流与沟通。

信任的五个维度是相对稳定的，其顺序一般为正直——能力——一贯——忠实——开放，其中正直和能力是团队成员判断另一个团队成员是否值得信任最关键的特征。

从信任的五个维度来考虑，作为个体要融入团队中，赢得团队成员的信任，与团队成员团结协作，共同努力发展，应从以下六个方面来培养信任感。

（1）真诚工作。在团队中，自己既是在为自己的利益工作，又是在为他人的利益工作。我们每个人都在关心自己的利益，如果他人认为你只是在团队为自己的目标服务，而不是为团队的目标服务，你的信誉将会受到影响。

（2）展现才能。在团队中，只有自己分析问题、解决问题和沟通交流等的能力被团队领导和其他团队成员认可后，才能引起大家的尊重和仰慕。

（3）支持团队。在团队中，要主动用言语和行动来支持团队的工作。当自己收集到对团队有用的信息时应及时与大家分享；当团队成员需要帮助时应义不容辞伸出援助之手；当团队受到外来攻击时应积极主动维护团队利益，这样自己就在团队中增加了信任度。

（4）开诚布公。在团队中，人们所不知道的和人们所知道的都可能造成不信任。如果自已开诚布公，就能带来信息和信任。因此让人们充分了解信息，解释你做出某项决策的原因，对于现存问题则坦诚相告，并充分展示与之相关的信息。

（5）始终如一。在团队中，你进行决策的基本价值观要是一贯的。不信任来源于不知道自己将要面对的是什么。如果团队领导许诺完成工作目标后，团队成员就能得到某种期望，但最终工作目标完成了可许诺没有兑现，那么信任就无法建立。因此要花一些时间来思考你的价值观和信息，让它们在自己的决策过程中一贯地起到指引作用。你的一贯性将能赢得信任。

（6）保守秘密。在团队中，你可以信任那些值得你相信和依赖的人。如果他人告诉你一些秘密，他必须确信你不会同其他人谈论这些秘密；如果他人认为你会把私人秘密透露给不可靠的人，你的信任就难以获得。

三、规避冲突

（一）了解团队冲突的原因和类型

1. 冲突及其表现

冲突是当一方感到另一方损害了或打算损害自己的利益时所开始的一个过程，是双方之间公开与直接的互动，每一方的行动都旨在阻止对方达到目标。

团队冲突是团队建设和发展中的一种普遍现象。所谓团队冲突，就是指个人或团队对于同一事物持有不同的态度与处理方法而产生的矛盾。冲突常表现为由于观点不一致而引起的激烈争斗。

不是所有的团队都能够完全和谐相处。冲突是团队及团队成员之间客观存在的，是不以人的意志为转移的。在团队的交流与沟通过程中，由于成员与成员之间、成员与团队之间的目标、认识、情感或行动上有差异，甚至是相互排斥的，同时每个人的价值观、信仰不同，对问题理解的差异、看问题的角度不同，以及其他原因都会造成团队成员之间的矛盾和分歧，从而分歧发展到一定程度就会造成冲突。这些冲突如不能正确处理，会对团队成员之间的关系和整个团队的稳定性造成很大的破坏。

作为职场新人，最不愿意面对的就是与其他同事之间的冲突和矛盾，希望自己能够迎合大家，不去制造麻烦，同时能够察觉同事之间的冲突信号，有意识地回避，避免造成麻烦。但这恰恰是即将走入职场和涉世不深的职场新人的弱项。

就团队而言，冲突的表现主要有以下几种。

（1）个人、团队、组织及其组成部分之间缺少沟通。

（2）团队之间不是在相互合作与相互尊重的基础上建立关系的，而是基于对他人地位的羡慕、嫉妒和愤怒所产生的不良关系。

（3）团队成员之间的关系恶化，个性抵触增多。

（4）规章制度尤其是当这些牵涉到实际工作中时，细微领域的规章制度增多。

（5）各种传闻不胫而走，小事情变大事情，小问题成大危机，很小的异议成了严重的争议。

（6）组织、部门、团队和团队成员的成绩下降。

2. 产生冲突的原因

在团队中产生冲突的原因有很多，有主观因素方面（由于每个人的知识、精力、经验、性格、习惯、级别、价值观、目标、性别差异所致），也有客观因素方面（由于团队所拥有的，能给予每个团队成员的资源是有限的，而每个团队成员为了获得利益最大化，或者说为了对团队贡献更多利益，都会在为占有更多的资源而努力）。概括起来主要有以下几种。

（1）资源竞争。

团队在分配资源时总是按照各个团队的工作性质、岗位职责、在团队中的地位及目标等因素分配资金、人力、设备、时间等资源，不会绝对公平。各类团队在成员数量、权力大致相同的情况下会为了组织内有限的预算、空间、人力资源、辅助服务等资源而展开竞争，产生冲突。另外，团队之间可能会共用一些组织资源，但是在具体使用过程中会出现谁先谁后、谁多谁少的矛盾。

（2）目标冲突。

每一个团队都有自己的目标，而这些目标都是为了实现组织的目标而设的，因此每个团队都需要其他团队的协作。例如，企业中的营销部门要实现营销目标就必须得到生产部门、财务部门、人事部门、研发部门的配合与支持。但现实情况是，各个团队的目标经常发生冲突。例如，营销部门的目标是吸引客户，培养客户忠诚，这就要求生产部门生产出质优价廉的商品；而生产部门的目标是降低成本，减少开支，以尽可能少的资源生产尽可能多的商品，而这就不能专注或保证商品的质量。因此，营销部门与生产部门就可能发生目标冲突。

（3）相互依赖性。

相互依赖性包括团队之间在前后相继、上下相连的环节上，一方的工作不当会造成另一方工作的不便、延滞，或者一方的工作质量影响到另一方的工作质量和绩效。组织内的团队之间都是相互依赖的，不存在完全独立的团队。相互依赖的团队之间在目标、优先性、人力资源方面越是多样化，越容易产生冲突。例如，企业中的生产部门希望采购部门尽可能地增加存货，以便在生产需要时能及时获得原材料；而采购部门希望尽可能地减少存货以降低仓储费用。生产部门与采购部门的这种相互依赖性反而可能造成冲突。

（4）责任模糊。

在团队中有时会由于职责不明，造成职责出现缺位，出现谁也不负责管理的"真空地带"，造成团队之间的互相推诿甚至敌视，发生"有好处抢，没好处躲"的情况。

（5）地位之争。

团队内部之间对地位的不公平感也是产生冲突的原因。当一个团队努力提高自己在组织中的地位，而另一个团队视其为对自己的地位形成威胁时，冲突就会产生。在权力与地位不同的团队之间也会发生冲突，例如，管理者与被管理者因为立场的不同而发生冲突。

（6）沟通不畅。

团队之间的目标、观念、时间和资源利用等方面的差异是客观存在的，如果沟通不够或沟通不成功就会加剧团队之间的隔阂和误解，加深团队之间的对立和矛盾。

3．冲突的主要类型

从冲突的性质来看，团队之间的冲突可以分为两类：建设性冲突与破坏性冲突。

（1）建设性冲突的特点。

建设性冲突的特点如下：冲突双方对实现共同的目标都十分关心；彼此乐意了解对方的

观点、意见；大家以争论问题为中心；互相交换意见的情况不断增加。建设性冲突对团队建设和提高团队效率有积极的作用，能增加团队成员的才干和能力，并对组织的问题提供诊断资讯，而且通过解决冲突，人们还可以学习和掌握有效解决和避免冲突的方法。

（2）破坏性冲突的特点。

破坏性冲突的特点如下：双方对赢得自己观点的胜利十分关心；不愿听取对方的观点、意见；由问题的争论转为人身攻击；互相交换情况不断减少以至完全停止。

一般来说，团队成员之间需要适当的建设性冲突，破坏性冲突则应被减少到最小程度。

（二）处理团队冲突的方式和技巧

1. 处理团队冲突的方式

有效处理团队中的冲突问题至关重要，需要讲究一定的方式和技巧。在把握"求同存异"这一基本原则的同时，可从竞争、回避、迁就、妥协和合作等方面着手。

（1）适时激发建设性冲突。

从传统意义上来说，冲突被认为是造成不安、紧张、不和、动荡、混乱乃至分裂瓦解的重要原因之一。冲突破坏了团队的和谐与稳定，造成了矛盾和误会。为此，人们都将防止和化解冲突作为自己的重要任务之一，并将化解冲突作为寻求、维系现有团队稳定和保持团队连续性、有效性的主要方法之一。从另一个角度来看，冲突其实也是一种有效的沟通方式，建设性地处理冲突有时也能实现共赢，成为团队高效的润滑剂。

在一些情况下，如果团队成员都保持沉默，"少说少做"，整个团队就会失去活力。建设性冲突可以使团队中存在的不良现象和问题充分暴露出来，防止事态进一步恶化。同时也可以促进不同意见的交流和对自身弱点的检讨，促进思维的变革、意愿的实现有利于促进良性竞争。激发建设性冲突可以从以下两个方面着手。

① 尽可能地沟通：良好的沟通是激发良性冲突的最好办法。真诚的沟通能诱发团队成员之间的良性互动。

② 激发竞争意识：只有竞争才能激发冲突，要让一个与世无争的团队激发起冲突特别是良性冲突是不可能的。所以，在团队中要适当激发竞争意识。

（2）消除破坏性冲突的方法。

① 正视冲突。

发生冲突的双方进行谈判和角色互换，直面冲突的原因和实质以互相信任与真诚合作为基础和前提，通过坦诚的讨论来确定并解决冲突。在讨论过程中要注意沟通策略只针对事不针对人。

② 转移目标。

一个是转移到外部，指双方可以寻找另一个共同的外部竞争者或一个能将冲突双方的注意力转向外部的目标来降低团队内部的冲突；另一个是目标升级，指通过上一级提出能使双方的利益更大的并且是高一级的目标来减少双方现实的利益冲突。

③ 开发资源。

如果冲突的发生是由于团队资源的缺乏造成的，那么致力于资源的开发就可以产生双赢的效果；如果是由于缺乏人才，团队就可以通过外聘、内部培训来满足需要；如果是由于资金缺乏或费用紧张，则可以通过申请款项和贷款等方法来融通资金，以满足不同团队的需求从而化解冲突。

④ 回避冲突。

这是一种消极的解决冲突的方法，试图将自己置身于冲突之外或无视双方分歧，以"难得糊涂"的心态来对待冲突。这种方法常用于：在面临小冲突时；当认识到自己没有更好的解决方法时；当付出的代价大于得到的报偿时；当其他人可以更有效地解决冲突时。

⑤ 缓和气氛。

缓和气氛方法的思路是寻找共同的利益点，先解决次要的分歧点，搁置主要的分歧点，设法创造条件并拖延时间，使冲突降低其重要性和尖锐性，从而变得好解决。虽然这样做不会实质性地解决冲突，但在一定程度上缓和了冲突，为解决冲突赢得了时间。

⑥ 妥协折中。

通过一系列的谈判和让步避免陷入僵局，让团队冲突的双方进行一种"交易"，各自都放弃某些东西而共同分享利益，适度地满足自己的关心点和他人的关心点，使冲突双方没有明显的赢家和输家。

⑦ 上级命令。

上级命令是指通过团队的上级管理层运用正式权威来解决冲突的方法。当冲突双方通过协商不能解决冲突时，按"下级服从上级"的团队原则强迫冲突双方执行上级的决定或命令。

⑧ 改造成员。

团队之间的冲突在很大程度上是由于人际交往技巧的缺乏造成的。因此，运用行为改变技术（敏感性训练等）来提高团队成员的人际交往技能，是有利于改变冲突双方的态度和行为的。此外，通过对冲突较多的部门之间的人员进行互换，也有利于冲突的缓解。

⑨ 团队改组。

通过重新设置岗位、进行工作再设计及调动团队成员等方式，可以因改变正式的组织结构、变化工作目标而减缓冲突，也可以协调双方相互作用的机制以消除冲突的根源。进行团队改组，重新设计团队现有的工作岗位和责权利关系以确保职责无空白、无重叠，即基于新的任务组建新的团队，将有利于彻底解决冲突。

2. 处理团队冲突的技巧

在介入冲突后，无论出现什么样的情况，冲突处理技巧都显得非常重要。下面是一些常用的团队冲突处理的基本技巧。

（1）反应及时。冲突出现后不能让冲突久拖未决，这样对冲突双方容易造成长期的伤害，对整个团队的效率将产生不良的影响。所以，当冲突出现时，反应的快捷是至关重要的，以免引起事态的恶化。团队内必须做到及时沟通、积极引导、求同存异、把握时机、适时协调。唯有做到及时才能最快求得共识，保持信息的畅通，而不至于造成信息不畅、矛盾累积。

（2）沟通彻底。沟通不畅是引起团队冲突的重要原因。沟通不畅往往表现为：信息不对称、评价指标有差异、倾听技巧缺乏、言语理解偏差、沟通过程受到干扰、团队成员误会等。团队成员彼此的差异如果能够顺利交流、相互了解，那么发生冲突的可能性就会大为减少。所以要解决冲突，首先搞清冲突的问题和产生冲突的原因，弄清冲突双方的需求，其次进行有效彻底的沟通，从中找到双方的交集，以及解决冲突的突破口，进而推进冲突的化解。

（3）换位思考。当出现团队冲突时，冲突双方往往是从自身的角度出发来考虑事态的演变和事件的结果的，这就造成冲突双方的矛盾不可调和，双方就没有交集出现。如果冲突双方能站在对方的立场上，从对方的角度来考虑问题，体验对方不同角色的内心感受和情绪变化，事情往往就会好办得多。

（4）冷静决策。一般来讲，当团队和团队之间、团队和团队成员之间出现冲突时，往往是因为双方都不够冷静，没有全局观念，决策的信息依据容易丢失，决策往往考虑不够周全，这个时候的决策经常是令人后悔不已的。要做好冷静决策应该做到：关注实际信息和议题，包容多种方案决策，在合作的基础上制定选择最好的可能方案，讨论提倡幽默以公平为目标，不强求一致通过。

（5）宽恕容忍。对团队来说，宽恕容忍是处理团队关系的一种润滑剂。常言道：忍一时风平浪静，退一步海阔天空。职场中的冲突大都是工作、性格、言语和习惯等造成的小冲突，不是危及生死存亡的冲突。当冲突出现时，双方不妨表现得大度一些，得饶人处且饶人。高尚宽容的人能将大事化小，小事化了。冲突双方不妨尝试去和颜悦色地说一些宽恕容忍对方的话，往往能收到意想不到的效果。宽恕不仅能消除对方的敌意，还能给自己减轻不少压力。

（6）正面情绪。大家知道在负面情绪中做出的判断往往是不正确的或错误的。人在负面情绪或暴怒下智商是最低的，往往表现得没有智慧。负面情绪中的协调沟通常常没有逻辑，既理不清也讲不明，很容易冲动而失去理性。人尤其是不能在负面情绪中做出判断，以免让冲突变得确实不可解决。

（7）胸宽坦诚。在解决冲突时，除要有一个坦诚的态度之外，还要有有容乃大的胸襟，做到相互包容，以自己想被对待的方式来对待他人。胸宽则能容，能容则众归。如果处处老谋深算、气量狭小，不但不会取得任何真正的成功，也体会不到任何团队合作的满足与快乐，更不用说能建设性地解决冲突了。

第三节　助推团队

团队精神的励志小故事

一、培育团队精神

（一）什么是团队精神

作为组织的灵魂，团队精神是团队成员为了团队的整体利益和目标而协同合作、尽心尽力的意愿和作风。它是经过精心培养而逐步形成的并为所有团队成员认同的思想境界、价值取向和主导意识。它反映了团队成员对本团队的特征、地位、形象和风气的理解和认同，也蕴含着对本团队的发展、命运和未来所抱有的理想与希望，折射出一个团队的整体素质和精神风格，成为凝聚团队成员的无形的共同信念和精神力量。

团队精神包含三个层面的内容。

（1）团队的凝聚力。团队的凝聚力是针对团队和其成员之间的关系而言的。团队精神表现为团队成员强烈的归属感和一体性，每个团队成员都能感受到自己是团队当中的一分子，把个人工作和团队目标联系在一起，对团队忠诚，对团队的成功感到自豪，对团队的困境感到忧虑。

（2）团队合作意识。团队合作意识是指团队和团队成员表现为协作和融为一体的特点。团队成员间相互依存、同舟共济、互相敬重、彼此宽容和尊重个性的差异；彼此间形成一种信任的关系，待人真诚、遵守承诺；相互帮助和共同提高；共享利益和成就、共担责任。良好的合作氛围是高绩效团队的基础，没有合作就无法取得优秀的业绩。

（3）团队士气高昂。团队士气是从团队成员对团队事务的态度上来体现的，是团队精神的一个重要方面。团队士气主要表现为：团队成员对于团队事务会愿意尽心尽力，愿意全方位地投入，团队成员为团队目标而奋斗的精神状态（即士气），对实现团队业绩至关重要。

（二）团队精神的内涵

（1）协作精神：个人愿意与他人建立友好关系和相互协作的心理倾向。团队成员在工作中互相依从、互相支持、密切配合，并建立起互相尊重、互相信赖的协作关系。

（2）全局观念：团队成员对团队忠诚度高，对团队有一种强烈的归属感，不允许有损害团队利益的事情发生，具有团队荣誉感，将个人利益与团队的整体利益联系在一起。

（3）责任意识：即团队成员有着为团队的成长和兴衰而尽职尽责的意识，忠于团队的目标与利益，恪尽职守地完成任务并遵守团队的规章制度等。

（4）互助精神：团队成员有意愿将个人的信息、资源与其他团队成员共享，为了达到团队整体目标与利益互相帮助、互相交流，团队成员之间没有隔阂。

（5）进取精神：团队成员为了实现团队的整体利益努力进取，在团队发展、团队战略和价值实现的过程中努力进取、齐心协力，为了共同的目标而奋斗。

团队精神是组织文化的一部分，团队如果有良好的管理就可以通过合适的组织形态将每个人安排至合适的岗位，充分发挥集体的潜能。一个团队如果没有正确的导向文化，没有良好的从业心态和奉献精神，就不会有团队精神。

（三）团队精神的作用

团队精神是团队中不可缺少的因素，具有非常积极的作用。

（1）具有聚合团队成员的凝聚功能。团队精神通过对群体意识的培养，通过员工在长期的实践中形成的习惯、信仰、动机、兴趣等文化心理来沟通人们的思想，引导人们产生共同的使命感、归属感和认同感，产生一种强大的凝聚力。

（2）具有团结团队成员的亲和功能。培养团队精神使团队成员齐心协力，拧成一股绳，朝着一个目标努力，团队要达到的目标就是单个团队成员自己所努力的方向，团队整体的目标顺势分解成各个小目标，在每个团队成员身上得到落实。

（3）具有调整团队成员个体行为的协调功能。群体行为也需要协调。团队精神所产生的协调力是通过团队内部所形成的一种观念的力量、氛围的影响，去约束规范、协调个体行为。协调个体的行为不与团队的整体利益相冲突，以达成团队的目标。

（4）具有激励团队成员的功能。团队精神要靠团队成员自觉地要求进步，力争与团队中最优秀的团队成员看齐，通过团队成员之间正常的竞争可以达到相互激励的目的。

（四）团队精神的培育

（1）团队中要有一位卓越的领导，并能起到领导表率作用。因为卓越的领导拥有敏锐的眼光、宽广的胸怀及个人魅力；拥有良好的协调能力、凝聚力；拥有善于倾听和决策的能力；拥有敢于担当的魄力；拥有表率的作用等。他对团队的组建、运转和发展具有重要的作用。

（2）建立团队的共同愿景，确立明确的目标。因为这是团队精神的核心要素，是团队成员认可团队精神的内在需求和动力。愿景的建立要切实可行，要依靠团队成员共同规划和设计。

（3）建立"以人为本"的管理机制，发挥激励机制的作用，充分激发团队成员的参与热情。因为通过以人为本的管理机制的建立，特别是激励机制的建立，借助物质激励、精神激励、信任激励、升迁激励等方法充分激发团队成员的参与热情，这将对团队精神的培育产生重要的意义和作用。

（4）建立有效沟通和交流的机制，确保沟通和交流的及时性、全方位和有效性。因为沟通和交流是合作的基础，在团队内部建立平等和双向的沟通机制，进而促进沟通与交流，注重沟通的及时性和全方位，注重沟通过程中相互信任、相互理解与帮助，注重沟通和交流的有效性。

（5）激发团队的学习和创新精神，确保团队精神的深入持久发展。学习和创新是企业发展的不懈动力，更是确保企业团队精神培育具有深入、持久、发展的力量源泉。

（6）建立团队的危机意识和忧患意识，对团队精神培育具有重要的驱动作用。因为危机和忧患意识能够促使团队成员积极为团队的存在和发展再使一把力、再出一把劲，进而为团队精神培育形成新的驱动力。

（7）高度重视团队内部的冲突，确保冲突得到及时、有效的解决。随着社会专业化深入分工，如果没有优秀的团队就没有优秀的个人；只有优秀的团队才能培养优秀的个人。因此在团队内部出现任何冲突只能形成内耗，对团队及个人的发展极其不利，所以要高度重视团队内部的冲突，确保冲突得到及时、有效的解决。

（8）根据共同的企业价值观，丰富企业团队精神的内涵，以此作为企业团队成员的行为准则，进而培育团队成员具有良好的道德规范和修养、正确的人生观和价值观。

（9）积极地发现团队成员的共同领域，及时梳理和引导，进而形成新的团队精神增长点。因为团队成员的共同领域本身就是共同点，如果对团队培育很有利，对完成目标很有利，那么完全可以借助敏锐的眼光和洞察力及时发展团队成员的这些共同领域，形成团队精神新的内涵，进而促进团队精神培育。

（10）充分挖掘和应用团队成员的优秀知识和能力，拓展工作思路和讲究工作方式方法，进而增强团队精神的向心力和凝聚力。因为团队成员往往具有优势互补和合作的能力，通过有效的工作方法形成新的工作思路，挖掘团队成员的内在潜力对增强团队精神培育的向心力是具有很高的价值的。

二、建立良好关系

1. 将工作视为团队的工作

在职场工作的相对狭小空间里，职场从业者以团队为重的姿态是最受推崇和欢迎的。团队中的任何工作早已是系统控制中的一部分，团队成员不要以为拥有个人英雄主义就可以让自己出人头地，团队成员最清醒的工作态度就是视工作为团队的工作。这样首先可以减少自己的心理压力，不用把沉重的压力一个人往身上扛；其次会在不知不觉中调节与其他同事的关系，以求得稳妥的平衡状态；再次会更专注自己的强项，并可随时采取最有效的方法去完成工作；最后将工作简单化和程序化。

2. 用建议和赞美代替批评

要想做个被人喜欢或团结他人的人，一定要学会用赞美的眼光而非挑剔的眼光去看待他人，团队中每个成员都有自己的长处和短处，而且性格差异也会很大，所以一定不能用自己绝对主观的价值观去评判其他团队成员。尽力做到对自己要求高一点儿，对他人要求低一点儿，这样至少让自己的眼中不会只有沙子。赞美是认同的一种表现形式，在工作中，只要用心发现他人的长处，那么所有的赞美都会是真诚的。赞美他人的一个点子、一次出力、一个拥抱，团队成员之间的团结气氛就会越来越浓烈。用建议和赞美替代批评，团队团结的力量就会越来越强大。

3. 开朗和热情地对待每件事

如果你拥有一个开朗的性格，你的世界就会拥有快乐，其他团队成员就会主动拉近与你的距离。孤僻的人可能会遭到非议，而且也很容易被孤立。融入新团队的最好办法是主动出击，学会微笑，用你的热情来对待所有的团队成员，开朗地对待工作中的每一件事。

4. 尽心享受团队成功的喜悦

建立团队成员良好的关系，最简单的表现就是团结一致和齐心协力。比如划船时最省时省力的方法，除了队员有过硬的技能，一起承受压力，一起付出汗水，还要求所有队员的行动必须整齐，节奏必须统一，那么就会取得成功。最好的团结就是认同一个团队的目标，并分工协助。将团队成功的喜悦当成自己的喜悦，这时便会发现工作是快乐的。

5. 与同事竞争不能太张扬

面对晋升、加薪等职场上的关键问题，不能放弃与同事公平竞争的机会，但应抛开杂念，绝不能耍手段。面对强于自己的竞争对手，要有正确的心态；面对弱于自己的对手，也不能太过张扬和自负。努力做到如果与同事意见有分歧，完全可以讨论，但绝对不能争论，应该学会用无可辩驳的事实及从容镇定的态度来表达自己的观点。

三、提升责任意识

责任意识，是工作的第一要务。每个职场新人都应牢牢记住这句话："这是自己的工作！"不管遇到什么问题，也不管遇到什么阻碍，我们都要服从团队的命令，服从是团队责任的具体体现。只有具有团队责任的人，才能在竞争激烈的职场中有良好的发展。

既然你选择了这份职业，选择了这个岗位，就必须接受它的全部，而不是仅仅享受它给你带来的益处和快乐，就算是委屈和责骂，那也是这份工作的一部分。"工作是我们用生命去做的事。"对于工作，我们不能懈怠它、轻视它、践踏它，应该怀着感激和敬畏之心，尽自己的最大努力，把它做到完美。

作为团队，责任体现为以效率和效益为中心，创新发展；遵纪守法，做社会的好公民；爱护团队成员，使团队成员健康成长；尊重合作伙伴，平等互利，合作共赢，实现共同成长；爱护团队客户，关注需求，倾心服务，实现价值共享；热心社区公益，奉献爱心，营造和谐，实现共同进步。

作为团队成员，要对自己负责，修身致知，健康成长；要对团队负责，尽心尽力，尽职尽责；要对家庭负责，奉养尊亲，忠诚慈爱；要对社会负责，明礼诚信，爱国守法。

责任是成就事业的可靠途径。责任出勇气、出智慧、出力量。责任心强，再大的困难也可以克服；责任心差，很小的问题也可能处理不好。

责任是实现人的全面发展的必由之路。有理想、有道德、有文化、有纪律，这些都与责任相关联，都是通过履行责任来体现、来升华的。每个人只有在全面履行责任的过程中，才能使自己的潜在能力得到充分的挖掘和发挥。每个人只有在推动社会的进步中，才能实现个性的丰富和完美。

"天地生人，有一人当有一人之业；人生在世，生一日当尽一日之勤。"人，只有承担起自己的责任，实现自我在社会中的价值，才能展现人的意义。一个团队，只有建设好自己的团队文化，培养协作和团队精神，才能持续地良性发展。

四、倡导主动工作

要想把本职工作做好，就得培养主动工作的习惯。工作积极主动的人往往具有不断探索新办法来解决问题的职业精神，会对团队的长远发展做出贡献。高效团队需要的人才不仅要具有专业的技术知识，更需要工作时积极主动、热情自信。一个合格的职业人不只是被动地等待领导安排工作，而是应该主动去思考岗位需要自己做什么，然后努力地去完成。命运由性格决定，性格由习惯养成，习惯则由行为引导。主动的行为才能养成主动的习惯。行为的日积月累，让人形成了思维和行为的模式。工作同样也是一种习惯。主动做事就是一种习惯，而且是非常优秀的习惯。

1. 积极主动

一个做事主动的人，知道自己工作的意义和责任，并随时准备把握机会，展示超乎他人要求的工作表现。不必领导交代，主动地去完成自己应该做的事，一定会让自己获得不错的声誉。领导不在身边却更加卖力工作的人，将会获得更多的机会。如果只有在他人注意时才有好的表现，那么你永远无法达到成功的顶峰。我们经常会发现，那些被认为一夜成名的人，其实在功成名就之前早已默默无闻地努力了很长一段时间。成功是努力的累积，不论何种行业，想攀上顶峰，通常都需要漫长的努力和精心的规划。

2. 贵在坚持

在职业生涯中，成功需要具备两个重要条件：坚持和忍耐。只要有坚强的意志，一个庸俗平凡的人也会有成功的一天；否则，即使一个才识卓越的人，也只能遭遇失败的命运。

3. 勇于担当

在工作中经常会遇到这种情形：你的工作堆积如山，压得你喘不过气来，而这时领导又给你布置下来新的任务。此时你不要有怨言，不然很可能会被认为没有能力，或者缺乏工作热情。你应该把领导交给你的重任，看作对你的信任。当所交付的任务确实有难度，其他同事畏缩不前时，要有勇气站出来承担，关键时刻显示你的胆略、勇气及能力。

4. 满怀激情

那些对工作充满激情的人，犹如熊熊烈火，既能燃烧自己，也能照亮他人。高效的团队一定拥有且永远需要满怀激情的团队成员。

"团结协作"的作风

第四节　维护团队

一、目标引领、明确规章

一个高效的团队，如果没有愿景和目标，犹如黑夜中在大海里航行的小船没有灯塔的指引，随波逐流、漫无方向。团队目标是表明团队存在的理由，为团队运行过程的决策提供参照，成为判断团队进步的可行标准，为团队成员提供合作和共担责任的焦点。为此，形成团队共享目标，建立目标责任，并让目标起到引领作用，是团队取得成功的关键。为使团队高效运行，要根据团队的实际，获取必要的信息，通过团队成员的共同参与，有针对性地制定好团队目标，对团队目标进行阶段性分解，树立一些过程性的里程碑式的目标，增强团队成员的成就感，为实现整体团队目标奠定坚实的信心。

明确了团队目标后，就要致力于建立共同认可的价值体系和制度体系，来指导团队成员的行为，以制度和文化凝聚人心，营造积极的情绪氛围，让制度规章成为黑夜中航行小船的灯塔。建立团队规章，关键在于使团队成员就规章达成共识。达成的共识必须是团队成员相信并且愿意努力工作去实现的，并得到所有团队成员的理解、接受和支持，否则，他们很可能发现各自的工作目标彼此相冲突或无法协调。当然，由于团队工作内容和团队成员是在不断变化的，需要经常重新审视团队共识，根据新的时间和空间，修改和调整团队规章，体现团队的发展能力。

通过目标引领和明确规章，让团队成员相信"我们有目标，我们的目标一定会实现"。

二、培育文化、增强凝聚

团队文化是团队的生存和工作方式，是团队成员在相互合作的过程中，为实现各自的人生价值，并为完成团队共同目标而形成的一种潜意识文化。团队文化是社会文化与团队长期形成的传统文化观念的产物，包含价值观、最高目标、行为准则、管理制度、道德风尚等内容。通过培育团队文化，可以最大限度地统一团队成员意志，规范团队成员行为，凝聚团队成员力量，为团队的总目标服务。优秀的团队文化，是团队战无不胜、攻无不克的内因，是可以传承和沿袭的内在精神和气质。培育团队文化主要着力于：一是将团队打造成信息共享平台，全体团队成员共享信息和资源，以实现团队的价值最大化；二是将团队打造成平等的工作平台，为每位团队成员提供发挥想象和创造能力的空间，让全体团队成员将自己最优秀的资源贡献出来以实现团队目标；三是将团队打造成一个发挥个性的论坛，营造内部民主的氛围，使每个团队成员能够挥洒自己的个性和特点，共同为团队的目标努力。

团队凝聚力是团队对每个团队成员的吸引力和向心力，是维持团队存在的必要条件，团队凝聚力也是衡量一个团队是否具有战斗力的主要标志。团队是由不同经验背景、知识和技能的团队成员组成的，有着共同的使命，相互协同工作以实现共同的目标。增强凝聚是一个系统化的工作，团队领导对提升团队凝聚力具有重要的责任。只有具有凝聚力的团队才能达成团队的长远目标。为此，要从以下几个方面凝聚高效的团队：内部沟通渠道畅通、信息交流频繁，无沟通障碍；团队成员有强烈的归属感，愿意成为团队的一分子，并以此为骄傲；团队成员具有较强的参与意识、强烈的事业心和责任感，并以主人翁的角色出现；团队成员具有很强的协作能力，互助风气明显，信息共享氛围浓厚；团队成员有很多的发展机会，愿意将自己的前途与团队的前途结合在一起，并将个人的目标与团队的目标融为一体。

三、组建核心、有效激励

团队建设的重点是培养团队的核心团队成员。俗话说"一个好汉三个帮"，领导人是团队的建设者，应通过组建智囊团或执行团，形成团队的核心层，充分发挥核心团队成员的作用，使团队的目标变成行动计划，团队的业绩得以快速增长。核心团队成员应具备领导人的基本素质和能力，不仅要知道团队发展的规划，还要参与团队目标的制定与实施，使团队成员既了解团队发展的方向，又能在行动上与团队发展方向保持一致。大家同心同德、承上启下，心往一处想，劲往一处使。

团队建设是容易与他人的观念发生冲突的工作，团队既定的每一项愿景目标是需要一定时间的坚持才能成就的事业，每个团队成员要做好这一切，所面临的最大挑战就是自身。因此，每个团队成员都需要被激励，领导人的激励工作做得好坏，直接影响到团队的士气，最终影响到团队的发展。为此，团队领导要运用环境激励、成就激励和能力激励等多样化的激励措施和方式，满足团队成员的不同需要和愿望，使每个团队成员都士气高昂，充满活力，以调动他们的积极性，使其主动自发地把个人的潜力发挥出来，从而确保既定目标的实现，引导团队成员为团队的目标努力并做出贡献。

1．理解团队的基本特征和构成要素。
2．结合实际，谈谈你将如何融入团队，并在团队中发挥自己的作用。
3．如何维护建设好一支团队？

过程训练

在学校建立社团的一般步骤如下。
（1）到学校团委网站了解学校社团管理的规定。
（2）联系一些志同道合的朋友做共同发起人。
（3）联系指导教师，最好是与社团专业相关的教师。

（4）撰写社团章程，发展规划，成立申请书等。

（5）将上述材料交到学校团委（或其下属的社团联合会、社团部等）。

（6）接受团委的审查或答辩。

（7）获得批准试运行，招收会员。

（8）经学校团委审查，学校党委正式批准成立社团。

请你按照以上步骤，结合实际，申请筹建一个社团。

第六章

关注身心健康

加强社会心理服务体系建设，培育自尊自信、理性平和、积极向上的社会心态。

——习近平

做好了职业规划，懂得了自我管理，人们还要有健康的体魄迈入职场。健康是生命的基础要素，是人生的第一财富，是人的基本权利，是优质生活的基础，有着丰富深厚的内涵。人们只有拥有了健康，才能实现美好梦想，才能构建先进理念，才能塑造美丽心灵。

第一节　身体健康

一、科学地认知身体健康

（一）健康

世界卫生组织关于健康的定义："健康乃是一种在身体上、精神上的完美状态，以及良好的适应力，而不仅仅是没有疾病和衰弱的状态。"即所谓人的身心健康，包括人的身体健康和心理健康两个方面，两者互相联系、互相影响，不可分离，辩证统一。身体健康是心理健康的基础，心理健康是身体健康的必要条件。关于人的身体健康的标准，由于生活水平的不同，文化背景的不同，各国的标准和要求也不尽相同。

当前，基本以世界卫生组织所列的十项标准作为身体健康的衡量指标。

（1）有足够充沛的精力，能从容不迫地应对日常生活和工作的压力，而且不感到过分紧张和疲劳。

（2）处事乐观，态度积极，乐于承担责任，事无大小，不挑剔。

（3）善于休息，睡眠良好。

（4）身体应变能力强，能适应外界环境的各种变化。

（5）能够抵抗一般性感冒和传染疾病。

（6）体重适当，身体匀称。站立时，头、肩、臂位置协调。

（7）眼睛明亮，反应敏捷，眼睑不发炎。

（8）牙齿清洁，无龋齿，不疼痛，牙龈颜色正常，无出血现象。

（9）头发有光泽，无头屑。

（10）肌肉丰满，皮肤富有弹性。

从医学角度评判一个人身体健康的标准，一般主要包含以下五个方面：一是心肺肝脏功能好；二是生长发育状况好；三是身体综合素质好；四是神经系统功能好；五是环境适应能力强。

（二）亚健康

亚健康是指人体处于健康和疾病之间的临界身体状态。把健康视作第一状态，把疾病视为第二状态，那么介于健康和疾病之间的就是"亚健康状态"。据世界卫生组织统计，在全世界人口中，将近60%的人都属于"亚健康状态"的人。

亚健康状况临床表现

亚健康状态是动态的，它并非一直处于原有状态停留不变，而是会转化的。人们如果对亚健康漠然轻视、任其发展，它就会自发地向疾病状态转化；如果人们高度重视、努力应对，就会自觉地向健康状态转化（见图6-1）。

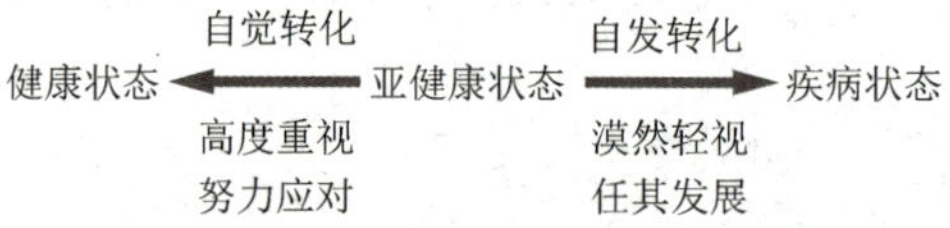

```
          自觉转化              自发转化
健康状态 ◄──────── 亚健康状态 ────────► 疾病状态
          高度重视              漠然轻视
          努力应对              任其发展
```

图 6-1　亚健康状态的转化

当人们处于亚健康状态时，常常表现为浑身乏力、食欲下降、烦躁不安、头晕耳鸣、失眠多梦、工作效率下降等，但做各项医疗检查难以发现病症。对亚健康的鉴定范围也很广，凡涉及躯体、心理和社会适应不良的感觉，在相当长的时间内又无法确定为某种疾病的，一般都归为亚健康状态。

亚健康通常发生在生活节奏快、工作压力大的中年人群中，如自我创业者、成功人士、名人明星、下岗人员、失业群体、陷入人际纠纷人员、刚参加工作人员、刚退休人员、医护人员、公安人员、教师等。但随着社会的发展，亚健康所困扰的主体人群正呈现低龄化发展趋势，尤其是在校大学生，他们已成为亚健康的高发人群。

从高中步入大学生活后，相对宽松和自由的生活方式让大学生的生活逐渐变得散漫。中学时期的生活有父母的监管使起居作息无法偏离既定的轨道，而到了大学之后，时间都由自己掌握。不少大学生的生活状态表现为：晚上熬夜开个"夜车"；早上逃课睡个懒觉；打游戏打到"废寝忘食"；中午嫌食堂人多就回寝室拿零食当午餐，时常一顿两顿不吃饭，然后又狠吃一顿……，无规律的生活、无规律的饮食、无规律的睡眠在透支自己的身体，出现了亚健康状态，为健康埋下了隐患。

（三）疾病

中医理论认为，疾病就是指在一定的致病因素作用下，人们机体自身的平衡状态失调，人们自身所处环境的平衡关系被破坏，引起人体气血、肝腑、经络的生理功能紊乱，出现了代谢、形态或意识活动等方面的异常变化。

一般而言，造成人们身体疾病的主要原因有：遗传等其他先天性因素，个体体质因素，外界病毒侵蚀机体，个人精神因素，以及个人不健康饮食习惯和作息方式等。人们一旦患上疾病，将对自己的工作、学习和生活带来严重的危害。疾病不仅带来肉体上的痛苦，使人们生活质量严重滑坡，削弱个体的劳动能力，无法完成自己理想的目标，而且还会加重个体的心理压力，打击个体情绪，使人变得自卑，失去斗志和勇气，造成个人萎靡不振，打垮个体的身体和精神。正所谓：体弱病欺人，体强人欺病。

二、养成良好的生活习惯

随着人们生活条件的不断改善，不良的生活方式对健康的危害日趋突出，矫正生活方式，养成良好的生活习惯显得尤为重要。

（1）减轻体重，控制肥胖。世界卫生组织推荐的标准体重的计算方法为：男性标准体重（千克）=[身高（厘米）-80]×70%；女性标准体重（千克）=[身高（厘米）-70]×60%。体重超过标准体重的10%为超重，超过20%为肥胖。人体肥胖除单纯由于遗传因素外，主要原因是人体摄入的能量超过人体活动的消耗量，超出部分就以脂肪形式储存于人体内。人们一旦患有肥胖症，就容易造成体态臃肿、动作迟缓，还容易引发各类心脑血管疾病和脂肪肝、糖尿病等，甚至某些肿瘤也与此有关。

（2）合理饮食，均衡营养。日常生活中人们需要通过饮食获得所需要的各种营养和能量，来维护自己的健康。如果饮食结构合理，就能有效地补充人体所需的营养，预防多种疾病的发生和发展。而饮食结构不合理，就会在一定程度上危害身体健康，比如饮食过度，会因营养过剩，导致肥胖症和心脑血管疾病等，甚至诱发肿瘤。长期饮食营养不足，就会造成营养不良，影响生长发育和人体抗病能力。

（3）加强锻炼，适量活动。众所周知，人们重视并参加适量和适时的体育锻炼，将有助于改善人体功能，增加人体活力、消耗脂肪、强健机体、改善情绪、缓解压力、消除焦虑、改善形象。为此，坚持体育锻炼，有利于促进个体生理和心理健康，提高生活质量和生命质量。

（4）放松心情，充足睡眠。人们长期处于高压力和高负荷的生活工作状态，会给人体带来严重的危害。学会休息和保证睡眠，使身体有机会修复损害，松弛神经，放松心情，强化血气流通，预防和遏制疾病的发生。

（5）防毒排毒，远离污染。如今，因食物污染、空气污染、用水污染、电磁污染、装修污染，以及其他环境危害所引起的各种疾病越来越多，养成防毒排毒的生活习惯是保持健康的重要方式之一。

第二节 心理健康

随着经济的高速发展，生活节奏不断加快，竞争日益激烈，心理问题已成为现代社会高度关注的现实问题。拥有健康的心理是人们创造生活、改造生活的重要保障，是承受和抵御各种打击和损害的精神支柱和力量源泉。

所谓心理健康是指具有较好的自控能力，能保持心理的平衡和稳定，能使自己自爱、自信，并做到有自知之明。心理健康是生活方式最重要的组成部分和人们维护个体身心健康的关键环节。

一、心理健康的标准

（一）衡量心理健康的普遍性标准

（1）有适度和充足的安全感，有自尊心，对自我的成就有价值感。

（2）充分了解自己，有自知之明，对自己的能力有客观、正确的评判，不过分夸耀自己，也不过分苛责自己。

（3）在日常生活中，具有适度的主动性，不脱离环境，也不为环境所左右。

（4）理智和客观，与现实有良好的接触，能容忍生活中挫折的打击，无过度的幻想。

（5）能适度地表达和控制自己的情绪。

（6）保持个性的完整与和谐，个人的价值观能适应社会的标准，对自己的工作能集中注意力。

（7）能建立良好的人际关系，有爱人的能力和被爱的能力。

（8）有切合实际的生活目标。

（9）学会学习、善于学习，具有学习能力，能适应环境的需要改变自己。

（10）在不违背社会规范的前提下，个人的基本需要得到了一定程度的满足。

（二）职场从业者具备的心理特征

总体而言，职场从业者的心理特征主要表现为：自我感觉、知觉良好，判定事物不发生错觉；记忆力良好，逻辑思维健全，思考和回答问题条理清楚明确；想象力丰富，善于联想和类比；情感反应适度，遇到突发事件处理得当，情绪稳定；意志坚强，不卑不亢，办事有始有终；注重自我修养，为人谦顺，态度和蔼，情绪乐观，自得其乐；人际关系良好，乐意助人，受他人欢迎；学习能力较强，善于学习，懂得学习；保持某种业余爱好，以及有所追求、有所向往的生活方式；遵守公德和伦理观念，心理健康；保持正常的行为，生活自理能力强，能有效地适应社会环境的变化。

（三）职场从业者健康心理的把握

在实践中，我们应从以下七个方面把握好职场从业者的健康心理。

（1）智力正常。这是职场从业者学习、生活与工作的基本心理条件，也是适应周围环境变化所必需的心理保证，因此在把握时，关键在于是否正常地、充分地发挥了效能；有强烈的求知欲，乐于学习，能够积极参与学习活动。

（2）情绪健康。其标志是情绪稳定和心情愉快，表现为愉快情绪多于负性情绪，乐观开朗，富有朝气，对生活充满希望；情绪较稳定，善于控制与调节自己的情绪，既能克制又能合理宣泄；情绪反应与环境相适应。

（3）意志健全。意志是人们在完成一种有目的的活动时，所进行的选择、决定与执行的心理过程。意志健全者在行动的自觉性、果断性、顽强性和自制力等方面都表现出了较高的水平。意志健全的职场从业者在工作中都有自觉的目的性，能适时地做出决定并运用切实有效的方式解决所遇到的问题，在困难和挫折面前，能采取合理的反应方式，能在行动中控制情绪和言而有信，而不是行动盲目、畏惧困难、顽固执拗。

（4）人格完整。人格指的是个体比较稳定的心理特征的总和。人格完善就是指有健全统一的人格，即个人的所想、所说、所做都是协调一致的。人格结构的各要素完整统一，具有正确的自我意识，不产生自我统一性混乱，以积极进取的人生观作为人格的核心，并以此为中心把自己的需要、目标和行动统一起来。

（5）自我评价正确。正确的自我评价是人们心理健康的重要条件，职场从业者能自我观察、自我认定、自我判断和自我评价，做到自知，恰如其分地认识自己，摆正自己的位置。既不以自己在某些方面高于他人而自傲，也不以自己在某些方面低于他人而自惭。能够自我悦纳，喜欢自己，接受自己，自尊、自强、自制、自爱适度，正视现实，积极进取。

（6）人际关系和谐。良好而深厚的人际关系，是事业成功与生活幸福的前提。其表现为乐于与人交往，既有广泛而深厚的人际关系，又有知心朋友；在交往中保持独立而完整的人格，有自知之明，不卑不亢；能客观地评价他人和自己，善于取人之长补己之短，宽以待人，乐于助人，积极的交往态度多于消极态度，交往动机端正。

（7）社会适应正常。个体与客观现实环境保持良好的秩序。做客观观察以取得正确的认识，以有效的办法对应环境中的各种困难，不退缩，还要根据环境的特点和自我意识的情况努力进行协调，或改革环境适应个体需要，或改造自我适应环境。

二、不健康的心理状态

（一）心理缺陷

常见心理疾病类型

心理缺陷是指无法保持正常人所具有的心理调节和适应等能力，心理特点明显偏离心理健康标准，但尚未达到心理疾病的程度。心理缺陷的后果是社会适应不良。最常见的心理缺陷包括性格缺陷和情感缺陷。

（1）性格缺陷主要包括：①无力性格，即精力和体力不足，容易疲乏，情绪常处于不愉快状态，缺乏克服困难的勇气，有疑病倾向；②不适应性格，即人际关系和社会适应能力很差，判断和辨别能力不足；③偏执性格，即性格固执，敏感多疑，容易产生嫉妒心理，考虑问题常以自我为中心；④分裂性格，即性格内向，孤独怕羞，情感冷漠，喜欢独自活动；⑤爆发性格，即平时性格黏滞，不灵活，遇到微小刺激就会引起爆发性愤怒或激情；⑥强迫性格，即有不同程度的强迫观念和强迫行为；⑦癔症性格，即心理发展不成熟，热情有余，稳重不足，容易接受暗示，好表现自己。

情感缺陷主要包括：①焦虑状态，即对客观事物和人际关系表现出焦虑、紧张、忧心忡忡、疑虑不决；②抑郁状态，即情绪经常处于忧郁、沮丧、悲哀、苦闷状态；③疑病状态，即常有疑病情绪反应；④躁狂状态，即情绪高涨、兴奋，活跃好动，动作增多，交际频繁，声音高亢等；⑤冷漠状态，即对外界客观事物和自身状况漠不关心，无动于衷。

（二）变态心理

变态心理也称病态心理，是指人们的心理活动，包括思想、情感、行为、态度、个性心理特征等方面产生变态或接近变态，从而出现各种各样的心理或精神活动异常。

个体心理变态的主要标志是心理障碍。心理障碍是各种不同的心理和行为失常的总称。变态心理不只限于精神病人的变态心理，也指个体心理现象的异常。

（三）心理疾病

心理疾病是指一个人由于精神上的紧张、干扰，从而使自己的思维、情感和行为发生偏离社会生活规范的现象。心理疾病种类很多，表现也各异。心理疾病一般包括感觉障碍、知觉障碍、注意障碍、记忆障碍、思维障碍、情感障碍、意志障碍、行为障碍、意识障碍、智力障碍、人格障碍、精神病等。有时，某些心理疾病也被人们称为心理变态，某些严重的变态心理也被人们称为心理疾病。

三、保持心理健康

（一）满怀爱心

做自己感兴趣的事情，保持一份童心，充满爱心地付出，为他人奉献自己的才能与智慧，你就会找到快乐的源泉。快乐的心态是我们保持心理健康的重要基础。兴趣可以化解我们郁闷的心情，童心可以让我们对事物时时充满好奇心，爱心和奉献是一种美德，所有这些都为我们心理健康的培育创造了良好的条件。

（二）亲近自然

当心情焦灼、烦闷和痛苦时，亲近自然，置身于生机盎然的山林，呼吸清新的空气，聆听自然的天籁，自己会发现压力与烦恼忽然消失，心情得到放松，神清气爽，欢喜自在，这就是人们常说的心理绿色治疗法。

（三）活在当下

要"活在当下"，所谓"当下"就是：现在正在做的事、自己现在所在的地方、现在与自己一起工作和生活的人。"活在当下"就是要自己把关注的焦点集中在当下这些人、事、物上，全心全意地悦纳、品味、投入和体验这一切。

生命的质量取决于自己每天的心态，每天的心态取决于自己每个时刻的心情。如果自己能保证眼下心情好，自己就能保证一天心情好；自己能保证每天心情好，就会获得很好的生命质量，体验他人体验不到的快乐和幸福。

（四）发现美好

任何事物都可以用好与不好来观察、来解释。在面对人、事、物时，如果我们能用好的思维去观察和解释，就会发现事物积极的一面，避免消极的一面，这样会让我们永远充满激情和快乐。

（五）调整心态

对于自己无法控制的事情，只要自己尽力了，就顺其自然，欣然接受；对于自己可以控制的事情，要尽一切努力来完成，如果真的没有完成或没有实现目标，就需要调整自己的心态，不要让苦闷、自责、抑郁影响身心健康，换个角度，你会发现，经历挫折和磨难也是一件值得自豪的事情。

（六）适当宣泄

面对压力或挫折时，人们往往会积压很多消极的情绪，如果消极的情绪积蓄过多，得不到适当的宣泄，很容易造成心理疾病或变态心理。因此，合理地宣泄消极情绪，减轻精神上的负担和压力，可以减少人们心理异常的现象，让人们的心理更趋向健康。

（七）淡泊名利

名利犹如过眼烟云，生不带来，死不带走，不要把它看得太重。如果把名利看得太重，就会挖空心思、不择手段，压力与情绪常处于紧张状态，时间越长，心理疾病或心理异常就会频繁发生。所以淡泊名利，才能宁静而致远。

（八）心理咨询

当出现心理疾病时，及时求助专业的心理咨询机构，得到心理医生的帮助，会对自己解除痛苦、营造健康的生活大有裨益。当然，严重的心理疾病或变态心理还需借助专业医生的心理治疗才能消除或减轻。

除以上八种常见的保持心理健康的方法之外，提高人际关系的交往能力、改变性格缺陷、适量运动等都是保持心理健康的方法。在进行心理健康管理时，个体可以根据自己的心理健康状况来选择相应的、适合自己的方法进行调适。

第三节 调控情绪

一、情绪和情商

（一）情绪情感

1. 情绪的含义

在我们每个人身上，都存在着一种神奇的力量，它可以使你精神焕发，也可以使你萎靡不振；它可以使你冷静理智，也可以使你暴躁易怒；它可以使你安详从容面对生活，也可以让你终日惶惶不安；它可以使你强大，也可以使你软弱；可以使你的生活充满甜蜜快乐，也可以使你的生活痛苦郁闷。这种能使我们的感受产生变化的神奇力量，就是情绪。

情绪是个体对外界刺激的主观的、有意识的体验和感受，具有心理和生理反应的特征。我们无法直接观察某个人内在的感受，但是我们能够通过其外显的行为或生理变化来进行推断。意识状态是情绪体验的必要条件。情绪作为一种主观的感受、生理的反应、认知的互动，并表达出一些特定的行为，是一个复杂的整体过程：在认知层面上的主观体验，在心理层面上的生理唤醒和在表达层面上的外部行为。即心理体验（人们对客观刺激自身直接的体验）、认知评价（人们涉及对外事物的评价）、生理变化（人们情绪的表达）和行为反应（人们伴随情绪的行为变化）。不同的人对同一事物的看法不同，同一个人不同时期对同一事物的体验不同。

情绪没有好坏之分，它是人们适应社会和环境的一种心理活动。

人的情绪除通过最基本的语言表达之外，也可以通过脸部表情、身体动作、语音、语调、语速等非语言方式表达。

2. 情绪的分类

人的情绪复杂多样，很难确切分类。《礼记》把人的情绪称为"七情"：喜、怒、哀、惧、爱、恶、欲。近代西方学者认为人的基本情绪有4种表现：快乐、愤怒、恐惧、悲哀。所谓快乐，即盼望的目的达到后继之而来的紧张解除时的情绪体验；所谓愤怒，即遇到与愿望违背的事或愿望不能达到、一再受阻时所引起紧张积累而产生的情绪体验；所谓恐惧，即个人企图摆脱、逃避某种情景时的情绪体验；所谓悲哀，即人失去某种其重视或追求的东西时产生的情绪体验。

按照情绪发生的速度、强度、紧张度和持续时间等指标，可将情绪分为心情、激情和应激3种类型。

（1）心情：心情是一种微弱的、平静的和持久的情绪状态。心情的好坏，常常是由某个具体而直接的原因造成的，它所带来的愉快或不愉快会保持一个较长的时段，并且把这种情绪带入工作、学习和生活中，影响人的感知、思维和记忆。当人们心情愉快时，就会觉得一切都是美好的，愉快的心情让人们精神抖擞，感知敏锐，思维活跃，待人宽容；当人们心情烦躁时，就会觉得事事不顺，对什么都反感，烦躁的心情让人萎靡不振，感知麻木，思维迟钝，对人多疑。

（2）激情：激情是一种爆发的、迅猛的和短暂的情绪状态。激情是由某个事件或原因引起的，当场发作，情绪表现猛烈，但持续时间不长，并且牵涉范围也不广。激情通常通过激烈的言语爆发出来，是一种心理能量的宣泄。如暴跳如雷、勃然大怒、欣喜若狂等就是激情的外在表现。在激情状态下，要自我调控好情绪，避免过分冲动，不然对身心健康不利。

（3）应激：应激是一种突发的、急速的和紧张的情绪状态。应激是机体在各种内外环境因素及社会、心理因素刺激时所出现的全身性非特异性的适应反应。应激的最直接表现即精神紧张。如人们在遭受突发事件时，身心会处于高度紧张状态，引发一系列的心理反应，如心跳加快、血压上升、语无伦次等。应激是人的本能反应，但这种应激反应不能为时过久，否则极易造成疾病发生。

在日常生活中，我们的情绪按识别方式不同，还可以划分为以下几种。

（1）积极情绪和消极情绪。

积极情绪：也称为正面情绪，当人的需要得到满足时就会产生积极的、正向的情绪体验，它是以开心、高兴、兴奋、激动、喜悦、惊喜、得意、自在、快乐、安宁、平和、慈爱和平静等为特征的情绪。

消极情绪：也称为负面情绪，当人的情绪受到挫折时就会产生消极的、负向的情绪体验，它是以生气、紧张、焦虑、怨恨、愤怒、忧郁、伤心、恐惧、内疚、急躁、厌烦、悲观和沮丧等为特征的情绪。

积极情绪和消极情绪对人们的身体健康、心理状态、学业工作和人际关系都会产生直接和间接的影响，人们要把控好。

（2）原生情绪和派生情绪。

原生情绪：是指由具体问题（他人行为的直接结果）而产生的情绪。原生情绪的发生和事情相伴，不夸张。原生情绪主要有四种：快乐、愤怒、恐惧、悲哀。

派生情绪：往往是压抑原生情绪后的负面情绪的病态表现，一般都表现出夸张的样子，如快乐、愤怒、恐惧、羞耻、悔恨、嫉妒、内疚、喜欢和同情等。

（3）良好情绪和不良情绪。

良好情绪：指一个人对外部或客观刺激进行反应之后所产生的平稳体验，比如身心放松、平心静气，不愠不怒。

不良情绪：指一个人对外部或客观刺激进行反应之后所产生的过度体验，比如身心焦虑、气急败坏、大喜大怒。

良好情绪能使人们以平和的心态去面对工作和生活，有利于人的自我发展；不良情绪使人们带着严重的负面情绪去为人处世，极易造成情感障碍和心理疾病，身心受损，乐极生悲。

人们的不良情绪，主要通过以下方式表现出来。

① 焦虑——是最常见的现象。它是一种类似担忧的反应或自尊心受到潜在威胁时产生担忧的反应倾向；是个体主观上预料将会有某种不良后果产生的不安全感；是紧张、害怕和担忧混合的情绪体验。

② 抑郁——是一种持续时间较长的低落和消沉的情绪体验。它常常与苦闷、不满、烦恼和困惑等情绪交织在一起，主要表现为：压抑的心情、兴趣或快乐减退、消极的自我观念、自我抱怨与负罪感、体重激增或剧减、睡眠困难、易激动或行为迟缓、注意力不集中，甚至有自杀倾向。

③ 愤怒——由于客观事物与人们的主观愿望相违背，或因愿望无法实现时，人们内心因极度不满而产生的一种激烈的情绪反应。一般"愤怒起于愚蠢，终于后悔"。

④ 嫉妒——是自尊心的一种异常表现，是由于他人胜过自己而引起抵触的消极情绪体验。法国文学家巴尔扎克曾说过："嫉妒者比任何不幸的人更为痛苦，因为他人的幸福和自己的不幸，都将使他痛苦万分。"

⑤ 冷漠——主要是指人们对外界刺激缺乏相应的情感反应，对生活中的悲欢离合都无动于衷。冷漠主要表现为：凡事漠不关心、冷漠、退让的消极情绪体验。克服的方法有改变认知，积极投身各种有意义的活动，正确认识自我与他人、个体与社会等。

3. 影响因素

职场从业者时时刻刻将面对不同的人和事，为了较好地适应职场环境，需要对影响情绪的因素进行必要的分析。美国耶鲁大学的克雷顿·奥尔德弗在马斯洛提出的需求层次理论基础上，进行更接近实际经验的研究，提出一种新的人本主义需求理论。奥尔德弗认为，人们存在 3 种核心需求，即生存（Existence）的需求、相互关系（Relatedness）的需求和成长发展（Growth）的需求，这一理论简称为 ERG 理论。根据该理论，可将影响职场从业者情绪的因素分为五个方面。

① 工作环境。

根据 ERG 理论，影响人们情绪的最基础的层面是工作条件和环境。ERG 理论认为人们首先要考虑生理需求和安全需求，使自己的情绪免于受到伤害。工作条件和环境包括灯光、温度、湿度、噪声、工作场所的大小、工作工具和机器的适用性、办公设备的空间位置等因素。舒适的工作条件和环境对人们的情绪有积极的刺激作用，无论是在工作满意度上还是在劳动生产率上都会有积极的反应。工作工具和机器的适用性、工作场所及办公设备布局的合理性会对人们工作的情绪产生重要的影响。如果工具设计合理，会大大提高工作效率，人们就会轻松完成工作，出现异常情绪的概率就会减小。如果各种设备布局不合理，人们工作负荷增加，则抱怨和不满情绪就会随之而来，相应地，工作效率就会下降。

② 工作性质和特点。

人们从事的工作性质和特点，也是影响职场从业者情绪的一个重要方面。在一定程度上，人们的工作条件和环境可以进行人为的改进，但是所从事的工作性质和特点一旦确定，将不以人们的意志而随意改变。根据 ERG 理论，第一层需求即生存需求，首先要实现自身生理和安全需求的满足，由于各工作性质、特点和属性不同，人们在实现自己的生存需求时也会遇到刺激反面情绪出现的因素。有的工作如车间工人，他们的工作性质是高重复和高体力活动等；有的工作如科研人员，他们的工作性质包括脑力劳动强度大、科研结果的不确定性等。这些工作性质和特点往往对人们的情绪产生直接的重要影响。

③ 人际环境。

所谓人际环境是指人们在工作中产生关系需求时需要的一种工作心理软环境，这种软环境主要包括组织或团队文化氛围、同事之间的关系、与上级的关系、与下级的关系、组织赋予的权利地位等因素。人们处在一个工作环境中，时时刻刻会受到这种心理软环境的影响。人们在产生需求和动机时会发生一些行为，同时，这些行为的发生会影响到人们动机的改变，在这种需求、动机和行为的交互作用中，工作的心理软环境发挥着十分重要的作用。当人们的行为因工作的人际环境而受到强化时，产生的是积极正面情绪；反之，当人们的行为因工作的人际环境而产生冲突时，消极反面情绪也就表现得更为强烈。

④ 生活因素。

人们在工作中产生关系需求时组织的软环境，而当人们在个人生活中产生关系需求时也会有很多因素影响人们的情绪。由于情绪具有传递性和扩散性，这些情绪不仅会表现在其个人的生活中，还会进一步传递到其工作当中，并且会扩散到同事之间，影响人们的绩效水平，因此关注影响人们情绪的生活因素也是很有必要的。一些生活因素如夫妻关系、子女问题等会严重影响人们的情绪。如果人们在开始一天的工作之前就有了某些消极的负面情绪，那么对工作绩效水平的影响来得更持久，也更具有破坏性。

⑤ 个人因素。

当人们产生行为后会有两种结果：一种是实现了预期目标，产生成就感；另一种是未实现预期目标，产生挫折感。情绪是因人而异的，因此当产生这两种结果时，每个人的情绪变化也不一样，每个人的情绪波动就与其个人因素有关。与情绪相关的个人因素包括个人的健康状况、心理成熟度、思维状况、性格特质等。夸大或缩小事实、追求绝对化、偏执都将造成消极负面情绪。情绪又是行为的基础，这些因素最后将以个人的特定行为作为结果表现出来。

（二）情绪商数

1. 智商和情商的含义

① 智力商数（Intelligence Quotient），也称为智商，简称 IQ，它是人们认识客观事物并运用知识解决实际问题的能力。它是一种表示人的智力高低的数量指标，表现为一个人对知识的掌握程度，反映人的观察力、记忆力、思维力、想象力、创造力及分析问题和解决问题的能力。它是通过一系列标准测试，测量人在其年龄段的认知能力（"智力"）的得分。最新的研究表明，智商不单与遗传因素有关，还与生活环境有关。即智商的高低与遗传因素和生活环境有关。

一个人的智商所涉及的能力主要包括：理解能力、判断能力、解决问题能力、抽象思维能力、意念和语言表达能力、自我学习能力等。

② 情绪商数（Emotional Quotient），也称为情商，简称 EQ，它代表的是一个人的情绪智力。所谓情商，是指认知和调控自我及他人的情感，把握自己心理平衡，形成自我激励、动机与兴趣相结合的内在动力机制；形成坚强和受理性调节的意志；妥善处理人际关系等的心理素质和能力指数，简单地说，情商就是一个人自我情绪管理和管理他人情绪的能力。

情商的核心是：知道自己的情绪，控制自己的情绪；知道他人的情绪，尊重他人的情绪。

2. 智商和情商的关系

据调查显示，一个人成功的要素中一般智商只占 20%，而其余的 80% 则主要取决于个人的情商。

① 智商和情商的区别。

首先，智商和情商反映的心理品质不同。

智商主要反映人的认知能力、思维能力、语言能力、观察能力、计算能力、律动能力等。也就是说，它主要表现人的理性的能力。情商主要反映一个人感受、理解、运用、表达、控制和调节自己情感的能力，以及处理自己与他人之间的情感关系的能力。情感常常走在理智的前面，它是非理性的，其物质基础主要与脑干系统相联系。大脑额叶对情感有调节作用。

其次，智商和情商形成和发展的基础不同。

情商和智商虽然都与遗传因素、环境因素有关，但是它们与遗传因素、环境因素的关系是有区别的。智商与遗传因素的关系远大于社会环境因素。《简明不列颠百科全书》对"智力商数"的解释为："根据调查结果，70%～80% 智力差异源于基因，20%～30% 的智力差异系受不同的环境影响所致。"情商的形成和发展，先天的因素是存在的。从近代史研究可以得知，情感有很大的文化差异，人的情感容易受社会环境的影响，人总是有着根深蒂固的从众心理。

再次，智商和情商发挥的作用存在差异。

智商的作用主要在于更好地认识事物。智商高的人，思维品质优良，学习能力强，认识程度深，容易在某个专业领域做出杰出成就，成为某个领域的专家。情商主要与非理性因素有关，它影响着认识和实践活动的能力。它通过影响人的兴趣、意志、毅力，加强或弱化认识事物的驱动力。智商不高而情商较高的人，学习效率虽然不如高智商者，但是，有时能比高智商者学得更好，成就更大。另外，情商是自我和他人情感把握和调节的一种能力，因此，对人际关系的处理有较大作用，其作用与社会生活、人际关系、健康状况、婚姻状况有密切的关系。

② 智商和情商的联系。

第一，智商是情商的基础。任何情商都必须建立在一定的智商的基础之上，没有基础的智商，就不可能存在任何情商。

第二，情商是一种特殊的、相对独立的智商，它是一种对自身利益、集体利益和社会利益的认识能力；智商是一种特殊的、相对独立的情商，它是一种对自身行为活动所产生的利益关系的认识能力。

第三，情商的发展为智商的发展确立了基本的方向。情商较高的人能够充分有效地利用自己现有的智力资源，并使自己的智力朝着能够产生最大效益的方向发展，而不是盲目地、凭一时兴致来发展自己的智力。

总之，智商和情商既相互区别、相互独立，又相互促进、共同发展。一般来说，智商的提高将有利于情商的提高，情商的提高也将有利于智商的提高。当然，二者具有相对独立性，智商较高的人，其情商未必较高；情商较高的人，其智商也未必较高。

3. 情商的五个维度

一个人情商所涉及的能力主要包括：识别自我情绪的能力、控制自我情绪的能力、激励自我情绪的能力、认知他人情绪的能力和人际关系管理的能力，这五个情商能力，也被称为情商"五维度"。

① 识别自我情绪的能力，即了解自我，是情商的核心。只有认识自我，了解自我，才能成为自己生活和工作的主宰。认识自我，了解自我，既包括能力方面的认识，也包括情绪方面的认识，比如自己内心的一些想法和心理倾向，以及所具有的直觉能力。这种认识是一种察觉和识别。往往了解自我的人，当心中的某种情绪出现时，他便立即能察觉。为此，了解自我是情商的首要和核心能力。

② 控制自我情绪的能力，即自我管理，就是调控自己的情绪，使之适时和适度地表现出来。调控自己情绪的核心在于调控自己的自制力，自制力的调控主要体现在适度上，并与生活的环境相互调和适应。人们保持良好和健康的情感关键，是能够抑制自己不良的情绪，能够使自己的情绪尽可能保持平稳状态，进而将自己的积极情绪和消极情绪维持在一个合适的范围内，实现平衡。

③ 激励自我情绪的能力，即自我激励，是指能够依据活动的某种目标，调动和指挥情绪的能力。具备了自我激励的能力，能使人走出情绪的低潮，振作精神，重新追逐。要想做

成任何一件事情，都必须集中精力、专注目标，并坚持不懈，在这个过程中，人们总要去克服许多障碍、失败、枯燥、寂寞、烦躁和郁闷等各种负面消极情绪，用正面积极情绪促使和推动自己不断向既定的目标前进。

④ 认知他人情绪的能力，即通过一些细微的社会信息，敏感地感受他人的需求与欲望，认知他人的情绪。识别他人情绪的能力，不仅是人们实现与他人正常交往、顺利沟通的基础，也使自己能够分享他人的情感，对他人感同身受，客观地分析他人的情绪。如果职场中一个人既对自己的情绪需求忽视，又对他人的情感需求和情绪置若罔闻，就很难构建起人与人之间的和谐关系。

⑤ 人际关系管理的能力，即在现代社会，每个人为适应自己生存和发展的实际需要，建立以感情交流为基础的人际关系的能力。人际关系管理的能力，是人们身处职场的一项社交基本技能。实现良好的人际交流，一是调整自己的情绪；二是调整对方的情绪。通过技巧促使对方产生自己所期待的反应，正确地向他人展示自己的情绪情感，进而去影响和感染对方。只有很好地去影响和感染对方，顺利地与他人互动，形成社交网络，人际交往才能顺利和深入地开展。

二、管理情绪

（一）情绪管理的要义

1. 情绪行为阶段

情绪管理就是善于运用正确的方式方法，自我体察、调节和控制情绪，对生活中冲突和事件引起的反应能适当地进行排解，能以积极乐观的态度、平和幽默的心态及时缓解紧张的心理的能力。简单地说，情绪管理是对个体和群体的情绪感知、控制、调节的过程，其核心必须将人本原理作为最重要的管理原理，使人性、人的情绪得到充分发展，人的价值得到充分体现；是从尊重人、依靠人、发展人、完善人出发，提高对情绪的自觉意识，控制情绪低潮，保持乐观心态，不断进行自我激励、自我完善。对于走入职场的从业者，了解自己的情绪，及时调节自己的精神状态，是主动适应自己的职业身份、有效工作的第一步。

每个人都有情绪，随之产生相应的行为，大致可划分为五个阶段，而在每个阶段，人们都可以发挥主观能动性，理智地把控自我情绪。

（1）情境选择阶段。

情境选择阶段就是指通过选择有利的情境（比如休闲聊天、娱乐、旅游、锻炼等），来控制自己的情绪，使自己的情绪保持一个放松、乐观和积极的状态。

（2）情境调整阶段。

情境调整阶段就是指当你所选择的情境不甚理想，不能使你保持积极乐观的情绪状态时，自己进行必要的调整，更换为自己感觉轻松的情境阶段。

（3）注意转移阶段。

注意转移阶段就是指善于把注意力进行转移，在选择或调整的有利情境下，让自己从恐惧、不安、担心和悲伤等事件上转移出来。

（4）认知改变阶段。

认知改变阶段就是指情境基本稳定，改变的可能性很小，自己进行换角度思考，将情境赋予积极的内涵，如把压力的情境看成动力、把悲伤的情境看成成长、把恐惧的情境看成挑战，从而有效地控制自己的情绪。

（5）行为调整阶段。

行为调整阶段就是指当行为冲动产生后，将紧张的情绪调节和舒展开来，比如自己通过向亲朋好友进行倾诉和宣泄来化解冲突，调节情绪。

2. 情绪的基本形式

情绪管理的基本形式有四种：拒绝、压抑、替代和升华。

（1）拒绝，拒绝接受某些事实的存在。拒绝不是说不记得了，而是坚持认为某些事不是真实的，尽管所有证据都表明这是真实的。拒绝是一种极端的情绪防御形式。一般人很难纠正他，因为在心理上，他是无法接受外界的帮助的。

（2）压抑，压抑是一种积极的努力。自我通过这种努力，把那些威胁着他的东西排除在意识之外，或使这些东西不能接近意识。和拒绝不同，压抑是一种强压，势必带来一些副作用。压抑在某种程度上来说是违背人的本性的。压抑是人在情绪管理中经常运用的，但过分压抑也是有害的。

（3）替代，将冲动导入一个没有威胁性的目标物。找到一个好的替代品是解决问题的关键，建立一种良性的替代形式既可以使情绪得到有效的管理，又不伤及无辜。但在实际运用中，常常找到的替代表现形式是迁怒。把负面消极的情绪以迁怒的方式转嫁给他人，往往造成恶性循环。

（4）升华，是唯一真正成功的情绪管理形式。升华是可怕的无意识冲动转化为社会接受行为的渠道。例如，如果你把攻击性的冲动直接指向你想攻击的人，那么你将陷入困境。但是，把这些冲动升华为诸如拳击、足球比赛之类的活动，就可以被接受。

3. 情绪管理的态度

① 愿意观察自己的情绪。

观察自己的情绪虽然需要花费很多的时间和精力，但是非常有价值，了解自己的情绪，觉察自己情绪的变化是情绪管理能力的核心。

② 愿意面对自己的情绪。

每个人都有情绪，在某种情况下，也可以发泄自己的不良情绪，诚实地正视和面对自己的情绪变化，了解自己内心真正的感受，才能更恰当地处理发生的事情。

③ 愿意提供情绪的时空。

允许自己和他人都有观察自己情绪的时间和空间，避免在冲动时做出不恰当或不适合的决定。

④ 愿意寻找静心的方式。

每个人可以寻找到一个最合适自己静心的方式，使自己在平静的心态自爱，识别自己情绪的变化或反思自己情绪的变化。

（二）加强情绪的管理

如前所述，一个人情商涉及识别自我情绪的能力、控制自我情绪的能力、激励自我情绪的能力、认知他人情绪的能力和人际关系管理的能力五种能力。加强情绪管理，就是努力提高自己这五种能力，其中识别自我情绪的能力、控制自我情绪的能力和人际关系管理的能力是加强情绪管理的前提、基础和落脚点。

情商培养

1. 把握调控自我情绪

（1）识别自我情绪。

了解自身情绪的变化，判断情绪的影响因素，主动调节自我心理，做出合适的行为反应，有效化解不良感觉，是情绪管理的第一环节。

① 日常情商的表现类型。

高情商人群行为的主要特征——尊重所有人的人权和人格尊严；不将自己的价值观一味地强加给他人，对自己的言行有清醒的认识，能较好地承受压力；具有自信心而不自傲、不自满；人际关系良好，和朋友或同事能友好相处；善于处理生活中遇到的各类问题；认真对待每一件事情等。

较高情商人群行为的主要特征——有较强的责任感；有独立人格，但在一些情况下容易受到他人焦虑情绪的感染；具有自尊心而不自傲、不自满；有较好的人际关系；能应对绝大多数面临的问题，在日常生活和工作中不会有太大的心理压力等。

较低情商人群行为的主要特征——容易受他人影响，自己的目标不清晰、不明确；把标准建立在他人认同的基础之上；能控制大脑，比低情商者善于原谅；能应对较轻的焦虑情绪；缺乏坚定的自我意识；处理人际关系的能力较弱等。

低情商人群行为的主要特征——无责任感，喜欢抱怨；自我意识差，生活无秩序，斤斤计较；没有明确的工作和生活目标，并不打算付诸行动；日常行为严重依赖他人；应对焦虑的能力差；常常通过贬低他人抬高自己；处理人际关系的能力差等。

② 情商高低对情绪的反应。

低情商的人在受到外部环境刺激之后，通常对自己的情绪毫无觉察，不管环境条件是否合适，就会直接采取反应行为。如当他人对其提出意见或批评时，他立刻生气，并回敬不愉快的话语；如遇到不顺心的事，就无精打采甚至暴跳如雷等。

高情商的人在受到外部环境刺激之后，通常对自己的情绪立即觉察，无论环境条件如何多变，都不轻易采取反应行为，而是借助价值观、想象力、良知和独立意志等，对情绪的变化做出理性判断和思考。如当他人对其提出意见或批评，或听到不好的消息时，将会冷静理智、处变不惊、沉着应对。

③ 识别自我情绪的方法。

情绪记录法：有意识地留意自己情绪变化的过程，并把它记录下来，然后仔细分析思考，提出改进方案。

情绪反思法：当每次情绪变化后，都理性地思考和判断自己当时情绪变化的情况、原因、带来的消极影响、今后如何克服和控制，经过反复这样的思考，不断提高情绪识别的能力。

情绪恳谈法：每次情绪变化后，求助和自己熟悉的家人、领导、同事、朋友和同学等，采取恳谈的方法征求他们对自己情绪变化的看法和意见，从他们那里客观真实地了解自己情绪变化的过程。

情绪测试法：借助专业的情绪测试工具或专业的心理咨询机构来获得自我情绪认知和管理的方法建议。

（2）控制自我情绪。

控制自我情绪是职场从业者情绪管理的重要内容。不懂得自我控制情绪的人，往往被情绪主导，遇事无定心、行事无规矩、处事无章法，缺乏忍耐精神，既不能约束自己的行为，又不能驾驭他人，甚至在不能控制的情绪中付出高昂的代价。控制情绪的出发点和立足点是实现情绪稳定，做到遇事不惊、处事不乱。

情绪稳定是人们在面对突发或麻烦事件时，能运用科学的方式方法有效、平稳处理的艺术魅力。情绪稳定是一种能力体现，它能应对日常生活和工作中骤起骤降的变化，在身处逆境时仍能让自己保持乐观的心态，始终从好的方面看待那些不顺心的事情。有了稳定的情绪，战胜困难的勇气、决心和快乐、高兴的情绪也会伴随自己。

情绪控制能力可以通过培养来提高，具体有以下几种方法和技巧。

① 换位法。在现实生活中，让人情绪失控的原因有多个方面，如自己认为生活或工作不如意，任何事情好像都与自己过不去，周围的人似乎也与自己对着干。在这种情况下，就需要自己学会换角度看问题，钻出牛角尖，从不好或不利的事情中发掘出有价值的内容，会有意想不到的收获，缺点会成为优点，劣势会转变成优势。一旦人们把是非、荣辱和利益看得淡一点儿时，不良的情绪也会逐渐得以缓和，自己的情绪也就控制好了。

② 转移法。通常，对自己的情绪产生强烈刺激的事情，总是与自身利益紧密相关的，要想尽快忘却这些（尤其是对自己不好的事情），确实是很困难的。在这种情况下，就需要自己不要一味地被不良情绪侵蚀，让自己心有所系，如主动帮助他人，找知心朋友交心，参加适宜的文体活动，阅读有益图书等，这样在不顺心、不愉快情绪产生时，就能较快地转移注意力，不良情绪就会随之消失，积极情绪就会伴随自己。

③ 退却法。生活在世上，只要是凡人凡事，对应着就有烦人烦事，只要是烦人烦事，必定产生各种冲突和摩擦。遇事如果自己心胸狭窄，老是想不开，闷闷不乐，则心中的阴霾就会越结越多，最终造成消极颓废。在这种情况下，就需要自己不要过分执着，努力抛开眼前的琐碎小事和细节，站到更宽阔的舞台，以宽容的心态看待世事。俗话说"退一步海阔天空"，就是这个道理。

④ 屈伸法。凡是高情商者，为人处世的过人之处就在于当和困难或强手狭路相逢时，总是能屈能伸，养精蓄锐，东山再起。一旦人们在面对强手或有敌意的对手时，要懂得主动避其锋芒；在面临失败困惑时，要学会容忍，接受现实，化阻力为动力，化悲痛为力量，化消极为积极。不论是失意还是得志，都做到柔中带刚，刚中带柔，伸屈自如，把自己的情绪控制得游刃有余。俗话说"忍一时风平浪静"，就是这个道理。

⑤ 释放法。不良的情绪，如果人们一直压抑，越积越多，不加以释放，轻者会产生心理

负担，重者造成身体疾病。为此，必要时，采取适度的释放法，通过恰当的形式将情绪宣泄出来，会使自己的心情得以安宁平静，有利于情绪的恢复。人们日常采用的"大哭大笑"，就是一种释放能量、调整机体平衡的有效方式。

⑥ 环境法。环境对人的情绪常常会起到影响作用，日常生活中人们都会有这样的感受：处于整洁、明亮、宽阔的环境中，人们会产生恬静和舒畅的心情；而面对杂乱、阴暗、狭窄的环境，人们会产生郁闷和不适的情绪。因此，通过改变环境在一定程度上能对情绪起到调节作用，当人们受到不良环境的压抑时，甚至让自己产生痛苦和不适时，就应远离现有的环境，主动投身大自然或换种环境，使自己开阔胸怀、愉悦身心。语言作为人们情绪体验有力的表现工具，在使用环境法时，语言环境有时也会起作用，语言可以引发抑制人们的情绪反应，即使不说出口，也能起到调节作用，比如在办公室墙上悬挂一些带有激励和警示意义的语句或书法作品，会对情绪的控制起到一定的作用。

2. 学会感知他人情绪

（1）懂得他人的情绪。

"出门观天色，进门看脸色。"人的情绪许多都是通过非语言方式来表达的。善于察言观色，可以尽快感知他人的情绪。感知他人情绪的出发点是懂得他人的情感需求，一般人的情感需求主要表现为以下七个方面。

① 尊重需求。被人尊重是一种权利，尊重他人是一种美德。敬人者，人恒敬之。在现实生活中每个人都渴望被人尊重，一旦人的自尊心得到满足，其情绪就会愉悦，心情就会开朗和喜悦，为人处世就会顺心。

② 关怀需求。关怀他人使人的存在具有价值，是生命的重要组成部分。在生活中，当他人孤寂、无助或痛苦时，给他人一点儿关心、问候或支持，会让人感到你的诚意，也使他的情绪得以释放和缓解。

③ 理解需求。理解对于人与人交往和交流是至关重要的。理解是相互的，人们需要他人的理解，他人同样需要得到人们的理解。因此，做到人人都善于理解，就会营造一个相互信任、让人愉快和轻松的处事环境。

④ 帮助需求。"帮助他人就等于帮助自己。"任何人都会遇到各种各样的困难，一些困难通过自己的努力可以解决，但有很大部分的困难，仅凭自己的力量是无法解决的，这时就需要借助他人的支持和帮助。人在陷入困境时，得到及时的帮助，将会体会互助友爱的力量，学会感恩和奉献，自己也从中感受快乐。

⑤ 同情需求。同情是人类最普遍的一种需求。学会同情，对他人遇到的意外等事件给予真诚的关怀与关心，会让他人感受友谊，感受爱的温暖，从而使人们的情绪始终能保持积极和乐观。

⑥ 激励需求。如果一个人在痛苦、打击和逆境面前，能够有效地自我激励或得到他人的激励，就会振作精神，迎接挑战，寻求希望，发展自我。因此，在他人需要激励时，要给予他人及时的相应的激励，让其充满激情，奋发前进。

⑦ 赞美需求。"人总是喜欢听好话的。"学会赏识和懂得赞美他人，努力挖掘他人的优点和长处，并给予大力称赞，不仅自己收获友谊，也是对他人的尊重和带给他人愉悦，促使

他人满怀信心地去从事自己的事业。

（2）认知他人的方法。

通常认知他人的方法包括：远使之而观其忠，近使之而观其敬，烦使之而观其能，卒然问焉而观其知，急与之期而观其信，委之以财而观其仁，告之以危而观其节，醉之以酒而观其侧，杂之以处而观其色。

远使之而观其忠——是指让人远离当下的工作环境，自以为在脱离了领导的监督范围的外围工作，然后观察其行为方式，判断其价值取向和忠诚度。

近使之而观其敬——是指和一个人一起工作，观察其工作态度和日常表现，以及对人是否礼貌和恭敬。

烦使之而观其能——是指增加一个人的工作量，看其是否具有足够的能力应对。

卒然问焉而观其知——是指突然向其发问，考察一个人的应变能力，尤其是对突发情况的应变能力。

急与之期而观其信——是指不断地催促一个人，在时间上给其设置障碍，考察其遵守信用的程度，看其是否能够遵守原来做出的承诺。

委之财而观其仁——是指把财物托付给一个人，来观察他是否具备仁心和廉正。

告之危而观其节——是指把当前的危难告诉一个人，来观察其是否遵守了节操。

醉之酒而观其侧——是指利用喝酒的机会，使一个人大醉，以观察其本性和修养。

杂之处而观其色——是指让一个人处于复杂的环境中，和各色人等打交道，可以观察他对环境的适应性。

在认知他人的过程中，认知他人的表情也显得尤为重要。

① 面部表情。

面部表情是最容易辨认的，人们常见的表情主要有快乐、惊讶、生气、厌恶、害怕、悲伤和蔑视等。

② 身段表情。

身段表情就是指肢体语言，这是一种较难辨认的表情。比如双手抱在胸前代表自我保护，双手抱膝代表想尽快结束谈话等。

③ 语调表情。

语调也容易体现一个人的真实情感。当一个人很轻松的时候，语调会比较轻快；而当一个人心情压抑的时候，语调就比较低沉。

（3）理解他人的步骤。

① 接纳。

接纳是指愿意和对方共同处理事情，表达的是一种开放的状态。接纳最重要的是让对方感觉有人愿意帮助他，而不是被拒绝，因为被拒绝是人们最害怕的状态。

接纳的重点是要让对方对自己足够信任，产生信任需要具备以下三个条件：一是对方认为你可靠；二是对方对你理解；三是你对对方有帮助。

② 分享。

分享的第一步是做到共情。共情就是和对方产生同样的情绪，这是走入对方情绪很重要的一步。

分享的第二步是接纳对方的情绪，然后分享对方的内心感受。分享是指能够对情绪进行共同探讨和分析，而不是某个人的主观判定。在分享的过程中，人们经常犯的错误是当对方真的把情绪说出来时，凭主观臆断将其打断。

分享的第三步是重复和总结。重复就是指重复对方的感受，可以使用"看得出来"这句口头语；总结则是当一个人倾诉的烦恼非常复杂时，要提炼出核心情绪。通过重复和总结，得到对方的确认，这时对方就已经开始分享情绪了。当总结做得不到位时，对方可能会追加一部分表述，此时需要做的就是静静倾听，表现出足够的耐心，尽量不要打断对方。

③ 区分。

区分是指帮助对方区分哪些责任是其应该负责的、哪些责任不是其负责的范围，让其把精力放到需要注意的事情上，不要把情绪和情感浪费在无所谓的事情上。

区分工作做得好坏，在很大程度上影响着疏导工作的成败。区分是疏导活动的关键，非常考验管理者处理问题的能力，因此管理者在做疏导工作时，切忌让自己也掉进负面情绪中。

④ 回应。

回应是指最后回归现实事件中，让对方制订出有效的行动计划，以达成预定的目标。回应是心理疏导中最简单的工作，因为此时对方已经敞开了心扉，并且进行了有效的分享和区分，回应是水到渠成的事情。

3. 提升人际关系能力

（1）现代人际关系的基本模式。

在现实生活中，不同的人际关系处理方式，会产生截然不同的结果。依赖他人、受他人控制和影响的人将终生一事无成；只知自我，不知他人，喜欢孤军作战，不善于寻求合作的人，只能取得有限的成功；懂得合作，善于合作，利人利己的人才能取得更大的成功。

根据人际关系的表现和价值取向，可将现代人际关系概括为 6 种模式，如表 6-1 所示。

表 6-1　现代人际关系模式的表现与价值取向表

模　式	主要表现	价值取向	输赢结果
不输不赢	没有成果，情谊犹成	好聚好散	无输赢
孤芳自赏	不管他人瓦上霜，只扫自家门前雪	独善其身	单方赢
人赢我输	迫于压力，委曲求全	损己利人	单方赢
人输我赢	巧取豪夺，坑蒙拐骗	损人利己	单方赢
人赢我赢	送人玫瑰，手留余香	利人利己	双方赢
人输我输	杀敌一千，自伤八百	两败俱伤	双方输

（2）处理人际关系的基本原则。

人际关系是一种错综复杂的社会现象，其存在和发展具有规律可遵循。处理人际关系所涉及的主要原则有以下九项。

① 择善原则。择善原则是指建立和发展人际关系时，不能盲目行事，而要有所选择地进行。不仅要"择其善者而从之，择其不善者而改之"，而且要"两害相权取其轻，两利相权则取其重"。善者，是指对社会、对他人、对自己无害或有益的人及其关系。在建立和发展人际关系时，首先要考虑自己与交往对象的相互需要是否有益于社会、有益于他人。如果是有益的，就采取积极态度；如果是有害的，就要坚决放弃。

② 调衡原则。调衡原则是指协调平衡各种关系，使之不相互冲突与干扰。一个人的精力和时间是有限的，建立人际关系的目的是满足需要，不能过多或不足。过多则忙于交往，影响自己履行岗位职责，不足则会使自己陷于孤独苦闷，造成信息闭塞、孤立无援，使自己减少了发挥能力的机会与范围。所以要经常协调平衡人们的需要与时间、精力之间的关系。

③ 积极原则。积极原则是指在人际交往中行为要主动、态度要热情。即待之以礼，晓之以理。按传统礼仪，在接待来访办事者，做到一请坐、二倒茶、三办事、四送出，主动认真，必有利于消除隔阂，密切关系。主动的作用还表现在文明礼貌的语言中，表现在热情的交往态度上。热情比任何暴力更容易改变他人的心意，没有热情，人际关系就会变得冷漠、暗淡无光。

④ 真诚原则。真诚是做人的基本要求，也是人际交往的基本原则，要以诚相待。信息反馈原理告诉我们：有良好的信息输出，才能有良好的信息反馈，实现人与人之间的心理交融。真诚是一种传统美德，"精诚所至，金石为开""良药苦口，惟疾者能甘之；忠言逆耳，惟达者能受之""心诚则灵"这些都是对真诚及其作用的高度评价。

⑤ 理解原则。理解原则是指关系双方在人际交往中相互设身处地、相互同情和谅解。只有相互理解，才能心心相通，才有同情、关心和友爱。"人之相识，贵在相知；人之相知，贵在知心。"关系主体双方要相互了解对方的理想、抱负、人格等情况；了解彼此之间的权利、需要、义务和行为方式；要相互体谅、相互包容，不斤斤计较、吹毛求疵。要善于"心理换位"思考，这样，不管在平常交往，还是在人际双方发生矛盾、产生冲突时，都能妥善处理之。

⑥ 守信原则。守信原则就是在人际交往中讲求信用、遵守诺言。守信乃为人处世之本，要"言必信"，说真话，说话算数要"行必果"，遵守诺言，实践诺言。在交往中，要不轻诺，不轻诺是守信的重要保证。要严守对方的秘密，不炫耀和披露大家不知的隐私，也不要依据自己的臆想来推测对方如何如何。在市场经济中，"信誉就是金钱"的箴言已为越来越多的人所承认和接受。

⑦ 平等原则。尊重他人的自尊心和感情，不干涉他人的私生活，人格平等。在人际交往中，情感对等、价值对等、地位对等、交往频率对等。如通信交往，次数基本对等；单位交往，科长接待科长。像对待朋友那样平等地对待交往对象，寻求相互认识、相互理解的方法，关心、体谅、理解他人。平等具体体现在政治平等、法律平等、经济平等和人格平等方面。

⑧ 相容原则。相容，即宽容，是指宽宏大量、心胸宽广、不计小过、容人之短、有忍耐性。相容不是随波逐流，不讲原则，容人正是为了把原则性与灵活性有机地结合起来，以便更好地达到自己的远大目标。要有谦让精神，做到有理也让人；要将心比心，"己所不欲，勿施于人"；要大事清楚，小事糊涂；要严于律己，宽以待人。

⑨ 适度原则。适度原则是指在人际交往中的一切行为都要得体，合乎分寸，恰到好处。这是人际交往中最重要的一个原则，是唯物辩证法关于"质、量、度"观点在人际行为中的具体体现。过犹不及，皆为不妥。如自尊、自我表现、忍让、诚恳热忱、信任他人、谨慎、谦虚、交往频率、言谈举止等都要适可而止。

（3）处理人际关系的基本技巧。

为自己职业发展打好坚实的人际基础,提升自己情绪管理的能力,建立良好的人际关系,可以从以下方面着手。

① 学会宽容。宽容和忍让是一个人豁达心理的体现。在现实生活中,当自己被不适、痛苦和懊恼等情绪困扰时,没有必要和他人斤斤计较、争强斗勇、怨恨他人,要学会宽容和学会忍让,让自己获得更多积极的力量,给他人让了一条路,就是给自己留了一条路。

② 远离嫉妒。嫉妒是一个人正常的心理现象。在日常生活中,看到他人比自己强,或某些方面超过了自己,就会产生一种包含憎恶与羡慕、猜疑与失望、愤怒与怨恨、屈辱与虚荣、伤心与悲痛等复杂情感,如果没有清醒地认识和把握,就会造成人们任意讽刺和挖苦他人,毫无根据地诋毁、造谣和中伤他人,甚至谋害他人。因此,当嫉妒心理产生时,要告诫自己,学会控制。比较好的方法是懂得自我安慰,比上不足,比下有余。当然,如果能把嫉妒心理积极引导,勇敢向对方挑战,通过竞争,达到自爱、自强,那是再好不过了。

③ 控制情绪。在生活或工作中,遇到各种各样的挫折、委屈和误解是常有的事,自己不能由于一些细小的人际矛盾就坏了心情、闹情绪,影响生活和工作,而应善于控制情绪,进行有效的人际沟通和协调,很好地与他人打交道。

④ 换位思考。孔子曰:"己所不欲,勿施于人。"在人际交往过程中,要能够体会他人的情绪和想法,理解他人的立场和感受,常常站在他人的角度思考和处理问题,自己不喜欢或不愿接受的东西,不要强加给他人,要能够"推己及人",这样可以获得他人的理解、尊重、支持和帮助,有利于建立良好的人际关系。

⑤ 开放心区。西方社会心理学理论认为,每个人心里存在四个"心区",即开放区域、盲目区域、秘密区域和未知区域。在人际交往过程中,我们要尽量扩大"开放区域",消除"盲目区域",缩小"秘密区域",搞清"未知区域"。一般而言,自我开放区域和人际关系的和谐成正相关,做到多向他人袒露心扉,让他人了解自己,获得他人的接受和好感,就能拉近人与人的距离感,做到知面知心。

⑥ 主动付出。我们周围的成功人士,往往都是善于主动付出,乐于帮助他人、服务他人的。一个人如果自己不愿辛勤耕耘,只想到他人付出,自己收获,最终他绝对会失去所有的人,得不到他人的支持和帮助,甚至成为孤独的人。付出才有回报,是人们在人际交往中必须懂得的道理,当然,付出后我们也不一定非要讲究回报。

人际关系处理的技巧除以上之外还有很多,比如注重形象、主动交往、幽默健谈、悉心倾听等。只要我们把握时空、运用得当,就能够促进我们和他人关系的改善和提高。

三、团队情商

(一)团队情商的概述

1. 团队情商的效力模型

所谓团队情商,是指有意识地让团队成员的各种情绪得以表露,理解这些情绪对团队工作的影响,在团队内部和外部构建何种良好关系,增强团队应对各种挑战的能力。团队情商不是团队中每一个团队成员个体情商的简单加和,而是团队成员在情感互动上形成的团队情感,以及表达和控制的整体水平。

现代组织中的大多数工作任务都需要由各种团队去完成。团队的工作气氛及凝聚力对工作绩效有着深刻的影响。团队能否和谐，不仅取决于其中每个团队成员的情商，更取决于团队整体的情商。一个团队中每个团队成员的情商很高，并不能简单地确定这个团队总体情商一定就高。因为任何团队都有自身的特征，要使团队成员之间的责任感、团队认同感和团队效能感不断提升，并自我强化，仅仅依靠少数几个具有高情商行为的团队成员是不够的，需要营造整个良好的团队氛围，通过情绪规范培养团队的情感能力，并积极影响团队成员的情绪。

一个团队综合情绪控制能力取决于该团队成员的个人情商的平均水平；取决于该团队领导尤其是最高领导的情商水平；还取决于该团队成员之间的协调水平。

高情商团队在执行工作中往往表现为团队具有亲和力与凝聚力，团队众志成城，团队成员心情愉快，完成任务绩效较高；低情商团队在执行工作中则表现为团队比较涣散，团队成员内耗大，团队成员士气低落，完成任务绩效较低。

2. 团队情商的决定因素

① 团队情商的调控水平。

团队是由不同的个体组成的，团队与其成员之间实际上处于一个互动的信息交换系统之中。团队成员情商水平直接影响着团队情商的高低，如果团队成员情商水平都较低，毫无斗志，那么这样的团队在面临外部挑战时就不能士气高昂地对外界变化做出迅速的调适。

② 处理团队冲突的能力。

事实上，当团队需要对外界环境进行调适时，就是由于团队赖以生存和发展的环境与外部现实环境之间发生了冲突，产生了不协调的情况。团队冲突是客观存在的，是不以人的意志为转移的。由于不同的价值观念、习惯认同、文化习俗等同时并存于一个团队，又或者团队内部缺乏顺畅的沟通机制、组织结构上存在功能缺陷等，冲突以各种各样的形式存在于每一个团队之中。虽然冲突对团队发展的影响具有二重性，即破坏性和建设性，但如果这一团队缺乏有效管理冲突的能力，那么不但建设性的冲突可能会向破坏性的冲突转化，而且原本属于破坏性的冲突可能会对团队产生致命的打击，直接威胁团队的生存。

③ 团队加强学习的能力。

团队学习能力，是指团队对新知识、新观念、新事物的理解能力、吸引能力和整合能力。一个团队要具备高情商，对外界变化做出迅速的调整，在很大程度上源于较强的团队学习能力，尤其是在科技发展瞬息万变的知识经济里，成功将属于那些更快速、更有效地思考、学习、解决问题和采取行动的团队。通过学习，形成一种开放的氛围，一种随时变化的准备，在努力提高自身素质的基础上对外界环境变化采取正确的调适，只有这样的团队才更具竞争优势。

（二）高情商团队

1. 高情商团队的作用

① 高情商团队可以提高团队绩效。

团队绩效是团队成员之间相互信任和意见沟通的函数。研究表明，影响一个群体效率的因素有三个：团队成员之间的相互信任、对群体特性的意识

培育高情商团队途径

和对群体效能的意识，如不具备这些因素，其结果是不会十分有效的。团队工作，具有紧密关联性和团队成员之间的相互合作、相互依赖性。因此，为了有效地完成团队工作，就必须提高团队情商，如果合作得好，就将取得"1+1>2"的效果；若合作得不好，则会产生"1+1<2"的结果，造成"三个和尚没水吃"的局面。

② 高情商团队可以驱动团队成员情感。

情感是人的意识活动的重要动力之一，而情感又受到人的生理机制和客观环境的制约和影响，尤其是人际关系的影响。一个具有良好人际关系的团体可以激发热爱集体的情感，使人心情愉快、身心健康、上下一心、艰苦创业。感情往往会超越物质。

③ 高情商团队可以满足团队成员自尊。

马斯洛认为：自尊需求的满足造成一种自信的感情，使人觉得自己在这个世界是有价值、有力量、有位置、有用处和必不可少的。这种自尊心理的形成固然受制于人的社会地位、知识结构和心理素质，但就某一团体而言，更受制于团队中的人际关系，尤其是上下级之间的人际关系的影响，在充满尊重、信任和民主的高情商团队中，团队成员就会自尊、自重、自信，达到自我约束和自我调节的目的。

④ 高情商团队可以释放团队成员潜能。

现代心理学认为：人的思想、情感易于受到他人言谈举止、神情姿态的影响和调节，一个人在愉快的高情商团队的氛围中工作，身心放松，其精力、体力和智力就会毫无保留地释放出来，团队成员的个性、创造性和聪明才智就得以张扬和发挥。

⑤ 高情商团队可以提高团队成员情商。

团队是社会互动的群体。一个人的情绪不仅仅受到生理、生活状况的影响，而且受他人的影响，团队成员之间会相互模仿、相互感染、相互暗示。团队民主、平等、和谐的氛围可以改变团队成员的情绪，使人自然地生发出与环境一致的情绪（尊重、民主、礼貌等）。因此，高情商的团队可以提高每一个团队成员的情商水平，从而进一步提高团队情商的整体水平。

2. 高情商团队的法则

① 认识原则。即团队中每个团队成员都能认识自己的情感资源，包括情感的优点和缺点，情绪的高昂和低落，情感倾向和障碍等。

② 沟通原则。即团队中每个团队成员都能以"坦诚为基础、理解为桥梁、尊重为方式和共识为目的"进行有效的沟通。沟通是经营团队情商的重要环节和解决团队中各种问题的关键。

③ 柔情法则。即在情感认知、沟通的基础上，以尊重、关爱为基础，以细微、深入的关怀体贴为特征的一种团队管理方式。

④ 激情法则。即利用团队的情感、情绪，通过各种方法，将个人对团队集体的情感激发起来，转换为能量并释放出来形成动力，进而提高团队情感能量的一种方法。

⑤ 诚爱法则。即在团队管理中，以"诚"为基础，以心怀"大爱"的海纳百川的胸怀去铸造团队成员的共同"灵魂"，是团队情商管理的最高境界。

第四节 缓解压力

一、压力的基本内涵

（一）压力及其反应

1. 压力的含义

在当今竞争激烈、发展迅速的社会转型时期，压力无处不在，无时不在。一项国人压力调查表明：从 18 岁算起，各个年龄段人群都感受压力，其中 20～30 岁的人群压力最大。所谓压力，是个体认为所受的某种刺激或遭遇的某种情景超出自己能力所能够应对的范围所表现出的一种激动、紧张、不安和威胁等心理体验的总和。它是人的一种主观内部心理状态和人体对需要和威胁的一种心理认知反应。

从压力对人影响的持续时间而言，压力可以分为急性压力（性质强烈但持续时间较短）和慢性压力（性质不如急性压力强烈但持续时间很长）；从压力给人体验的影响程度而言，压力可以分为正性压力（激发人们朝向成就或健康的理想水平）、中性压力（被认为无关紧要或无所谓的信息、感官刺激）和负性压力（人们对它厌恶，会产生恐惧或愤怒的情绪）。

2. 压力的反应

当人们面临压力时会产生一系列的生理和心理反应，并伴随相关的精神和行为反应。这些反应在一定程度上和一定范围内是人们机体主动适应环境变化的需要，具有积极性，它可以给人以振奋，能唤起和发挥集体潜能；提升工作的动机、激发人们正向情绪，增加成功后的成就感和增强抵御和抗病能力等，如学生在学习过程中、运动员在参赛过程中，在一定适度压力下的竞争容易出成绩。但是如果压力过于强烈和时间持续长久，就表现为消极性，它将造成人们生理和心理功能紊乱，严重的还将使人抑郁，甚至危及生命。人们日常所指的压力，主要是对人们的消极性反应而言的。

在现实生活中，人们受到的压力程度大小和所表现的行为舒适度是呈负相关的。当人们感觉舒适时，往往是没有压力或所受压力较小的；而当人们遭遇挫折时，常常是所受压力较大的。

（1）压力反应阶段。

第一阶段：警戒阶段。当机体接触到刺激时，就会调动能量来面对这些刺激的需要，并在躯体上有所表现。

第二阶段：抵抗阶段。如果刺激长时间没有被消除或有效应对而继续存在，机体就要在面对长期的刺激时试图保持体内平衡，必须通过转换到一种低水平但更为复杂的压力反应来适应刺激。这时，警戒反应的特有指标会消失，而机体的各种反应将超出正常水平。

第三阶段：疲劳阶段。长时间的同样刺激之后，机体逐渐适应，而适应所需要的能量也随之消耗殆尽。警戒反应的特有指标再次出现，而现在的状态却是不可挽回的。当机体不再能够抵抗施加其上的刺激时，就会崩溃、衰竭，并且最终会导致机体死亡。

（2）压力消极反应。

研究表明，压力的杀伤力比我们周围的环境中的任何事物都还要强大。压力往往是看不见摸不着的，但是它确实存在于人们身边，是在个体生活适应过程中的一种身心紧张状态。是环境要求和自身应对能力不平衡而来的，这种紧张状态通过非特异的心理和生理表现出来，具有以下消极方面的反应。

一是对心理的反应。主要表现为产生忧虑、焦躁、愤怒、沮丧、悲观和抑郁等消极情绪，使人处于思维狭窄、自我评价降低、自信减弱、记忆下降等被动状态。当然，这种对心理的影响，主要取决于个体对压力的知觉、解释和抗压能力。

二是对生理的反应。主要表现为心跳加快、呼吸急促、血压升高、胃肠失调、身心疲劳、肌肉紧张、头痛失眠等现象，往往导致人出现自主神经系统、内分泌系统和免疫系统等方面的疾病。

三是对行为的反应。人面对压力会有各种不同的行为反应，而这些反应主要决定于压力的大小程度和个体所处的环境。通常，轻度的压力会促发或增强正向的行为反应，如寻求他人的帮助和支持。但压力过大过久，就引发一系列负向行为表现，如抱怨、争执、挑剔、责备，以及负向行为反应，如生活混乱、酗酒、暴力行为。

人们在压力下的行为反应可分为直接反应和间接反应。直接反应是指人面对引起紧张刺激时，为消除这些刺激而作出的反应，比如当遭遇歹徒时，或搏斗或逃避；间接反应是指人借助某些物质暂时减轻与压力体验有关的苦恼，比如当生气时暴饮暴食。

四是对精神的反应。持续的压力会给精神身体和心绪安宁造成巨大的伤害，精神压力是现代社会人们亚健康的主要表现。当大脑在压力过重时思维和应对更加迅速，但是当达到忍受压力的临界点之后，大脑就无法正常工作，主要表现为紧张、敏感、多疑、烦恼，注意力难以集中，丢三落四，表达能力、记忆力和判断力减退，持续性地对自己和周围环境持消极态度，优柔寡断等，常常伴随酗酒、暴饮暴食等不良习惯。

（二）压力的主要来源

我们把那些具有威胁性或伤害性并给人们带来压力感受的事情和环境，称为"压力源"。压力源存在于日常生活和工作之中，造成压力的原因是多方面和多渠道的，有的起源于我们自身，有的则是环境所致。但是，最主要的压力源自自身，人际关系是造成压力最主要和直接的来源。

对压力产生的原因及各种事情或环境进行分析，压力源大致可以分为生理性压力源、心理性压力源、文化性压力源和环境性压力源等四大类型。其中环境性压力源又可细分为工作压力源、生活压力源和社会压力源。

（1）生理性压力源。

生理性压力源是指通过人的身体直接发生刺激作用而造成身心紧张状态的刺激物，一般包括物理的、化学的、生物的刺激物。比如过高或过低的温度、变质的食物、酸碱刺激物。这些刺激物往往是引起人们生理压力和产生压力生理反应的主要原因。

（2）心理性压力源。

心理性压力源是指直接来自人们头脑中的紧张信息，反映人们心理方面的困难。比如心理冲突与挫折、不切实际的期望、与工作责任相关的压力和紧张等。不同的人面对压力所表现的认知是不同的。有的人会过分夸大压力的威胁，并自我制造一种验证，认为自己不会顺利和成功，长此下去，会产生压力感，造成畏惧压力。

（3）文化性压力源。

文化性压力源是指人们从一种语言环境或文化背景进入另一种语言环境或文化背景中，面临新的生活环境、风俗习惯、生活方式，从而产生压力。如不改变原有的思维定式，不去适应变化着的环境，常常会出现不良的心理反应，终究造成积郁成疾。

（4）环境性压力源。

环境性压力源是指人们从所面对的环境中能获得压力，一般主要包括工作压力源、生活压力源和社会压力源。

① 工作压力源。引起工作压力的因素主要有：工作特性，如工作超载、工作欠载、工作条件恶劣、时间压力等；人们在组织中的角色，如角色冲突、角色模糊、个人职责、无法参与决策等；事业生涯开发，如晋升迟缓、缺乏工作安全感、抱负受挫等；人际关系，与上司、同事、下属关系紧张，不善于授权等；工作与家庭的冲突；组织变革，如并购、重组、裁员等使许多员工不得不重新考虑自己的事业发展、学习新技能、适应新角色、结识新同事等，这都将引起很大的心理压力。

② 生活压力源。就生活危机事件对压力的影响程度而言，主要表现有配偶死亡、离婚、夫妻分居、拘禁、家庭成员死亡、创伤或生病、结婚、解雇、复婚、退休等。可见，生活中的每一件事情都可能会成为生活压力源。

③ 社会压力源。每个人都是社会的一员，自然会感受到来自社会的压力。社会压力源诸如社会地位、经济实力、生活条件、财务问题、住房问题等。

二、职场压力管理

（一）正视职场压力

当一个人离开校园进入职场以后，工作会使人充实，也会使人更忙碌。在种种忙碌之中，会有厌烦、焦躁、担忧等不同的情绪出现。现代职场就像一个巨大的高压锅，每个身处职场的人都能感受到压力的存在。只要人们在职场岗位上，就无法摆脱，只能面临和承受某份工作所带来的压力。所谓职场压力，属于压力的一种，是工作本身、人际关系、环境因素等诸多因素给职场从业者造成的一种紧张感。当然，一定的职场压力能够促进我们提高工作效率，但是过多的职场压力就会对工作的开展造成负面影响。因而，正视和有效应对职场压力能够使我们在职场中有更好的发展。

职业压力的产生与社会、经济、民族文化等因素紧密相连，不同的时间和空间呈现出不同的表象和特征，在现代社会中，以下方面是职场从业者产生压力所面对的共性问题。

一是工业化和工业文明。工业化社会要求分工和效率，讲究团队协作，这使得个人的工作成为群体工作的一部分。巨大的工作压力和个人成就感的消失，很容易使人产生生理和心理方面的各种问题，进而引发各种疾病，如心脑血管疾病、抑郁症等。这些症状对职场从业者身体和精神的损害都是显而易见的。

二是都市化。都市化对人产生的压力主要有：①居住空间狭窄，造成人的心情不舒畅；②人口过密，每个人的自由和安全空间有限，人与人之间的关系不容易处理；③公共设施不足，自然环境恶化，城市交通阻塞、空气污染等环境因素的影响；④治安不良，人们常常感到生命和财产安全受到威胁。从更广的层面上看，都市化从根本上改变了以往乡村社会以血缘关系为纽带的生存网络，不可避免地对人的精神家园产生压迫。

三是信息现代化。职场从业者每天都要接触和吸收很多信息，这些庞大杂乱的信息已成为工作和生活中压力的来源。信息的多样化使得人们在日常生活中扮演着不同的角色，无形中增加了人们特别是职场人士的心理压力。过大的信息量也意味着人们自我关注的时间越来越少，心理负担过重。

对我国而言，除上述原因之外，社会转型期面临的经济社会转轨，也是心理压力产生的根源所在。除了以上这些，还有工作负荷、人际关系、职位升迁和工作生活环境等因素，也给职场从业者，尤其是刚刚迈入职场的人员，带来了事实上的压力。

1. 职场压力的特点

（1）主观差异性。同样的事情有的人觉得压力很大，而有的人没有感觉或感觉甚微。

（2）评价个体性。同样的压力有的人认为是对自己的正向激励，是帮助；而有的人却认为是对自己的消极压抑，是伤害。

（3）影响差异性。同样的压力，对每个人造成的严重程度是不一样的，对每个人身心产生的影响也因个体不同而呈现出差异性。

2. 职业倦怠现象

职场中，如果具有威胁性或伤害性的事情和环境，即职场压力源持续存在，并且没有得到改善，就会最终造成职场从业者产生职业倦怠。所谓职业倦怠就是指个体在工作重压下产生过度的身心疲劳与耗竭的一种职业状态。其主要表现症状如下。

（1）对所从事的工作丧失热情，工作中情绪烦躁、易怒，对自我发展的前途深感无望，平时对周围同事和事情漠不关心。

（2）工作态度消极，对工作对象表现出越来越没有耐心、不柔和的现象。

（3）对自己当下从事工作的意义和价值评价下降，工作中常常迟到早退，甚至产生跳槽或改行的想法和行为。

一般而言，产生职业倦怠现象的主要原因有主观和客观两个方面。主观方面在于：自己给自己设定的理想过高，或自己对自己的要求过严，但现实中难以实现；自己缺乏完成工作任务的技能，缺乏实现工作目标的信心；自己没有获得和安排合适的工作时间和工作情境的可能等。客观方面在于：自己感到无法实现领导确定的过高（或不合理）期望；自己的工作无法得到同事的理解和支持；自己虽努力工作，但所付出的精力和投入的时间得不到人们的肯定等。

职业倦怠现象是职场从业者较为常见的现象，人们应对此有正确的认识，加以关注，并有的放矢地进行规避。

（二）应对职业压力

应对职业压力要通过"治本"和"治标"双管齐下。所谓"治本"，就是以改变压力事件本身为主，通过消除或改变压力来源来直接应对压力，也被称为"预防"；所谓"治标"，就是通过寻找"疏导口"，将积蓄的"压力"有效地"疏导"出去，缓解压力所致的情绪变化，改变压力带来的消极反应，让人们更加乐观、放松和

周减压法

自信，也被称为"净化"。

1. 应对方法

（1）形成正确的认识。

要对职场压力有正确的认识。认识到职场压力的缘由和特点，尤其是既要认识到它的消极面，也要认识到它的积极面。著名心理学家罗伯尔说过："压力如同一把刀，它可以为我们所用，也可以把我们割伤。那要看你握住的是刀刃还是刀柄。"

正确评估和接受自己。不要过高地把自己定位于无所不能；也不要把自己看得一无是处。每个人都是有所能和有所不能的，找到自己最擅长的那一点，并使之最大化，你就会游刃有余而倍感轻松。永远保持一颗平常心，不要把目标定得高不可攀，凡事量力而行，随时调整目标也未必是弱者的表现。不要时时处处与他人比，尤其是不要拿自己的短处与他人的长处比。可以分析自己所熟悉的人，他们一定有优于自己之处，但也一定有不如自己之处。

认识和适应环境。我们正处在一个竞争激烈、适者生存的现代社会，在这样的环境中肯定会存在许多不公平、不合理、不适应、不近人情之处，但对个体来说，这个环境是不可更改的。我们只能入乡随俗，而不可能让乡俗随我。

（2）调整自己的心态。

心理学家说：你眼中的世界是你想看到的世界；你做出的反应，不仅是外部因素的导引，也是内心欲望的驱使。所以，缓解压力，需要外部营造一个宽松的环境；更需要内部有个良好的心态！

（3）善于应对工作。

回避工作去谈减压，工作压力是减了，生活压力又来了，发展的压力又到了。工作是必不可少的，我们的所有减压措施只能在不低于现有绩效，甚至超过现有绩效的前提下才有现实意义，才有可行性。如果我们的工作效率与效益更高了，压力自然会有所减轻。

（4）尽情享受生活。

职场从业者必须工作。只有工作才能为社会创造财富；只有工作才能获取谋生手段；只有在工作中，人们才能磨炼自己、发展自己。但工作不是生活的全部，生活不是为了工作，而工作是为了生活。如果仅为工作而生活，那人就成了异化的对象。正确的人生态度应是：该工作时工作，该生活时生活，并以享受生活而非拼命工作作为人生的目标。

2. 应对对策

（1）循序渐进，适当降低自己的工作目标。

当人们进入职场之后，自己原有的职业规划有可能被打乱，自己很想在比预期更短的时间内做出一定的业绩和成果。这个时候，自己的工作目标会变得比较高。在这种情况下，人们应该放慢发展的脚步，适当降低自己的工作目标。循序渐进，一点一滴地努力发展，会体会到工作的乐趣，从而能够有效地缓解职场压力。

（2）不害怕失败，善于总结提高。

人们在职场中，不可能一帆风顺，难免会有失误的地方甚至是失败的情况。当人们面对一次活动或一个项目失败的时候，不要害怕，要善于从失败中吸取教训，在以后的工作中尽量避免之前的错误。当人们不断总结失误和失败的时候，就能够不断提高，从而不断增加自己的职场信心和有效地缓解职场压力。

（3）做好本职工作，不攀比工作业绩。

人们在职场中，有时候会因为想要提高工作业绩，投入大量时间和精力，但有时候往往付出和回报并非具有直接正相关性，付出的结果没有得到人们想要的结果，自己的业绩总是比他人差一些或差很多。如果遇到这样的情况，一定要学会调整自己的心态，只要自己尽力做好本职工作，就问心无愧。盲目地攀比工作、业绩会给自己越来越大的压力，甚至影响到自己的生活。减少职场上的盲目攀比，能够有效地缓解职场压力。

（4）融洽同事关系，打造轻松的工作氛围。

职场环境造成的压力不容忽视。如果处理不好同事关系，那么当自己处在工作环境中的时候多多少少会压抑自己的情绪，会限制自己才能的发挥，也会影响自己的工作业绩，给自己增加很多压力。为此，在平时的工作中，应该融洽同事关系，打造轻松的工作氛围，这样才能有效地缓解职场压力。

（5）做好职业规划，做到稳步发展。

人们在职场中，稳定发展要比起伏不定来得更为轻松、自在。我们在进入一个行业或进入一个单位以后，可以做出自己在未来三五年或更长时间内的职业规划，一步一个脚印，稳步向前。当然，如果是应届毕业生刚刚进入社会，可以先做一个两年之内的规划，有计划地学习和发展能够使得自己比较放松，从而有效地缓解这些在所难免的职场压力。

（6）坚持适量运动，保持身心放松。

每天最好在工作之余坚持适量适度的运动，能够让我们身体健康，也能够使我们有精力地去面对和解决职场上出现的各种问题。坚持适量运动，能够促使我们身心都放松，从而工作起来更轻松，也就自然而然地缓解了一些职场压力。

（7）懂得寻求倾诉，得到朋友支持。

人们在职场中，压力在所难免。当我们感觉到压力大的时候，应主动找到自己的家人或好友，向他们倾诉一下。当说出来压力以后，自己会轻松很多。同时家人或好友的安慰和鼓励会促使我们调整状态，更好地投入下一轮的工作中去。不管是自己倾诉之后状态变得放松，还是倾诉之后得到家人或好友的安慰和支持，都能够促使人有效地缓解职场压力。

1．认识"亚健康"的危害性，关注自己的身心健康。

2．掌握情绪管理理论，努力使自己成为高智商和高情商的人。

3．辩证认识压力的消极和积极作用，懂得如何将学习、生活和工作中面临的压力转换为动力。

过程训练

不良的生活习惯会影响个人的健康。请根据实际情况，找出自己存在的不良习惯，并采取针对性措施予以纠正，维护自身健康，调控自我情绪，缓解日常压力，成为一名充满朝气活力的新时代青年。不良习惯及改进措施表，如表 6-2 所示。

表6-2　不良习惯及改进措施表

序　号	不 良 习 惯	对健康和情绪的危害	纠 正 措 施
1			
2			
3			
4			
5			
……			

第七章

学会职业沟通

在现实生活中，必要的人际交往是不可避免的，工作生活中都会发生大量人际交往，但交往要有原则、有界线、有规矩，低调为人、谨慎交友，自觉净化自己的社交圈、生活圈、朋友圈……

——习近平

第一节　良好的沟通是成功的关键

当人们准备进入职场去应对人与人的相互关系时，沟通技巧对成功将会起到重要的作用。在职场中，不善于沟通的人将失去许多机会，同时也将造成自己无法与他人顺利地合作。我们都没有生活在与世隔绝的孤岛上，只有与他人保持良好的沟通协作，才有机会获得成功。现实中大部分的成功者都是擅长人际沟通、重视人际沟通的人。一个人只有能够与他人准确、及时地沟通，才能建立起牢固、长久的人际关系，进而能使自己在事业上左右逢源、如虎添翼，最终取得成功；反之，一个人不会沟通，遭遇的是尴尬，留下的是遗憾，失去的是机会。

一、自信及其养成

1. 自信的含义

自信是在正确认识自己的基础上，知道自己的优点和缺点，并能愉快地接纳自己，相信自己的能力和才干，是一种积极健康的心理品质。

自信使人们能够按照自己的最佳的方式行事，维护自己的权利而不过度焦虑，行使自己的权利而不践踏他人的权利，并真诚、自在地表达自己的喜爱、失望、烦恼、愤怒和悲伤等感受。

人们只有自信，才会充满睿智，心中才会升腾起无尽的希望；人们只有自信，才能让自己的人生之花开得更茂盛、更灿烂；人们只有自信，才能让生活处处是舞台，让自己越过越精彩；人们只有自信，才能在职业中敢于与人交流，善于与人沟通。

2. 自信的特征

（1）自信的人活泼。自信的人在其面容、姿态和言行举止上，都会表现出一种活泼的生气，显得对生活充满信心。自信的人不但自己充满生气，而且会给周围的人带来一种生机勃勃的气氛，带来一种乐观的鼓舞。

（2）自信的人坦诚。自信的人总是能够直接而坦诚地说出自己的意见，甚至包括自己的缺点。这种坦诚和不掩饰缺点的性格，正是对自己充满信心的表现。自信的人总是说自己想说的话，而不是看着他人的面孔说其想听的话。

（3）自信的人虚心。自信的人能够虚心地接受批评，坦然地承认自己的错误。不自信的人恰恰是拒绝接受批评的，在自己有明显错误的时候，也总是尽量去做辩解。

（4）自信的人大度。自信的人能够自然和自如地表达自己对他人的赞赏、好感和喜欢，也能够自然和自如地接受他人对自己的赞赏、好感和喜欢。不自信的人容易嫉妒，不希望他人超过自己；而自信的人则恰恰相反，能够大度而坦然地赞赏和接受他人。

（5）自信的人轻松。子曰："君子坦荡荡，小人长戚戚。"即做"君子"的心地平坦宽广，而做"小人"的则经常局促忧愁。自信的人在职场中，会表现出轻松自如的神态，而不是终日陷入沉重抑郁之中。

（6）自信的人开放。自信的人对生活中的新观念、新体验和新机会，都会持一种基本的开放态度。社会在发展，社会在变化，是积极而开放地接受这种发展和变化，还是消极而顽固地拒绝这种发展和变化，将是衡量自信与不自信的另一个指标。

（7）自信的人勇敢。由于对自己充满信心，包括对自己的人格、能力、命运充满信心，因而，自信的人总是能够以一种轻松自然的态度，来面对生活中复杂的情景或挑战，表现出一种大智大勇的气度。

（8）自信的人果断。自信的人果断，尤其是在重大或关键的问题上，自信的人总是能够表现出一种果断的品质和作风。由于自信的人勇于承担责任，不会因为事关重大而优柔寡断，不会想着逃避不好的结果而瞻前顾后，因而会保持一贯的果断作风。

3. 自信的养成

人们要从根本上建立自信的心理，就要重新检视自己，重新为自己定位，从根本上确立"你行我也行"的人生定位。只有接受自己的人，才能使自己的身心得到充分的发展，因而获得和谐的人际关系。

（1）制定目标法。

制定目标既是人生成功的需要，也是激发人的潜力、最大化地创造价值的需要，人生一定要有正确的目标，有了正确的目标，人们就会想方设法地为达到目标而努力，因而就不会为是否自信及目标以外的事情所烦恼。

其实，制定正确的目标本身就是自信的一种表现，人们在心中有了目标，潜意识就会调动所有的能量，为实现目标而努力。在制定目标时一定要使目标切合自己的实际，不要好高骛远。否则，一旦目标实现不了，就会产生挫败感，从而打击自信，使人丧失信心。

（2）自我暗示法。

自信是一种心理状态，可以用自我暗示法将其诱导出来。对自己的潜意识重复地灌输正面和肯定的内容，是发展自信心最快的方式。如果用一些正面的、肯定的、自信的内容反复暗示和灌输给潜意识，那么这些内容就会在潜意识中牢牢扎根，增强我们的自信心。

（3）想象成功法。

学会想象成功。在进行肯定性暗示的时候，脑海中同时勾勒出肯定性内容所体现出来的具体情景与场合。例如，当看到了一个自信的自己出现在他人面前时，得到了他人羡慕的眼光、赞美的话语，看到了自信的自己在工作上所取得的成就，在为人处世上所表现出来的潇洒自如，于是，在各个领域，在自己所感兴趣的各个方面，都变得自信而富有智慧。

（4）预先确定法。

给自己的言行定好各种标准：如果我是有自信的人，平时应该怎样表现呢？怎样走路、怎样说话、怎样思考？怎样与自己的内心对话？如果你能时刻让自己处处表现出是一个有自信的人，那么你就是一个有自信的人，至少在他人看来是这样的。

（5）模仿榜样法。

如果做一件不擅长的事情，没有自信的时候，人们要首先找到这个领域内的"高手"，然后详细了解他们，包括他们的行为举止、衣着搭配及态度、价值观，甚至信仰。要如何做到这些呢？如果你同他们有联系，那么尽可能地多与他们进行交谈；如果你与他们在过去并没有交往，那么就通过熟识他们的人来了解。

二、沟通能力及其培养

（一）沟通意识的建立

沟通就是信息的交流。依据沟通的主体不同，分为人与人、人与机器、机器与机器之间的沟通。职业沟通指的是人与人的沟通，即人际沟通，是两个及两个以上的个体或群体借助各种载体（如语言、文字、肢体等）交流信息、思想和情感，通过相互之间的理解和认同来使彼此间的认识形成感知，以达到行为相互适应和特定目标双向互动的过程。人际关系沟通能力是人们在生活或生产实践过程中所建立的一种独特的社会关系，是人最基本的社会要求，是自我了解的一面镜子。

1. 培养沟通能力的重要性

（1）社会活动的需要。

人是社会的人，需要相互沟通、理解和学习。古人曰："三人行，必有我师焉。"在社会活动中我们就要学会与各种各样的人打交道，得到他人的支持、理解和帮助。作为大学生，需要承担社会的责任和应尽的义务，为社会做贡献，社会才会赋予我们权利和自由，我们才能得到很好的生存和发展。人们只有勇于承担社会责任，才能使自己的人格健全、品德高尚，个人的自我价值才能得到充分的实现。校园是一个小社会，如果没有处理好校园的人际关系，今后进入职场，就很难融入社会大家园。

（2）自我发展的需要。

人际关系沟通能力是个人步入社会的必经之路。人只有走上社会、参与社会、融入社会，才能立足社会，被社会所认可，成为一个成熟的社会化的人。在经济快速发展的当代，书本上的知识、老师传授的知识不能满足社会发展的需求。作为大学生，应在社会交往过程中主动获取新知识，做到学习的永续性。通过人与人之间的交流，相互作用、相互认知，充分认识自我、完善自我；通过人与人之间的交流，避免狂妄自大，摆脱自卑感，形成良好的自我形象。

（3）和谐共事的需要。

一是人在社会要为人处世。在处理人际关系的过程中，不可避免地会遇到各种各样的压力，需要人在复杂的社会活动中与人为善地去处理和解决好这些关系，而处理和协调这些关系需要人际沟通能力。二是校园是传授知识与文明、传授科学与真理、传承道德与精神的场所，也是领导与教师、教师与教师、教师与学生、学生与学生之间的人际关系构成的场所，着力培养大学生的沟通能力，才会获得校园内方方面面的和谐的新局面。三是家庭是和谐的港湾，现在大部分学生与父母沟通的次数减少，甚至处于完全封闭状态，要与父母相互交流，增加与父母的互相了解，才能更好地让我们与父母和谐相处，从而学会理解父母的苦心，体贴父母，感恩父母。

2. 培养主动沟通意识的内容

（1）对陌生人要交往，常交友。在日常生活中，不愿和陌生人交往的人通常有 3 种想法：不愿、不会和不敢。确实有人看不起他人、不搭理他人，这样的人走到哪儿都是不受欢迎的，朋友也非常少。但更多的人是放不下心中的恐惧，害怕自己主动和他人搭话会遭拒绝、误解或被骗。还有的人是不好意思，不会主动和他人搭话。要大胆突破自我，打破人与人交往的隔膜，沟通就会越来越好。

（2）对朋友要真诚，常联络。常言道"君子之交淡如水"，但一般朋友之间还是需要经常联络的，不然时间久了便会渐渐淡漠，昔日的亲近默契于无形中消失无踪。逢年过节，要主动和朋友联系，哪怕只是发条短信，送个问候，都会使得友谊历久弥新。

（3）对领导要尊重，常请教。尊重领导，是心理成熟的标志。踏踏实实地做好自己的本职工作，勤请示、多汇报。

（4）对家人要关爱，常交流。家是避风的港湾，家给人们不仅仅是生活上的满足，物质上的需求，更给了人们精神的慰藉。家人是除自己以外最亲近的人，是最应该在乎的人，要想处理好和他人的关系，首先要会处理与家人的关系。

3. 培养主动沟通意识的技巧

（1）确立沟通的主体意识，建立以沟通为主体的思维习惯。

在做任何事情时，首先进入自己意识的是沟通理念，建立以沟通为主体的思维方式，以沟通理念去思考问题并形成自己的语言方式和行为风格。在生命和生活的过程中，保持重视沟通的思维方式，久而久之就会形成以沟通为主体的思维习惯。

（2）确立积极处世的心态，培养持续主动沟通的思维习惯。

要善于发现他人的闪光点，寻找每个人身上最好的东西。普通的人身上也有优点，伟大的人身上也有缺点。你眼睛盯住什么，肯定就能看到什么。寻找他人身上最好的东西，就会使他人对自己有良好的感觉，努力做到最好，并创造出积极和卓有成效的环境。

凡是不能够坚持行动的人，都说明并没有真正懂得沟通的魅力。沟通要学会坚持不懈，坚持不了就是不相信沟通会使你的人生发展顺畅。只有坚持去做，才会感受到沟通的思维习惯会给你带来人生快乐。

（二）沟通的类型和障碍

1. 沟通的类型

（1）按中介或手段划分。

① 口头沟通，又称语言沟通，是最基本、最重要的沟通方式，指人与人之间使用语言进行沟通，表现为讲演、交谈、会议、面试、谈判、命令的传播等形式。口头沟通一般情况下都是双向交流的，信息交流充分，反馈迅速，实时性强，信息量大。但是由于个人的理解、记忆、表达的差异，可能会造成信息内容的严重扭曲与失真，传递的信息无法追忆，造成核查困难。

② 书面沟通，又称文字沟通，是指以文字、符号的书写形式来沟通信息的方式。信函、报告、备忘录、计划书、合同协议、总结报告等都属于这一类。书面沟通传递的信息准确、持久可核查，适用于比较重要的信息的传递与交流。但是在传递过程中耗时太多，传递效率远于口头沟通，而且形式单调，一般缺乏实时反馈的机制，信息发出者往往无法确认接受者是否收到信息、是否理解正确。

③ 非语言沟通，又称股体沟通，人的面部表情、眼神、眉毛、嘴角等的变化和手势动作，身体姿势的变化都可以传达丰富的信息。非语言沟通中信息意思十分明确，内涵丰富，含义隐含灵活，但是传递距离有限，界限模糊，只能意会不能言传。一般情况下，非语言沟通与口头沟通结合进行，在沟通中对语言表达起到补充、解释、说明和加强感情色彩的作用。

④ 技术设备支持的沟通，指人们借助传递信息的设备装置所进行的沟通。例如利用电报、电话、电视、通信卫星、手机、网络支持的电子邮件、可视会议系统作为沟通媒介，进行信息交流。技术设备支持的沟通传递速度快、信息容量大，远程传递信息可以同时传递给多人，并且价格低廉，但是它属于单向传递，并且缺乏非语言沟通。在现代以计算机为代表的信息技术、通信技术的支持下，尤其是在国际互联网络的环境下，人与人的沟通可以延伸到世界各地。

（2）按组织系统划分。

① 正式沟通。正式沟通是指以正式组织系统为沟通渠道，依据一定的组织原则所进的信息传递与交流。例如组织与组织之间的公函来往，组织内部的文件传达、会议，上下级间定期的情报交换等。另外，团体的参观访问、技术交流现场调查等也在此列。正式沟通比较严肃，效果好，约束力强，易于保密，可以使信息沟通保持权威性。重要的信息和文件的传达、组织的决策等一般都采取这种方式。

② 非正式沟通。非正式沟通是正式沟通渠道以外的信息交流和传递，它不受组织监督，自由选择沟通渠道。团体成员私下交换看法、朋友聚会等都属于非正式沟通。非正式沟通不拘形式、直接明了、速度很快，容易及时了解正式沟通难以提供的"内幕新闻"，但是它能够发挥作用的基础是团体中具有良好的人际关系。非正式沟通难以控制，传递的信息不确切，易于失真，而且它可能造成小集团、小圈子，影响人心稳定和团体的凝聚力。非正式沟通是正式沟通的有机补充。

（3）按方向划分。

① 下行沟通，指领导对员工进行的自上而下的信息沟通。领导将信息传递给员工，通常表现为通知、命令、协调和评价员工。

② 上行沟通，指员工向领导反映意见，即自下而上的沟通。领导依靠员工获取信息、有关工作的进展和出现的问题等。通过上行沟通，领导能够了解员工对工作、同事及整个组织的看法。员工提交的工作绩效报告、合理化建议、员工意见调查表、上下级讨论等都属于上行沟通。

③ 平行沟通，指组织中各平行部门之间的信息交流。保证平行部门之间沟通渠道畅通，是减少部门之间冲突的一项重要措施。例如，跨职能团队就需要通过这种沟通方式形成互动。

（4）按是否进行反馈划分。

① 单向沟通。单向沟通是指信息发送者和接收者两者之间的地位不变（单向传递），一方只发送信息，另一方只接收信息。这种方式信息传递速度快，但准确性较差，有时还容易使接收者产生抗拒心理。

② 双向沟通。在双向沟通中，信息发送者和接收者两者之间的地位不断交换，且发送者是以协商和讨论的姿态来面对接收者的。信息发出以后还需及时听取反馈意见，必要时双方可进行多次重复的商谈，直到双方共同满意为止，如交谈、协商等。其优点是沟通信息准确性较高，接收者有反馈意见的机会，从而产生平等感和参与感，增加自信心和责任心，有助于建立双方的感情。但是，这种沟通方式花费的时间较多。

2. 沟通障碍

在沟通过程中，由于受环境、发送者和接收者的沟通水平、发送者和接收者之间存在的客观差异等因素的影响，信息沟通中信息的失真、误解等现象会经常出现。根据对信息沟通模式和人们日常沟通行为的分析，人际沟通中的障碍主要来自以下方面。

（1）选择性接受。信息接收者由于个人的性格、气质、态度、情绪、知识结构和见解等方面的差别，在沟通过程中，并不完全是不偏不倚地接受全部信息，而是根据自己的需要、动机、好恶和经验等自身特点，有选择地去听、去看，会不自觉地把自己的兴趣和期望融进所接收的信息之中。研究表明，人们往往听或看他们在感情上能够接受的内容，或者他们想听或想看到的内容，甚至只愿意接受中听的内容，拒绝不中听的内容。

（2）过滤行为。这是信息接收主体故意操纵信息所形成的一种沟通障碍。在职场中，信息依据系统，分层次逐渐传递。在传递过程中，信息受到个人的记忆、思维能力、利益、好恶的影响，进行逐层过滤。过滤选择视信息过滤者本身的目的而定，过滤者滤掉他认为应当滤掉的信息，而只传递选定方向的信息以达到自己预期的目的。如果每个层级都对信息进行过滤，那么领导不可能获得客观的信息。

（3）情绪因素。在沟通过程中，接收者的主观情绪状态会影响到他对信息的理解。主体情绪感受，尤其是强烈的情绪变化会使正常沟通受到阻碍，使主体感受到的信息发生畸变，如极端的兴奋、愤怒、焦虑等都会影响到沟通的顺利进行。在人际沟通中，强烈的负面情绪，如嫉妒、仇恨、悲伤、忧虑等都会影响到沟通方式的选择和语言的使用，构成沟通障碍。

（4）语言问题。语言不通是人们相互之间难以沟通的原因之一。当双方都听不懂对方的语言时，尽管也可以通过手势或其他动作来表达信息，但其效果将大打折扣。即使语言一样，也会因一词多义而产生误解。

（5）理解问题。语义曲解也是人们相互之间产生沟通障碍的原因之一。由于一个人的知觉过程受多种因素的影响，常使得人们对同一事物有不同的理解。例如，当领导信任你，分配你去从事一项富有挑战性的新工作时，你可能会误解为领导对你原有的工作业绩不满意而重新给你分配工作。我们常常认为他人也会像我们一样来理解这个世界，一旦对方的理解与自己不一样，我们就奇怪怎么会这样。事实上，当人们面对某一信息时，是按照自己的价值观、兴趣、爱好来选择、组织和理解这一信息的，一旦理解不一致，信息沟通就会受阻。

3. 信息含糊

信息含糊是指信息发送者没有准确地表达清楚所要传递的信息，以至于接收者难以正确理解。这可能与发送者的表达能力有关，也可能是由于受时间等的限制而未能很好地表达清楚。在这种情况下，接收者不是不知所措，就是按自己的理解行事，以至于发生与信息发送者原意可能大相径庭的后果。

4. 信息混乱

信息混乱则是指针对同一事物有多种不同的信息。如令出多门，多个信息源发出的信息相互矛盾；朝令夕改，一会儿说这样做，一会儿又说那样做；言行不一，再三强调必须严格执行的制度，实际上却没有执行，或信息发送者自己首先就没有执行。所有这些，都会使信息接收者不知所措、无所适从。

5. 环境干扰

环境干扰是造成人际沟通受阻的重要原因之一。嘈杂的环境会使信息接收者难以全面、准确地接收（听清或记住）信息发送者所发出的信息。诸如交谈时相互之间的距离、所处的场合、当时的情绪、电话等传送媒介的质量等都会对信息的传递产生影响。环境的干扰往往造成信息在传递途中的损失或遗漏，甚至歪曲变形，从而造成错误的或不完整的信息传递或理解。

6. 组织结构

组织结构过于庞大，中间层次过多，信息从高层决策到基层单位过多地停滞和过滤，不仅会出现信息失真，还会影响传递速度，造成沟通效率降低，对企业沟通效率的不完全调查显示，组织管理的层次越多，沟通效率和效果越差。

（三）沟通能力的培养

（1）以诚待人，以责人之心责己、以恕己之心恕人。对他人要抱着诚挚、宽容的胸襟，对自己要怀着自我批评、有过必改的态度。与人交往时，就好比照镜子，你自己的表情和态度，可以从他人对你流露出的表情和态度中一览无遗。最真诚的友情和最难解的仇恨都是由这种"反射"原理逐步造成的。你若以诚待人，他人也会以诚待你；你若敌视他人，他人也会敌视你。因此，当你想修正他人时，你应该先修正自己；你想他人怎么对你，你就应该怎么对他人；你想他人理解你，你就要首先理解他人。

（2）培养真正的友情。如果能做到以诚待人，很多大学时的朋友就会成为你一辈子的知己。在一起求学和寻求自身发展的道路上，这样的友谊弥足珍贵。交朋友时，不要只去找与你性情相近或只会附和你的人做朋友。好朋友有很多种：乐观的朋友、智慧的朋友、脚踏实地的朋友、幽默风趣的朋友、激励你上进的朋友、提升你能力的朋友、帮你了解自己的朋友、对你说实话的朋友等。

（3）学习团队精神和沟通能力。社团是"微观"小社会，参与社团是步入社会前最好的磨炼。在社团中，做一个诚心诚意的服务者和志愿者，或担任同学和老师之间沟通桥梁的角色，可以锻炼自己的沟通能力，培养团队合作能力和领导才能，以及发挥专业特长，为同学和老师服务。

（4）从周围的人身上学习。在班级里、社团中，多观察周围的同学，特别是那些你觉得交往能力和沟通能力较强的同学，看他们是如何与人相处的。比如，看他们如何处理交往中的冲突、如何说服他人和影响他人、如何发挥自己的合作和协调能力、如何表达对他人的尊重和真诚、如何表示赞许或反对、如何在不冒犯他人的情况下充分展示个性等。在学校里，每一个同学的热心、幽默、机智、博学、正直、沟通、礼貌等品德都可以成为你学习的对象。

（5）提高自身修养和人格魅力。如果觉得没有特长、没有爱好可能会成为自己人际交往能力提高的一个障碍，那么你可以有意识地去选择和培养一些兴趣和爱好。共同的兴趣和爱好也是你与朋友建立深厚感情的途径之一。很多在事业上有所建树的人都有自己的兴趣和爱好。业余爱好不仅是人际交往的一种方式，还可以让大家发掘出自己在读书以外的潜能。例如，体育锻炼既可以发挥你的运动潜能，也可以培养你的团队合作精神。

三、职场中的沟通

1. 与领导沟通

（1）与领导沟通的原则。

① 尊重领导，是你与领导沟通的前提。

俗语说："事上敬谨，待下宽仁。"对领导尊敬，是心理成熟的标志。当你满足了领导对于尊重的需要时，你同样会得到很好的回报。尊重不等同于盲从。"尊重领导"是指下属尊敬、敬重领导。尊重来源于思想上的一致、情感上的共鸣及对领导言行、品格、作风和处事方式的认可。"盲从领导"是指无论正确与否，都无条件地听从领导的指令、安排和意见，无原则地执行其命令，是下属对"尊重领导"的误解。"盲从领导"反映的是下属不健康的心态，传递的是下属对领导的迎合和奉承，体现的是人与人关系的不平等，实质上是对领导的不尊重。

② 踏实搞好本职工作，是与领导沟通的基础。

无论你从事什么工作，兢兢业业、踏踏实实地做好本职工作是良好沟通上下级关系的基础。有的人常在领导面前夸夸其谈、言过其实，特别喜欢在领导面前表现自己，这些只能获得领导暂时的信任，很快领导就会感到你"华而不实"。如果能将自己的发展目标和组织的发展目标相结合，统一起来，忠诚于组织和组织的事业，将会实现与领导有效的沟通。

③ 摆正位置，领悟意图，是与领导沟通的根本。

工作中不要过分表现和张扬自我，要树立"出力不越位，建功不表功"的意识。在和领导共事时，学会懂得领悟领导意图，形成工作默契，做到彼此心领神会。

（2）与领导沟通的技巧。

① 了解领导。

领导的个性和工作风格主要有专制型、民主型和放任型等3类，作为下属应该了解各类领导作风的特征，调整自己的工作态度，积极适应领导，有针对性地做好与领导的沟通。同时，充分了解不同部门和职业领导的需求和好恶，采取相应的策略，使很难维系的关系得以顺利展开。

② 勤于汇报。

领导的工作往往比较繁忙，而无法顾及方方面面，保持主动与领导沟通的意识十分重要。聪明的下属，在完成任务后及时向领导汇报，每次做出部署、决定前都会先请示领导，工作进行到一定程度或出现任何情况，也请示和汇报。因为请示和汇报可以让领导了解你的工作，得到肯定与支持，方能得到器重和更多发展机会。当然，请示和汇报工作要把握分寸，选择时机，不要选择在领导很忙的时候汇报工作。

③ 懂得响应。

响应是维护领导权威的最好方式，下属对领导的命令应当服从，即便有意见或有不同想法，也应执行。如果你认为领导的错误明显，和你想法严重相左，确有提出的必要，最好寻找一个能使领导意识到而不让其他人发现的方式纠正，让人感觉领导自己发现了错误而不是下属指出的。如领导坚持，你一定要放弃己见，按照领导的要求去做。因为很多时候，你可能只是从自己的立场出发，并不理解或很难理解领导的用意和想法，领导有自己的考虑，可能不便向你解释。

④ 灵活变通。

在职场中，如想让自己的想法、意见和建议被领导接受，最好采取引导、试探、征询的方式说出来，更容易被领导采纳。在许多时候，仅仅引导、提供资料、提出建议就足够了，其中所蕴含的结论，最好让领导自己去定夺。同时，聪明的下属往往会提出多种不同的方案，供领导从中做出选择，让领导选择定夺，避免强迫之嫌。

⑤ 学会说"不"。

在职场中，你要积极响应领导的号召，自觉配合领导的工作，但也会有一些情形，需要对领导说"不"，这时你要依据场合和领导的风格等多种因素讲究方式、方法和技巧。比如，领导安排的工作超出了自己的能力，无论如何努力都完成不了，当准备对领导说"不"时，先答应或部分答应，然后再提出困难点，请领导体谅。如领导做出错误的决定，可能会严重损害个人或团队利益，或者是领导要求你违背自己的原则去为人处世时，必须对领导说"不"，不要勉强答应，以免陷入更大的困境。这时尽量站在领导的角度，协助领导做出正确的决定，不要当众指出领导的问题，不要迫使领导当场表态。尽量促成与领导单独沟通的机会，在拒绝领导的意见时一定要给领导一个台阶或一个备选方案，让领导有台阶下或有选择。

总之，与领导经常进行富有艺术性的沟通，可以帮你建立一个融洽和谐的工作环境，这也是事业取得成功的必要条件。

2. 与同事沟通

（1）与同事沟通的基础。

① 真诚。

真诚是人与人相处的根本，沟通的有效性在于真诚，"精诚所至，金石为开"。对方认可了你的真诚，沟通就有了良好的基础。在办公室里无论是什么样的同事，你都应当以诚相待，平等对待，互学互助，建立和谐的工作关系。

② 尊重。

有效的沟通必须做到尊重和理解，不是所有的沟通都能使彼此同意对方、达成共识，意见分歧、观点对立是常有的事，重要的是尊重和理解。彼此尊重，先从自己做起，宜采用商谈、讨论及提出建议的方式，而不能以"命令"或责怪的口吻把自己的想法强加于沟通对象。

③ 宽容。

在职场中，要"海纳百川"，尊重他人的不同个性，不能强求一律。要学会积极主动地适应他人的性格特点；容忍他人有和自己不同的见解和感受，体谅他人的处境；在心理上接纳他人，学会彼此欣赏。

（2）与同事沟通的技巧。

① 灵活表达观点。

在职场中，如与同事意见相左，或看到同事有明显的错误或缺点，如果无伤大雅，不关原则，大可忽视，不必斤斤计较。即便是确有必要指出，也要考虑时间、地点和同事的接受能力，委婉指出。如果过于直率，即使你实话实说，也不会受到欢迎。沟通中的语言至关重要，应以不伤害他人为原则，不用直言伤害的语言；要用鼓励的语言，不用斥责的语言；用幽默的语言，不用呆板的语言；等等。

② 赞美常挂嘴边。

同事的进步，要适时关注，适当赞美，同事的微小变化也要注意发现。要时常面带微笑，对他人微笑本身就是一种赞美。微笑的魅力是无穷的，当每次走进办公室时，抬头挺胸，积极阳光，微笑着向同事问好，用情绪感染人。

③ 做到少争多让。

在职场中，最伤害人的是和同事争荣誉。如你帮助同事获得荣誉，他会感激你的功绩和大度，更重要的是增添了你的人格魅力。要远离争论，对一些非原则性的问题，切忌去争你输我赢，否则，其结果只能使双方都受到伤害，不利于团结。

④ 多交流、勤联络。

在与同事的交往中，可能会有相处要好的，则形成了自己的交际圈。在激烈竞争的现实社会中，空闲的时候给同事打个电话、写封信、发个电子邮件，哪怕只是只言片语，同事也会觉得特别亲切。对进入自己人际圈的同事要常常联络，一个电话、一声问候，就拉近了同事之间的距离。

（3）与同事沟通的忌讳。

① 切忌背后打同事的小报告。

尊重他人的隐私是保护自己的最好方法。决不能把同事的秘密当作取悦他人或排挤对方的手段，以宽容、平和的心态来对待他人的隐私。

② 切忌将所有责任背上身。

很多人不会拒绝同事的请求，怕得罪人，这样的想法是错误的，谨记自己不是"超人"。所以，最好专注地去做一些较重要和较紧急的工作，这比每份工作都做不好要理想很多。委婉地道出你的苦衷，说出你的原则，必能获得同事的谅解，赢得对方的尊重。

③ 和同事交友一定要慎重。

和同事过于亲密，就容易让彼此有过高的期望值，很容易惹麻烦，也容易被误解。把朋友的这种感情带到同事关系中来，在有些情况是可行的，但是在某些情况下则不太容易处理好。如果感情掺杂在同事关系中，有时候会把事情弄得更糟。另外，在办公室的利益冲突下产生的友谊有时候很脆弱，很容易受伤。最好和某些同事保持一定的距离，遵守同事之间的相处规则。

总之，在职场中，一个人要获得成功，要"一个好汉三个帮"，靠集体的力量，没有同事的理解和工作配合，事业是很难成功的。为此，与同事做好沟通是一个职场人士成功的关键因素。

第二节　善于把握面对面的沟通

一、倾听

（一）倾听的含义和类型

1. 倾听的含义

倾听是指人们在沟通的过程中，调动所有的感官、感情和智力，用眼睛、心、大脑等，集中精力认真听，专注听，理解对方的感情和内心的真正需要。倾听不仅要用耳朵，而且要协调我们整个身心。倾听是一种与人为善和谦虚谨慎的姿态。它的重要性主要表现在以下几个方面。

（1）倾听能够获得对方内心真实的想法。

在沟通的过程中，懂得倾听的人能够在听的过程中摸清对方的大意，心领神会。注意倾听他人讲话，可以从他们说话的语调、表情、肢体语言中，了解对方的需求、态度和期望。

（2）倾听能培养亲和的关系。

在倾听过程中你所表现出来的专注、微笑、附和等，都能让对方感受到你的尊重和理解，这样就能够进一步建立良好的亲和关系。

（3）倾听是一种非凡的才能。

倾听不仅是一种才能，也是一种修养。倾听不仅能够使彼此的关系更加融洽，还能够提升自己的能力。在沟通的过程中，理解是人人都需要的，不只是被理解，同时也是理解他人。

2. 倾听的类型

（1）低效倾听。

① 听而不闻。

心不在焉地听，他人讲他人的，自己想自己的。听而不闻只是在应付，敷衍了事，根本就没有在听，也不会给讲话者以交流、反馈，给人以被轻视、不被尊重的感觉。

② 选择倾听。

想听时才听，只听自己感兴趣的内容，当讲话者所讲内容与自己的意见不同，或者自己不感兴趣时就厌烦，不予理睬，忽略倾听讲话者的话。

③ 专注倾听。

这种倾听方式较"听而不闻"和"选择倾听"两种类型效率高，每句话都认真听了，但只用耳听，没用心听，只关注了语言信息，而忽视了讲话者的情感，因而不能捕捉到讲话者表达的全部信息。

（2）高效倾听。

高效倾听是真正主动参与沟通，聚焦讲话内容，把注意力从自己转移至讲话者，不带偏见，不做预先判断，积极反馈，使讲话者从你的参与中受到鼓励。

高效倾听能捕捉完整的信息，注意讲话者身体语言和语调这些隐含的信息，真实全面地理解讲话者的意见和需要，觉察他们所要表达的情感。

（二）倾听的禁忌和要义

1. 倾听的禁忌

（1）禁忌先入为主，少谈或不谈自己，克服以自我为中心。

（2）禁忌抢占主导，克服自以为是，以宽阔胸怀和谦虚态度听取对方讲话。

（3）禁忌打断对方，要尊重对方，让对方把话说完。不能为探究那些不重要或不相关的细节而打断对方的讲话。

（4）禁忌过于激动，匆忙下结论，急于评价对方的观点，不要急切地表达建议，不要因为与对方的见解不同而产生激烈的争执。

（5）禁忌过分揣摩，尽量不要边听边琢磨对方下面将会说什么。

（6）禁忌存有偏见，真心诚意地去听对方说。

（7）禁忌思维跳跃，耐心理解对方所要表达话语的确切意思。

（8）禁忌分心走神，不必介意对方讲话的特点，但要关注对方讲话的细节。

2. 倾听的要义

（1）体察感觉。一个人感觉到的往往比他的思想更能引导他的行为，越不注意人感觉的真实面，就越不会彼此沟通。体察感觉，就是将对方的讲话背后的情感复述出来，表示接受并了解他的感觉，有时会产生相当好的效果。

（2）注意反馈。倾听他人的讲话要注意信息反馈，及时查证自己是否了解对方。可以这样问："不知我是否了解你的话，你的意思是……"一旦确定了你对他的了解，就要给出积极的意见和建议。

（3）抓住主要意思，不要被个别枝节所吸引。善于倾听的人总是注意分析哪些讲话内容是主要的，哪些讲话内容是次要的，以便抓住事实背后的主要意思，避免造成误解。

（4）关怀、了解和接受对方，鼓励对方或帮助对方寻求解决问题的方法。

（三）倾听的步骤和技巧

1. 倾听的步骤

（1）明确倾听的目的。

要倾听的目的越明确，就越能够掌握它。事先考虑促使自己积极地参与人际交流，你的记忆会更加深刻，感受会更加丰富。

（2）与沟通对象建立信任关系。

在双方关系紧张的情况下，双方不会相互真诚地传递宝贵的信息。

（3）保持良好的精神状态。

在许多情况下，人们不能够认真地倾听对方的讲话往往是由于肌体和精神准备不够，在情绪低落和烦躁不安时，倾听的效果绝对不会太好。

（4）适当主动提问。

这有利于你把自己没有倾听到的或没有倾听清楚的事情彻底掌握，同时也有利于讲话人更加有重点地陈述、表达。

（5）排除外界干扰。

在与讲话者交谈时要排除有碍于倾听的环境因素，尽量防止其他人的无谓打扰及噪声打扰等。

（6）表情、动作要自然大方。

人的身体姿势会暗示出他对待谈话的态度。自然开放的姿态，代表着接受、容纳、尊重与信任。

2. 倾听的技巧

（1）尊重讲话者，专心致志且乐意倾听。

（2）将注意力集中在内容上，而非表达的方式上。

（3）寻找重点或中心概念，而略过细节。

（4）避免受偏见的影响，保持开放的心灵。

（5）控制情绪，不让情绪阻断信息传递。

（6）以积极的身体语言来鼓舞讲话者。

（7）致力排除环境或行为造成的干扰。

（8）做笔记写下关键字词，以增强记忆。

（9）适时提出问题，帮助讲话者清楚表达。

（10）组织所听到的内容，以重述方式确认。

二、说服

（一）说服原则

1. 用真诚、可靠、权威、魅力来建立信赖感

在说服过程中，建立信赖感是说服的基础。没有这个基础，任何说服都不会取得理想的效果。人们往往被魅力吸引，魅力是信赖的前提。无论是权威、财富、外表、知识，

还是能力，它们都是一种魅力，但最重要的还是人格魅力。一个正直诚实的人往往更容易获得他人的信任。

让自己变得更有魅力，如打造自己的形象、增加自己的头衔、提高自己的能力、积累自己的知识，更重要的是修炼自己的内在品质。这些都是你说服他人最有力的武器。

2. 打造信息内容，利用真理的力量，晓之以理

每个人的信念都是建立在自己认为真实的基础之上的，说服他人改变自己的观点，必须有理有据，利用逻辑的力量，以理服人。无论是改变他人的信仰主张、认识，还是改变他人的行为，如果你没有充足的理由、新颖的论据材料、合理的推理逻辑，那么很难达到好的说服效果。

3. 关注说服方式，依靠情感的力量，动之以情

人是情感动物，在表达自己的意见时，光有理性的力量还不够，用诚挚而令人感动的语气说出来，往往能打动他人、说服他人。

理智对待情感：受到良好的教育或善于分析思辨的人比受教育水平不高或不善于分析思辨的人更容易接受理性的说服。初始的态度来源于情感，人们更容易被情感性的论点说服。

好心情效应：开始说服他人之前要给对方一个好消息，一方面有利于个体进行积极思考，另一方面是因为它与信息相互关联。

唤起恐惧效应：人们的诉求基本上只有两个方面，即追求快乐和逃避痛苦。而大多数人逃避痛苦的动力要远远大于追求快乐的动力，因此，在开始说服他人时，用一个能够使对方痛苦的信息来引发他的恐惧心理从而使对方相信。

单方面说服和双方面说服：对那些已经持有赞成态度的人来说，单方面的论证更有说服力；而双方面的论证则对那些持反对意见的人比较有效。

4. 了解说服对象，感同身受，运用同理心

当要说服他人时，必须先了解这个人，充分站在对方的角度，感同身受，体会了解，并产生和运用同理心。一般从以下几个方面获取同理心：他人的意见和想法；他人的需求；他人接受你的意见、方案，响应你的主张的能力；还要了解他人的性格特征及接受你意见的方式。

有助于同理心
10条建议

（二）说服技巧

1. 学会提问，运用苏格拉底说服术

说服的方式有许多种，说服的最高境界是通过提问，让被说服者自己去说服自己。每一个人都需要被了解、被认同。然而，被认同的最好方式就是有人很仔细地听你讲话。在职场中很少有人愿意耐心听他人讲话，大家都急于发表自己的意见。假设你一开始就能通过很好的提问把听的工作做好，你跟对方的信赖感就已经建立了。提问要从简单的问题开始，如让对方多回答"是"的问题或问二选一的问题。

简单的问题不会给被说服者带来压力，从而减少说服的阻力。而让对方不断地回答"是"能使对方整个身心趋向于肯定的方面，身体组织呈开放状态，从而易于接纳你的观点。通过二选一的封闭式提问，会限定对方的回答范围，很容易得出你想要的结果，还会让被说服者觉得是他自己的选择。

2．以对方的认识为起点，强调给对方带来的利益

要说服对方，必须换位思考，先承认对方的认识、态度存在的合理性，避开矛盾分歧，从对方的认识基点出发，赞同或部分赞同，寻找共同点，抵消对方的抵触情绪，逐步瓦解对方的心理防线，以逐步扩大说服的范围，迫近要害和问题的关键。

在说服过程中，发表自己的主张和意见，需要站在对方需求的角度，换位思考，要着重讲对对方有什么好处，才能有效地说服对方接受。只从自己的利益出发，不顾对方的需求和感受，很难达到说服的目的。

3．模仿对方，寻找相似点

在说服的过程中，你有意识地去模仿对方，模仿对方的动作、对方的表情、对方说话的语气，甚至模仿对方呼吸的频率，就会达到意想不到的效果。如对方说话慢，你就慢；对方说话快，你就快；对方手叉口袋，你也手叉口袋；对方叉腰，你也叉腰；对方微笑，你也微笑……但模仿的过程中要注意，不要太同步，要有一个时间上的延迟，这样效果更好。

4．利用名言支持和暗示说服法

人们相信名人和权威，在说服中，引用名人的语录或权威的理论来支持自己的结论，能增加说服力。名人的话往往有一定的号召力，借助名人的话，可以达到事半功倍的效果。

通过委婉的语言形式，把自己的思想观点巧妙地传递给对方。受暗示是人的心理特性，它是人在漫长的进化过程中形成的一种无意识的自我保护能力，它是人的一种本能。暗示有借此言彼（利用事物与事物之间的相似之处，互相比较）和旁敲侧击（说话时避开正面，而从侧面曲折表达、鼓动）两种方式。

三、演讲

（一）演讲及其形式

克服演讲紧张的三个方法

演讲又叫讲演或演说，是指在公众场合，以有声语言为主要手段，以体态语言为辅助手段，针对某个具体问题，鲜明、完整地发表自己的见解和主张，阐明事理或抒发情感，进行宣传鼓动的一种语言交际活动。

根据演讲者所想达到的目的，演讲大致分为：传递知识的信息型演讲、试图改变或强化听众信仰和行为的说服型演讲。

演讲的主要形式有以下四种：

（1）照读式演讲，也称读稿演讲。演讲者拿着事先写好的演讲稿，走上讲台，逐字逐句地向听众宣读一遍。其内容经过慎重考虑，语言经过反复推敲，结构经过精心安排，话讲得郑重。它比较适合于在重要而严肃的场合运用。它的缺点是照本宣科，影响演讲者与听众之间思想感情的交流。

（2）背诵式演讲，也称脱稿演讲。演讲者事先写好演讲稿，反复照背，背熟后上讲台，脱稿向听众演讲。这种演讲方式比较适合于演讲比赛和初学演讲者，可以在一定程度上检验和培养演讲者的演讲能力。其缺点是不便于演讲者临场发挥，使听众觉得矫揉造作，一旦忘

词，就难以继续，往往要当场出丑。运用这种演讲方式，必须做好充分的准备，语言尽量口语化，表达自然，切忌表演的痕迹。

（3）提纲式演讲，也称提示演讲。演讲者只把演讲的主要内容和层次结构，按照提纲形式写出来，借助它进行演讲，而不必一字一句写成演讲方式，其特点是能避免照读式演讲和背诵式演讲与听众思想感情缺乏交流的不足，演讲者根据几条原则性的提纲进行演讲，比较灵活，便于临场发挥，真实感强，又具有照读式演讲和背诵式演讲的长处——事先对演讲的内容有充分的准备，可以有一定的时间收集材料，考虑演讲要点和论证方法，但不要求写出全文，而是提纲挈领地把整个演讲的主要观点、论据、结构层次等用简练的句子排列出来，作为演讲时的提示，靠它开启思路。是初学演讲者进一步提高演讲水平的行之有效的一种演讲方式。

（4）即兴式演讲，演讲者预先没有充分的准备而临场生情动意地所发表的演讲。它是一种难度最大、要求最高、效果最佳的演讲方式，可以根据实际情况，针对听众的心理和需要，灵活机动，迅速调动语言的一切积极因素，是其他各种演讲方式都无法比拟的。使用这种演讲方式需要演讲者具有德、才、学、识、胆诸方面很高的修养，具有很强的记忆力、丰富的想象力和联想力、敏捷的思维能力、大量的语言和知识储备……如果不具备这些条件，即使使用这种演讲方式，也不会取得理想的演讲效果。相反，往往还会出现信口开河、漫无边际、逻辑混乱、漏洞百出的现象。这样反倒影响了演讲的效果。虽然如此，每个演讲者必须争取掌握这种演讲方式。只要下苦功，一定会学到手。

（二）演讲对内容的要求

1. 突出主题，强化观点

演讲应有鲜明的主题，能体现演讲的思想价值和审美品位，使演讲具有深刻感人的艺术魅力。演讲材料的选取要体现演讲的主题。材料选取一般从以下几个方面进行把握。

（1）选取有典型意义的材料。

所谓典型，是指既具有代表性的人或事，而又有规律性和普遍性的意义。不要选取那些个别的、特殊的实例。典型意义的材料可以是名人轶事，也可以是那些生活在身边的普通人物，甚至是自己亲身经历的事迹，这些往往更能感动人、说服人，更具典型性。

（2）选取真实可信的材料。

材料要真实、准确，不能夸大和缩小。材料的来源要可靠，不能道听途说，尚未核实的材料不要作为演讲的内容。

（3）根据听众来选取材料。

有经验的演讲者，都会根据不同的听众随时调整自己所选取的材料。不同的听众有不同的需求，演讲者所选取的材料，要与听众切身需求相一致，也要与听众感情相一致，只有这样，听众才能把演讲者当作自己人和代言者。

（4）依据内容类比选材料。

如果是信息型演讲，其目的或许是叙述故事，材料的选取强调的是更具体、更生动、更具感染力；如果是说服型演讲，其目的是说服他人，使用的材料一定更加注重真实性、严密性和逻辑性。而且还要符合说服他人的基本原则。

2．内容丰富，层次清晰

（1）演讲开头，要抓住听众、引人入胜。

演讲的第一印象很重要。开场白要能够建立起演讲者的可信度和信誉，唤起听众的注意力并引发他们的兴趣。所以，要有一个好的开场白。

常用方法有：运用与主题相关的一个故事或大家都熟悉的事情开场；通过与演讲主题相关的自我介绍，让听众感觉你有资格来谈论这个话题；预览演讲的主题，解答听众的疑问（从演讲中得到什么）。

（2）演讲展开，要环环相扣、层层深入。

① 演讲顺序。

如说服型演讲，按时间顺序的就按时间发展的先后展开；按空间顺序的就通过空间顺序或地理走向来组织演讲的要点；按因果顺序的就分析事件的特征，解释它的起因或影响；按主题顺序的就可以从事物的特征、起源、含义、益处、未来发展等角度中选取任何一个来细分主题，然后展开。

如说服型演讲，要突出一个"理"了，通过演讲达到说服听众的目的，做到言之有理。

② 组织方式。

按"问题—方案"的顺序，这种方法适合那些听众不太熟悉的题目，他们可能没有意识到问题的存在，对问题持有中立的态度或对问题持轻微的反对态度。一般第一个要点集中说明存在的问题，第二个要点集中表明解决问题的方案，第三个要点说明这个方案是解决这个问题的最好办法。

按"问题—原因—方案"的顺序，第一个要点说明问题所在，第二个要点说明问题产生的原因，第三个要点提出问题的解决方案。

按"比较优势"的顺序，在每一个要点上都要解释为什么演讲者解决问题的方案比其他方案好。这种方案适合听众已经同意确有问题存在，演讲者可以使演讲集中在解决这一问题的最佳方案和其他不利方案的比较上，而不需在问题上过多地浪费时间。

（3）演讲结尾，要简洁有力、余音绕梁。

结尾发出信号，提示结束，增强与听众的情感交流，强化听众对演讲中心思想的理解和共鸣。信息型演讲应强调演讲主题，总结主要论点；说服型演讲应提出建议或要求，促进听众的反应。

3．即兴演讲技巧

通常，即兴演讲会出现以下问题：第一是站起来以后发懵，不知从何谈起，结果造成冷场；第二是由于来不及思考，说出来的话欠妥当，甚至跑题；第三是没有思路、语无伦次、丢三落四，让听众云遮雾罩。要解决这些问题，可以运用"四个 W 法则"的讲话思路。"四个 W 法则"，即 Where、Who、When、What，具体如下。

（1）站起来先想，这是什么场合？（Where）联系场合说几句感谢或点题的话。

（2）再问问自己，现场都有什么样的人？（Who）在演讲者的发言中提到现场的听众，会让大家感觉亲近。

（3）接着感觉一下，发言多长时间合适？（When）说一些和"时间"有关的概念，来让你最终想到发言的主题。

（4）最后问自己，现场的观众喜欢听什么？（What）这才是进入了真正的主题，说一些既符合自己的身份，又适合场合的话。

这个技巧的思路在于：当我们在毫无准备，乍一站起来无话可说的时候，可以围绕前三个"W"说一些贴近现场的话，既显得从容不迫，又让我们能够争取到厘清思路的时间，最终解决第四个"W"即说什么的难题。当然，如果你只通过"Where"就可以想起主题（What），那就可以直接进入主题。

四、谈判

（一）谈判的准备

1. 信息收集

凡事预则立，不预则废。谈判前的第一项准备工作就是做好重点信息的搜集，只有对对方的信息做到了如指掌，知道对方的真实需要和利益界限，才能制定正确的谈判策略，在谈判中占据主动。

信息准备主要做好：获取谈判对手的信息、扩展信息收集渠道和用好调查信息的方法。

2. 队伍组织

（1）组织人员的素质要求。

谈判人员除了要有丰富的专业知识，还需要有良好的综合素质。

① 谈判人员的品质。谈判人员的品质包括气质、性格、心理素质、思想、道德意识等。

② 谈判人员的经验。谈判人员要具备较高的知识水平和科学的知识结构，还要具有丰富的谈判经验。

③ 谈判人员的才能。谈判人员同时要具备各种能适应谈判的才能，如社交表达和团队组织能力等。

（2）谈判组织的结构和规模。

① 谈判小组的人员构成。谈判团队中应该具备以下团队成员：小组领导、管理人员、技术人员、财务人员、法律人员等。必要时，还要配备翻译等。

从性别年龄的角度考虑，年轻人反应敏捷、体力充沛；年长者社会地位高、受人尊敬、经验丰富；女性以柔克刚，男性果断有力，二者搭配则刚柔并济，各种人才均需储备。另外，性格、气质能力等方面也应该优势互补，形成群体优势。

② 谈判小组的人员规模。要求规模合适，人数太少会使得谈判人员忙得不可开交，极易造成谈判失败；而人数太多又会使得人员之间的交流发生障碍，会耗费更多的精力去统一意见。专家普遍认可 3～5 人为最优人数。

（3）谈判人员的分工和配合。

① 主谈和辅谈的配合。在谈判的某一个阶段或某个议题中都要有一个主谈，其他人员做好配合工作。

② 台上与台下分工。在一些复杂的谈判中，还要设置两套方案，台上负责谈判，台下负责搜集资料，出谋划策。

3．方案制定

在谈判之前要求制定详细而周密的谈判方案，内容包括谈判目标、谈判策略、谈判议程、谈判人员的分工职责等内容。

（1）制定谈判目标。

谈判目标是指谈判的方向和要达到的目的，包括最低目标、可接受目标、最高目标。谈判人员要在谈判的过程中，充分发挥自己的聪明才智，在最高目标和最低目标之间设置一个合适的尽可能高的点，获得谈判成功。

（2）制定谈判策略。

谈判人员要根据自己的实力、确定自己在谈判中的地位，从而制定一个好的策略去赢得谈判。

（3）制定谈判议程。

谈判议程包括通则和细则，可以由谈判的一方制定，双方认可，亦可以由双方在一起讨论制定。

4．条件准备

条件主要包括地点选择、场所布置和座位安排等。

（二）谈判的技巧

（1）要有感染力：通过你的举止来表现你的信心和决心。

（2）谈判起点高：最初提出的要求要高一些，给自己留出回旋的余地。

（3）立场不动摇：确定一个立场之后就要明确表示不会再让步。

（4）不当场确定：当要敲定某项规则时，你可以说还需要得到领导的批准。

（5）懂各个击破：若你面对的谈判规模有多个人，设法说服其中一个人，让他帮助你说服其他人。

（6）非一次成功：学会中断谈判或赢得时间，当情况好转之后再回来接着谈判。

（7）会沉着应对：不要轻易表露自己的情绪，不要用有感情色彩的词语回应对手。

（8）沉着与耐心：如果时间掌握在你手里，你就可以延长谈判的时间，提高胜算。

（9）善于缩小分歧：建议在两种立场中找一个折中点，先提出这一建议的人在让步过程中一般损失最小。

（10）选择时机反驳：当一回老练的大律师，需要反驳对方的提议时可以这样说："在我们接受或否决这项建议之前，让我们看看如果采纳了另外一方的建议会有哪些负面效果。"这样做可以在不直接否定对方建议的情况下，让对方意识到自己的提议是经不起推敲的。

（11）先行试探：在做出决定之前，可以通过某个人或某个可靠的渠道将你的意图间接传达给对方，试探一下对方的反应。

（12）会打心理战：要通过出人意料的改变谈判方式来破坏对方的心理平衡。永远不要让对方猜出你下一步的策略。

（13）找合作伙伴：设法得到一个有威望的人的支持，这个人既要受到谈判对手的尊重，也要支持你的立场。

（14）讨价与还价：如果你同时在和几个竞争者谈判，就要让他们都了解这一情况，将与这些竞争者之间的谈判安排在比较相近的时间，并让他们在谈判前等候片刻，这样他们就能够意识到有人在和自己竞争。

第三节　自觉运用非语言沟通

一、身体语言

（一）面部表情

无论是轻松还是紧张，高兴还是生气，欢喜还是忧伤，都会挂在脸上，同意时你会微笑点头，疑惑时你会眉头紧锁。

积极的面部表情是真诚的、友善的。自信的表情会让人觉得充满希望，活力十足，富有魅力。消极的面部表情则是冷淡或面无表情，头转向别处，还有冷笑、轻蔑地笑，撇嘴、噘嘴等。

嘴巴是说话的器官，它的动作形式可以传达丰富的情绪信息：抿住嘴唇，往往表现为意志坚决，如果抿紧嘴唇，且避免接触他人的目光，可能表明人们心中有某种秘密，此时不想暴露；嘴自觉地张着，呈现出倦态疏懒的模样，说明他可能对自己所处的环境感到厌烦；噘着嘴，是不满意和准备攻击对方的表示；当注意倾听对方的谈话时，嘴角会稍稍向上拉；当遭到失败时，咬嘴唇是一种自我惩罚的动作，有时也表明自我解嘲的内疚的心情；当不满和固执时，往往嘴唇下拉。

（二）眼神

眼睛是心灵的窗户，眼神在面对面沟通中有极重要的作用。眉目传神，目光中能折射出你的内心世界，从目光中可以看出你的友善、你的关注、你的迷惑不解和你的愤怒。

人的目光与表情是一致的，但是有时眼神与表情会出现分离。在这种情况下，透露人们内心真实状态的有效线索是眼神，而不是表情，因为表情是可以伪装的。

（1）专注的目光表示对对方的尊重，表示仔细倾听；而东张西望则表示心不在焉；眼望天花板，或看地面表示对对方的谈话不感兴趣。

（2）在一定的光线条件下，瞳孔会随着人们的态度和情绪的变化而放大或收缩。当人们激动或兴奋时，瞳孔可能比平常扩大 4 倍；当人们生气、情绪不好的时候，瞳孔可能收缩成为人们通常所说的“蛇眼”。

眼球运动的方式也是内心思考问题的线索。眼球运动方式通常包括以下几种：右上方（思考构想出的、想象中的图像），左上方（思考记忆中的图像），右方（思考构想出的、想象中的声音），左方（思考记忆中的声音）。

（3）斜视对方的眼神既可以表示感兴趣，也可以表示敌意。当它同眉毛微微竖起或同微笑结合在一起时，它表达的是感兴趣，常常被用来作为求爱的信号；当它同皱眉、眉毛下垂或嘴角下垂结合起来时，则反映了怀疑、敌对或批评性的态度。

（三）身体动作

1．手的姿势

（1）搓手——表达一种美好的期待。

（2）双手攥住——表示失望，消极的态度。这个手势有三种姿势：举在面前、放在桌面上或站立时放在大腿前。其中，手举得越高，表示失望的程度越大。

（3）指尖相碰——两手指尖合拢，形成一种"教堂尖塔"式的手势。这是一种有信心的动作，有时也是一种装模作样的、妄自尊大的、独断而又傲慢的动作。做出这种手势的人，所说的话，都是十分肯定的。

（4）用手捂嘴，拇指抵住下巴、触摸鼻子、揉眼睛、揉耳朵、拽领口——撒谎的明显姿势（有些人用假咳嗽来代替这些姿势）。同样，当你说话时，对方做这些动作是意味着他觉得你在撒谎。

（5）把手指（或笔）放在嘴里——面临压力，需要安慰。

（6）把手放在面颊上——对讲话者感兴趣的评价。

（7）把手放在面颊上，并用手掌根部支撑头——失去兴趣，已厌烦。

（8）食指指向面颊，拇指支撑下巴——对讲话者不满，或持批评态度。

（9）拍头——遗憾、自责。拍打前额或后颈表示自责的程度不同，后者的情感成分更为强烈。

（10）双手交叉放在脑后——显示自信和优越感。通常被具有优越感的人所采用。

2．臂和腿的姿势

（1）双臂交叉着横抱在胸前——这是一种保护自己身体的弱点部位、隐藏个人情绪及对抗他人侵侮的姿态。这还是防卫抗拒的信号，甚至是带有敌意的暗示。

（2）部分地交叉着手臂（一只胳膊从身体前面伸过去握住另一只胳膊）——掩盖自己的紧张情绪。另外，在身前双手相握也是一样的意思。

（3）双手叉腰——信心、能力和进行控制的决心。

（4）腿交叉——当心中不安，或想拒绝对方时，一般人常将手或腿交叉。这是在无意识中，企图保护自身的心理表现和不让他人侵犯自己势力范围的防御姿势。

（5）交叠脚踝——人在紧张或压抑自己的强烈情感时，不自觉地会采取这种姿势。

（四）坐姿和站姿

（1）热情和兴趣：坐下时身体略微倾向讲话者，并伴随着微笑、注视。

（2）谦恭有礼：坐下时微微欠身。

（3）若无其事与轻慢：坐下时身体后仰。

（4）厌恶和轻蔑：坐下时侧转身子。

（5）认真倾听：双方交谈时端坐微向前倾。

（6）城府较深，不轻易向他人表露内心的情绪，性格偏于保守、内向，凡事步步为营，警觉性极高，不肯轻信他人：站立时习惯于把双手插入裤袋。

（7）性格复杂多变，有时会极易与人相处，推心置腹；有时则冷若冰霜，对人处处提防，为自己筑起一道防护网：站立时习惯于把一只手插入裤袋，而另一只手放在身旁。

（8）性格急躁，身心经常处于紧张状态，而且不断改变自己的思想观念，在生活方面喜欢接受新的挑战：站立时不能静立，不断改变站立姿势。

人体语言同其他语言一样，包括词、句子和标点符号。每个姿势就像一个独立的词，而每个词在不同的句子里的含义是不同的，只有把这个"词"放在一个具体的"句子"中，才能完全理解它所表达的意思，所以在"阅读"时要注意联系。

身体的同一种姿态，有时候在某个场合可能没有任何意义，然而到了另一个场合中却具有特殊意义。例如，在跟他人谈话时，随着讲话的进行而不时微微皱一下眉头，这种皱眉仅仅是在强调一下口语句子中的停顿，只不过起了书写文字中一个句号的用处；但当听到了不好的消息时，同样是微微皱一下眉头，却是一种烦恼的表示；在读书或写作时，微微地皱眉又变成了专心致志的表示。所以单看面部的表情，并不能得到正确的含义，只有把这个人当时的活动及他所处的场合联系起来，才能得到正确的解释。又比如，一个人双臂交叉着横抱在胸前，表示拒绝、防御。但是，如果你在寒冷冬天的车站看到这样一幅情景，那是因为天气寒冷人们在御寒。

二、沟通礼仪

1. 外在仪表

面试中的礼仪

仪表是人的外在美，也是内在美的体现。外在仪表是一个人的容貌、服饰、发型等给人的综合印象。在职场中，美好的仪表能给人产生强大的吸引力，向人们展示自身的形象和风度，增强个人的自尊心，提高自信力。

关于职场仪表，男士、女士的卫生和服饰穿着要点见表 7-1。

表 7-1　男士、女士的卫生和服饰穿着要点

项　目	内　容	男　士	女　士
卫生	头发	短发，清洁、整齐，发型不要太新潮	发型文雅、庄重，梳理整齐，长发要用发夹夹好，不扎马尾辫
	面孔	每天刮胡须，饭后刷牙，口腔无异味	化淡妆，洁净牙齿，口腔无异味
	身体	去除异味	喷洒淡淡的香水
	手	清洁，短指甲，保持清洁	清洁，指甲不可过长，指甲油的颜色不可过于鲜艳
服饰	套装	单排扣西装服，颜色为深蓝色、灰色、黑色，全身服装颜色控制在 3 种以内	西装套裙，颜色不可过于鲜艳，全身服装颜色不宜过多
	衬衣	长袖，浅色系不宜卷起衣袖	符合套装要求
	领带	深色底，点缀有规则的条纹或细密的斑点；外摆长于内摆至腰带扣处。除特殊情况不要戴领带夹	可戴丝巾或头饰
	袜子	深色（不可穿白色）	肤色无破洞的长筒丝袜或连裤袜
	皮鞋	黑色或深褐色，光亮、清洁	和衣服颜色相配的高跟鞋，光亮、清洁
	首饰	可戴手表，装饰以简约为宜	可佩戴首饰，总量不宜超过 3 种
	手包	与皮带、皮鞋颜色相一致的公文包，大小适中	大小合适，挎在手臂上

2．言谈交流

（1）用语。

交流尽量使用普通话，学会礼貌用语，并做到语速适中。牢记并学会使用以下词语：请、对不起、麻烦您、劳驾、打扰了、好的、早（晚）安、您好、某先生或女士、欢迎、贵公司、请问、哪一位、请稍等、抱歉、没关系、不客气、见到您很高兴、请指教、有劳您了、请多关照、拜托、非常感谢（谢谢）、再见（再会）……

（2）目光。

目光交流是人际交往的重要一部分，用于人们相互之间的信息交流。总是以目光交流为起点，目光交流发挥着信息传递的重要作用。

在职场中，与人交谈时，不要不停地眨眼，不要眼神飘忽，不要怒目圆睁，不要目光呆滞，也不要长久盯着对方而不转移视线，同时，不要戴着墨镜或变色镜与人交谈。

要睁大眼睛，目视对方，可以设想对方的两眼和前额之间有一个三角区，你的视线要盯住这个区域，这样就可以造成一种严肃的气氛，使对方感到你是认真的。

（3）微笑。

微笑是社交场合中最有吸引力、最有价值的面部表情，能充分体现一个人的热情、修养和魅力。要养成微笑的好习惯，要自然地微笑。发自内心的微笑才能够笑得自然、笑得亲切、笑得美好、笑得得体、笑得真诚。真诚的微笑会让对方内心产生温暖，加深对方的好感。微笑要分场合，否则就会适得其反。

3．仪态举止

仪态举止是一个人的德才学识等各方面的内在修养的外在表现，是构成礼仪的核心要素，主要包括以下几个方面。

（1）姿态：姿态又称体姿、仪态。不同的姿态显示人们不同的精神状态。用优美的姿态表达礼仪，比用语言更让受礼者感到真实、美好和生动。

人们的形体姿态包括立、坐、行的姿势和手势及相应的动作等。"站如松，坐如钟，行如风，卧如弓"，这是我国古人对人体姿势的要求。从现代礼仪角度来看，也必须刻意训练自己的立姿、坐姿和步姿。

① 站姿：站姿是人的一种基本姿势。"站如松"，就是指站立时应像松树那样端正、挺拔。站姿是静态造型动作，显现的是静态美。站姿又是训练其他优美体态的基础，是表现不同姿态美的起点。

站姿的要求如下。

头正：两眼平视前方，嘴微闭，收颌梗颈，表情自然，稍带微笑。

肩平：两肩平整，微微放松，稍向后下沉。

臂垂：两肩平整，两臂自然下垂，中指对准裤缝。

躯挺：胸部挺起，腹部往里收，腰部正直，臀部同时向上收。

槌并：两腿立直，贴紧，脚跟靠拢，两脚夹角成45°左右。

在站立时一定要防止探脖、塌腰、耸肩，双手不要放在衣兜里，腿脚不要不自主地抖动，身体不要靠在门上，两眼不要左顾右盼，以免给人留下不好的印象。

② 坐姿：坐是一种静态造型，是非常重要的仪态。在日常工作和生活中，更有"坐如钟"的说法。端庄优美的坐姿，会给人以文雅、稳重、大方的美感。

女士标准坐姿：轻缓地走到座位前，转身后两脚成小丁字步，左前右后，两膝并拢的同时上身前倾，向下落座。如果穿的是裙装，在落座时要用双手在后边从上往下把裙子拢一下，以防坐出皱褶或因裙子被坐住，而使腿部裸露过多。

坐椅子的三分之二处，坐下后，上身挺直，双肩平正，两臂自然弯曲，两手交叉叠放在两腿中部，并靠近小腹。两膝并拢，小腿垂直于地面，两脚保持小丁字步。

男士标准式：坐椅子的三分之二，上身正直上挺，双肩正平，两手放在两腿或扶手上，双膝并拢，小腿垂直落于地面，两脚自然分开成45°。

坐下时切忌半躺半坐，这样会使自己形象颓废，甚至显得放肆。在人体语言中，人的躯干、四肢、手势、面部五官各具特点，都可以作为表情的工具，显示出不同的心态。在职场礼仪中，坐姿所起作用更大些，所占位置更重要一些，更应当重视。

（2）握手：握手是人与人交往的一个部分。握手是目前国际上通行的会面礼仪之一，握手的力量、姿势与时间的长短往往能够表达出不同的礼遇与态度，暴露自己的个性，给人留下不同的印象，也可以通过握手了解对方的个性，从而赢得交际的主动权。

① 握手的次序。

在职场中，握手时伸手的先后次序主要取决于职位、身份。

职位、身份高者与职位、身份低者握手时，应由职位、身份高者首先伸出手来；在社交、休闲场合，则主要取决于年龄、性别、婚否。

女士与男士握手时，应由女士首先伸出手来；年长者与年幼者握手时，应由年长者首先伸出手来；长辈与晚辈握手时，应由长辈首先伸出手来；社交场合的先到者与后来者握手时，应由先到者首先伸出手来；主人应先伸出手来，与到访的客人相握；客人告辞时，应首先伸出手来与主人相握。

② 握手动作要领。

与人握手时应面含笑意，注视对方的双眼。神态要专注、热情友好而自然，问候也是必不可少的。

不要迟迟不握他人早已伸出的手，或是拒绝和他人握手。

与他人行握手礼时应该起身站立，以示对对方的尊重。

右手伸出，手掌垂直于地面，虎口对虎口手心相握以表诚意。

与人握手时不可以不用力，否则会使对方感到你缺乏热忱与朝气；同样不可以太用力，否则会有示威、挑衅的意味。

握手的时间不宜过短，也不宜过长，握手的全部时间应在3秒内。时间过短，会显得敷衍；时间过长，尤其是在和异性握手时，则可能会被怀疑为居心不良。

不要一边握手一边东张西望，或忙于跟其他人打招呼。

1．充分认识自信和沟通的关系，并注重培养自己的沟通能力。

2．掌握不同面对面沟通方式的特点，并在日常生活中加以运用。

3．懂得身体语言在职场人际交往中的作用，审视自己平时的身体语言展示是否得体。

过程训练

1．个人训练。

根据自己的学习、生活和工作实际，设计一段较为经典的自我介绍的开场白和 10 分钟的演讲稿，并对着镜子练习演讲稿的片段，分享自我感觉。

2．团队训练。

教师或班长准备一个演讲主题，如请学生读一本人物传记，让大家讲述该人物的事迹，从以下角度评估演讲者所做的练习。

学生在做演讲内容准备时能够做到以下项目，如表 7-2 所示。

表 7-2　演讲内容的准备工作

项　　目	优	良	中	差
明确演讲的内容类别				
设置合适的开场白和结束语				
材料的选取和使用符合主题的要求				
使用合适的事例，能够帮助说明主题				

第八章
立足解决问题

问题是时代的声音,回答并指导解决问题是理论的根本任务。今天我们所面临问题的复杂程度、解决问题的艰巨程度明显加大,给理论创新提出了全新要求。

我们要增强问题意识,聚焦实践遇到的新问题、改革发展稳定存在的深层次问题、人民群众急难愁盼问题、国际变局中的重大问题、党的建设面临的突出问题,不断提出真正解决问题的新理念新思路新办法。

——习近平

第一节　提出解决问题的方案

一、准确定义问题

(一)问题及其分类

问题就是矛盾和冲突,问题就是疑难和困境,问题就是目标和追求之间的差距。问题表现为一种有组织、有目的的颇为紧张的过程;问题有时用于泛指达到某种期望的状态;问题涉及一种不协调、不愉快的情境,会挑战我们的能力,并且没有令人满意的应对策略;问题是不寻常事件出现时的一种预感。

每当人们遇到不进一步做心理上的努力就不能有效地应对的情况时,他们就遇到了问题;每当人们需要组织新的项目或以新的方式运用已知的信息项目来克服困难时,他们就遇到了问题;每当人们想要某种结果而又不强调通过哪些努力才能得到它时,他们就面临一个问题;每当人们面临一项任务而又没有直接手段去完成的时候,他们就遇到了问题……

根据问题性质可以分为:直接面临问题和间接影响问题;系统外问题和系统内问题;显著问题和潜在问题;单一存在问题和复杂组合问题;特定条件下假定问题和真实发生问题;形式外在问题和体制内在问题等。

根据问题本身进行分类:简单问题和复杂问题;作业性问题和策略性问题;重复性问题和偶发性问题;个人问题和集体问题;紧急问题和不紧急问题;清楚问题和模糊问题;重要问题和不重要问题等。

（二）准确定义问题从几方面入手

定义问题，就是把问题的定义和边界弄明白，是所有问题解决方法论的第一步，也是最艰难的一步。定义问题就是回答"我们到底要解决什么问题"。

麦肯锡解决问题模型

准确定义问题，能使我们事半功倍；如果一开始解决问题的方向就找错了，那只会南辕北辙或不断暴露新问题。如果可以精准地把问题定义清楚，离找到问题真正的解决方案也就很近了。反之，便会南辕北辙，"失之毫厘，谬以千里"。

在日常生活中，往往我们存在定义误区：一是经常误把方法或手段当"问题"，特别是在技术领域。很多技术方案之所以有问题，基本都是问题定义没有搞清楚，所以解决方案也就不符合需要了。思考问题背后的问题时使用升层思考，当升层思考之后，之前的问题可能会变成方法或手段。当无法准确地分辨问题时，还可以不断缩短描述问题的句子，比如提炼"主谓宾"，如果还不能清晰地描述，那么在这个结构里再找出最关键的词，尤其是主语或宾语中的词汇非常重要，它有可能就是重点，只是有时候被忽略掉了。二是误把挑战当"问题"。当准确定义问题之后，便开始做解决方案的升维思考，可以从各个角度来给出解决方案，这些解决方案就是前面所说的方法或手段。比如：如果某国男子足球队的目标是进入世界杯决赛，那么方法或手段就是想办法让男子足球队不需要参加选拔赛或比较容易通过选拔赛（特批或扩大进入决赛队伍数量），这时的挑战就是如何让某国男子足球队的水平提高。当然从广义上理解"如何让足球队水平提高也是一个问题"，但这样容易将问题、方法、手段搅混。这时给它们下定义，明确它们出现的场景：问题就是事物之间在某个时期存在的矛盾；挑战就是解决矛盾的方案中最困难的几个地方，这样问题和挑战就不会混淆了。

当准确定义问题后，要设定目标解决问题。我们知道当目标和现状之间存在巨大的落差时，这个落差的程度就是问题的严重程度。在区分问题的严重程度时，既要对现状有准确的认知；又要对问题解决后的状态有一个清晰的表述，也就是解决问题要实现的结果是什么。对于数值型的现状，只要将你的目标值减去现状的值就可以得到问题的严重程度了。对于难以量化的现状，那就要摸清楚问题的严重程度，可能需要一些案例、数据统计，比如说目前企业里人员非正常流失是一个问题，这个问题严重到什么程度？可以计算一下最近半年人员流失的过程中，企业在招聘人员、培训熟练员工上花费了多少成本，如果人员没有非正常流失的情况下哪些成本是可以节省的。除此之外，还要进行维度思考，比如对象维度、时间维度、主次维度、是否必要维度等。

准确定义问题，要从四个方面入手。

（1）明确衡量标准。从一定程度上来讲，问题就是现状与标准的差距，也就是现有状态与应有状态的差距。比如，某学生考试时的目标分数是 600 分，结果只考了 500 分，为什么相差 100 分呢？这就是问题。很多时候，人们发现不了问题，是因为不清楚标准。假如有标准，依然发现不了问题，那就是标准定低了。标准定得合理，但还是发现不了问题，那就是主观的原因了。

（2）做区分式思考。确定了问题所在，接下来就要通过区分式思考来界定问题的性质了。所谓区分式思考，是指要明白当前出现的问题是长期性问题还是短期性问题，是全局性问题还是局部性问题，是原则问题还是弹性问题，是系统问题还是个人问题，是常见问题还是偶发问题？区分式思考，确定的是解决问题的方向。

（3）避免二元思维。所谓二元思维，是指看问题非对即错、非黑即白，人只分好坏、利只看大小。二元思维，往往把问题对立起来考虑。有二元思维习惯的人，往往容易给人贴标签。比如，在班级里，形象好的人就是自己喜欢交往的人；形象不佳的人，就是自己不喜欢交往的人；在职场中，给自己布置任务少的领导就是好领导；给自己布置大量任务的领导，就是对自己有意见的"坏"领导。这都是二元思维的表现。

（4）清晰描述问题。问题发生在哪个领域，症状是什么，能否量化表述，解决问题的目标是什么？这些都是描述问题时应该考虑的事项。比如，某企业生产车间这样描述问题：过去四周中，每日标签的贴错率平均达 63%，我们务必在两周内将标签贴错率降为 0。

（三）准确定义问题的方法和步骤

（1）全局摸清问题背景。要从全局的角度去分析出现的问题，比如，书柜板块出现弯曲到底是设计受力问题，是板块本身质量问题，是安装问题，还是与家居环境有关？这些问题都要考虑、分析清楚，以便售后处理具有针对性。

（2）定义成功解决问题。具体明确的验证标准有利于指明解决问题的方向，也有利于验收。验证标准可以是财务上的指标，比如达到增长率是多少；也可以是非财务的，比如年中产品进驻超市新增几间。

（3）明确问题存在边界。在日常工作中，往往在解决问题的过程中稍不留意，就会出现刚解决好这个问题，其他地方又出现问题的现象，造成工作量增加，浪费"人、财、物"等资源。最好的明确边界的方法是与服务对象充分商量，双方如果要解决好问题，最好的方案是什么样的，达成共识并记录好，防止出现事后"问题蔓延"现象。

（4）弄清问题限制条件。在现实中，并不是你提出的方案假设都能被人接受，所以在定义问题时就要明确解决问题的限制条件。比如要解决板块弯曲问题要把这一层再加两块板支撑，但就变成比较小的三个间隔空间，但是客户不喜欢，影响整体的布局和美观，明白客户的需求，就要想其他方案了。

（5）明确问题解决责任。解决复杂问题需要团队协作，甚至借助外部力量。借鉴项目管理的经典"责任矩阵 RACI"，将相关人员分为四类：责任人、负责人、被咨询人和被通知人。只有弄清了问题解决的相关人员，在后续分析和解决问题的过程中，权责就相对清晰了，容易追踪问题解决方案的进展，最大限度地寻求相关方解决问题。

（6）明确所调配的资源。出现问题后，能够充分利用资源整合来解决问题，使问题解决得更快更好。利用的资源包括内部资源和外部资源，既是"人、财、物"资源，也涉及信息、环境等资源。

二、明确解决目标

（一）明确解决目标及其意义

讨厌问题是人们惯常的思维，很多人会选择逃避问题。其实，问题是我们进步的助推器。古人因为和野兽做斗争，遇到了安全问题，于是发明了各种武器；人们为解决温饱问题，学会了种植、养殖和纺织……一个个生存问题促进了人类不断进化！互联网也是为了解决人类发现的各种问题应运而生的，网上支付、网上交易等无不是解决问题以后产生的。所以，所有的问题背后都是在实现一个目标。如果没有问题，人们就不会思考，不会发明创造，更不会进化、进步、发展，解决问题是目标产生的原动力。

当然，有时候解决问题的目标是非常清晰的，也是显而易见的。但当解决问题的目标不清晰的时候，我们就需要通过各种方法，逐步将目标和解决问题的路径清晰起来。

（1）目标是解决问题的方向。明确的目标会为解决问题引导方向，就像航行中的船，如果没有方向，那么任何风向都是逆风。如果解决问题的目标和实际需求发生偏差，去哪个方向都是逆行，需要更多的时间和精力去调整，可能还会耽误事情或让问题变得更加复杂和难以解决。

（2）目标会引导组织或个人在解决问题的过程中去做一直渴望的那些事情。听从自己的内心，把有限的资源和精力用在最有意义的事情上，对于解决问题来说将是非常重要的。清晰的目标是解决问题的动力产生的源泉，它会不停地激励我们把它变成现实，从而解决问题。

（3）明确的目标会帮助我们更快更好地解决问题，目标明确程度高则解决问题的成功率就高。带着明确的目标去解决问题，把一切障碍都甩在背后。

（4）当问题首次出现时，我们考虑的往往是问题本身，即定义问题内容，如果问题继续出现，我们要考虑的就是模式；当问题的影响范围涉及更多方面时，我们要关注的就是关系了。为便于做出正确的选择，我们可以分析问题发生之后和之前的情况。随着诸多潜在的问题逐渐浮出水面，想要确定其中最重要的问题，我们必须确定解决问题本身的真正需求，关注解决问题过程中的关系影响最为密切的核心问题。

（5）为确定自己是不是对解决问题的目标真正明确，我们可以问自己几个问题，这个目标到底是什么？可以用其他方式表达得更加清楚吗？这个目标是组织或个人追求的吗？这个目标实现以后是不是遇到的问题就能够解决了？这个目标实现以后会不会产生新的问题，从而造成组织或个人遇到的问题更加严重？为检验这个目标的设定是否真实有效，我们可以换位思考身边的人是否支持我们的做法，假如是其他人能否也是这个目标。

（二）界定目标和需求评估

界定目标是否符合解决问题本身需求的方法有很多，对于简单的问题，或者目标非常清晰的问题，解决问题的目标可以根据经验或现有的条件对比获得，但要避免简单地将领导布置的任务或要求理解为解决问题的目标，有时候不经过认真分析，可能这个任务或要求会和解决问题本身的需求产生较大的偏差，表面上完成了任务，但并没有实际解决问题，而作为问题解决的参与者或执行者往往事后需要承担必要的责任，得不到自身满意的结果。

1. 解决问题的基本流程

解决问题的基本流程图，如图 8-1 所示。

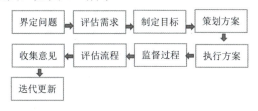

图 8-1　解决问题的基本流程图

2. 界定问题

其中，界定问题和评估需求是整个解决问题流程中最重要的部分。界定问题的内容和要求，前面已表述，在此不再阐述。

3. 分析问题的模型

简单来看，整个需求研究的逻辑关系是：问题—需求—解决方案。当你将此定义成一个问题时，需要把这个问题转化成需求，再根据特定的需求，提出解决方案。在问题界定层面，每个人受其环境、经历、职业等因素的影响对同一个情景的看法会不同，所以，首先需要摒除自带的看法，从实事和数据出发呈现情况，再从情况转化为问题。很多优秀的人，他们遇到问题的时候并不是急匆匆地就开始着手解决的，而是更善于判断真正的问题是什么，以及哪些才是真正值得花时间去做的事情。分析问题的模型，如图 8-2 所示。

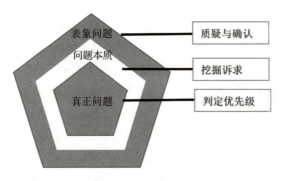

图 8-2　分析问题的模型

在处理表象问题时，我们一般通过提问来思考。包括质疑问题本身：此问题是否客观存在？是否真的值得被解决？了解问题背景：问题提出方是谁？利益关键方是谁？背景及目的是什么？问题中涉及的事实、数据是否全面准确？可用资源有哪些？问题解决的最后期限是什么时候？质疑问题本身，是批判性思维的核心，是确保问题处于正确的方向上的需要，在对的方向上前进一小步也比在错的方向上远行一万步更有效。柯达公司曾在胶卷时代占据全球 66% 的份额，是当之无愧的霸主。早在 1975 年，该公司就研发出了世界上第一台数码相机，却因担心胶卷销量受到影响而迟迟没有大力发展数码业务，最终浪费了自己的"先发优势"，没落在历史的长河中。与之形成鲜明对比的是，乔布斯在推出 iPod 大获成功之后，他一直在思索什么会打败 iPod。乔布斯预感是手机，于是果断开始研发手机业务，最终成就了苹果公司。跳出问题本身，以俯瞰视角思考，能帮助我们准确地把握方向。另外，在开始行动之前，全面了解问题需求的背景能让我们掌控事情的发展节奏，是保证高效完成任务的前提。

在现实生活中，我们遇到的很多问题，需要通过不断的挖掘，才能不被各种表象迷惑，从而找到真正的问题。多问几个为什么，不断追问为什么，引导出问题的本质，有些人做了很多事，或许能解决暂时的问题，但是无法根治、效率低下、质量不佳。而许多优秀的人，都喜欢追问为什么，善于从问题本质出发，找到切实有效的解决方法。当然要避免追问过多无意义的"为什么"，太多的"为什么"反而会远离问题核心。

4. 分析问题的方法

分析问题的方法有"头脑风暴法""鱼骨图法"等。它是先将一件事情界定为需要解决的问题，再对问题进行分析，对需求进行评估，从而制定并明确目标的过程。

"鱼骨图法"

假如我们是社会管理者（公务员群体），需要整理目前所管理的地区存在的贫困群体的情况。

首先我们一般认定一个情况是否是问题，通常会有两种思路：一是与客观标准进行比较。例如，我国 2018 年：贫困标准为 3535 元/年（注：年人均纯收入 3535 元）；2019 年：贫困标准为 3747 元/年；2020 年：贫困标准为 4000 元/年。国家对贫困户的界定，有极其严格的划分标准，即绝对贫困人口（年人均纯收入低于 627 元），相对贫困人口（年人均纯收入为 628～865 元），低收入人口（年人均纯收入为 866～1205 元），不同国家、不同时期或一个国家的不同地区、不同城市，经济发展水平不同，贫困的标准不同，目前国际贫困线标准是世界银行提出的按购买力平价计算 1 天 1 美元收入的标准。将事实数据与此作比较，得出结论。二是是否涉及其他已被证明是问题的因素，例如，发现低收入人群依赖国家补助金且健康程度相对低，证明低收入人群有一定的衍生问题，应该考虑他们的需要。

对需要解决的问题采取的分析方法，如图 8-3 所示。

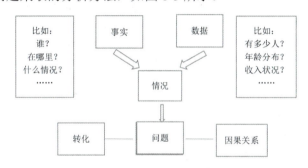

图 8-3　对需要解决的问题采取的分析方法

当当地存在贫困群体的情况被界定为问题，也就是进行了问题的定义以后，就需要对问题进行深入分析，这里的分析包括很多内容。比如不同背景、职业、年龄……的人，怎么看这个情况？（广泛收集多角度看法）；不同的人群如何表述这个情况？采用了什么名词？这个名词具体的定义是什么？（例如"无业者"，是指没有固定工作的人？是否包括自由职业者？如果从事一些不定期的兼职工作是否也算）；我们需要分析在这个情况中的人群，有什么特征？在这个情况中的人群，数量是多少？年龄及地区等分布如何？这个情况有多大程度被识别？社会普遍怎么看这个情况，他们有什么反应？（决定是否是一个被公认的问题）哪些人觉得这是问题？（这可能会是推动或支持解决方案的人群）问题的成因是什么？

只有当不断的提问，找出问题的根源，选择贴合管理团队的宗旨和人民群众根本利益的时候，我们的目标才会不断清晰起来，也会不断得到各种后续解决问题所需的信息。也有一些学者认为，可以借用流行病学模型来思考，问题的产生存在一个链条，也就是因果关系，如果链条中的某个环节被识别或被击破，问题就会解决或至少解决一部分。所以，需要研究问题的因果关系。

5. 评估需求

当问题的前因后果厘清后，就可进入需求评估阶段。在想到需求时，惯常第一反应就是"缺"。例如：××人群缺××产品或服务；××在哪个阶段需要××；××需求未被满足……这些都是从一个思考角度出发的，认为"当提供充足的资源就能解决需求问题时"，那事实又是不是呢？"缺"的源头是什么呢？

（1）两个重要的需求理论。

① 人的基本生存标准：社会中的每个人都能被满足基本生存标准，没有一个人被落下。基本生存需求，包括生理、社会、情绪、精神等各方面的需要。"这些需求的内容会随时代的变迁而发生变化，但是任何人都不应该低于这个标准。"

② 马斯洛的需求层次理论：从低到高为"生存需求—安全需求—爱和归属需求—尊重需求—自我实现需求"。当低一级的需求被满足以后，才会有高一级的需求。

如果采用①的理论，就着重在横向上为更多的人群提供应有的最低标准的产品或服务；若以②的需求层次理论作为基础，就着重在纵向上满足不同人群的不同层次服务。

（2）影响需求界定的因素。

需求会受到所处的社会政治、经济、文化因素的影响。不同时期所界定的最低生活标准不一样、科技发展程度不同、人们的价值观和期望也与时俱进。所以，需求是一个相对弹性的概念。在思考需求时，站在当下的环境，不仅要思考当下的需求，还要尝试判断社会未来的走向，未来社会会出现哪些变化，需求的变化又会如何？一定要有前瞻性思考。

（3）评估需求的视角。

① 标准化的需求（Normative Need）：与专家的事实数据进行比较，哪些部分不达标就代表存在需求空缺。

② 感知的需求（Perceived Need）：与相关的人士进行交谈，看他们存在什么需求。需要注意的是，不同的人群需求不尽相同。

③ 表达的需求（Expressed Need）：已表达出来的需求。需要注意的是，人们很可能不会感知或感觉到他们有某方面的需求，当某项服务出现时，他们可能也不会使用。所以，可以对其进行引导。

④ 相对的需求（Relative Need）：相对需求的衡量标准地区中的服务水平与相似地区或地理区域中存在的服务水平的差距。

（4）评估需求的方法。

① 从已有数据和事实资料中推断，包括但不限于参考研究文献、与相关项目的人沟通、请教该领域的专家、咨询师。

② 列出需求清单和服务数据。用产品或服务清单列表列出现有的产品或服务，以及它供应是否充足，服务的人数、次数及每次的成本。通过清单去访问目标对象，了解哪些服务还未满足。在这个过程中需要使用普遍认可的名词，避免歧义。同时服务接受者和服务提供者的意见都需要参考。

③ 开展社会调研（调查问卷、访谈）：了解人们对现有产品或服务的看法，以及为什么会有这样的看法。

需求调研是各个行业都会涉及的重要环节，最重要的核心法则是追根溯源，不断提出界定问题，再转化为需求，从选择合适的理念或资源的环节入手，针对该需求，设计相应的方案。

　　有关目标的制定，我们还需要遵循 SMART 原则。所谓 SMART 原则，即目标必须是具体的（Specific），目标必须是可以衡量的（Measurable），目标必须是可以达到的（Attainable），目标必须和其他目标具有相关性（Relevant），目标必须具有明确的截止期限（Time-based），五个原则缺一不可。目标管理的具体形式各种各样，但其基本内容是一样的。

三、形成解决思路

　　事情已经被判定为是一个需要解决的问题，并且已经准确定义了问题，也进行了需求的分析，明确了问题解决的目标等环节，接下来就是解决问题。

（一）简单问题的解决思路

　　算法式：依照正规的、机械的途径去寻找解决问题的方法。具体做法：将各种可能达到目标的方法都算出来，再一一尝试，确定哪一种为正确答案。这种做法有点儿像计算机算法中的穷举法，有时候会很容易解决问题，有时候会陷入无穷结果的困境中。

　　启发式：通过观察发现当前问题状态与目标状态的相似性，利用经验而采取较少的操作行为来解决问题的方法。启发式的策略有以下几种。

　　① 手段—目标分析法：采用各个击破难点以达到目标的方法。

　　② 爬山法：退一步进两步，以退为进的方法。

　　③ 逆向工作法：从目标倒推各个环节，循序渐进，逐级逼近现状的方法。

（二）复杂问题的解决思路

1. 解决复杂问题一般性思路的步骤图

　　解决复杂问题一般性思路的步骤图，如图 8-4 所示。

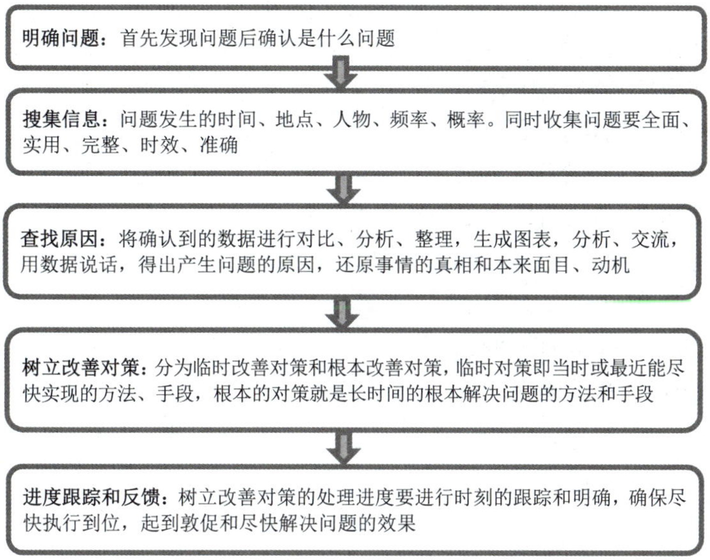

明确问题：首先发现问题后确认是什么问题

搜集信息：问题发生的时间、地点、人物、频率、概率。同时收集问题要全面、实用、完整、时效、准确

查找原因：将确认到的数据进行对比、分析、整理，生成图表，分析、交流，用数据说话，得出产生问题的原因，还原事情的真相和本来面目、动机

树立改善对策：分为临时改善对策和根本改善对策，临时对策即当时或最近能尽快实现的方法、手段，根本的对策就是长时间的根本解决问题的方法和手段

进度跟踪和反馈：树立改善对策的处理进度要进行时刻的跟踪和明确，确保尽快执行到位，起到敦促和尽快解决问题的效果

图 8-4　解决复杂问题一般性思路的步骤图

2. 解决系统性问题

（1）明确系统的最终目的及每个特定阶段的阶段性目标和任务。

（2）研究局部之间及局部与总体之间的相应关系和影响。

（3）寻求达到总体目标及与其相关的各个局部任务和可供选择的方案。

（4）对可供选择的方案进行分析比较，选择最优方案。

（5）组织各项工作的实施。

3. PDCA 循环

PDCA 循环的 4 个阶段循环图，如图 8-5 所示。

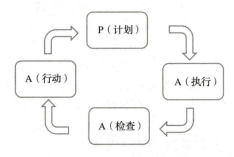

图 8-5　PDCA 循环的 4 个阶段循环图

P（Plan）：计划项目、现状分析、计划目标、改善方法、实施步骤、成效评估。

D（Do）：实施方案、实施准备、实施组织、异常处置。

C（Check）：信息反馈、检查报告、处置意见。

A（Act）：差异比较、鱼骨分析、修订计划、循环往复。

PDCA 循环具有周而复始、阶梯上升、循环往复的特点。

PDCA 循环的八个步骤如下。

（1）分析现状，发现问题。

（2）找出问题中的各类原因或影响因素。

（3）确定影响问题的主要原因。

（4）针对主要原因采取解决措施。

（5）执行，按措施、计划的要求去做。

（6）检查，把执行结果与要求达到的目标进行对比。

（7）标准化，把成功经验总结出来，制定相应的标准。

（8）把没有解决或新出现的问题转入下一个 PDCA 循环中去解决。

4. PRE——PASS 管理循环

P（Problem）：发现问题。

R（Reason）：寻找原因。

E（Essence）：揭示本质。

P（Project）：制定方案。

A（Action）：组织实施。

S（Self-criticism）：检讨反馈。

S（Step by step）：完善提高。

5．5W2H 分析法

What（何事）：解决问题的措施，达到什么目标？

Why（何因）：为什么要制定这个目标，主要原因是什么？

When（何时）：何时开始？何时检查？何时完成？

Where（何地）：在何地执行？

Who（何人）：谁执行？谁检查？谁验收？

How Do（怎么做）：执行、检查、验收的步骤、流程、标准。

How Much（成本）：成本多少？效益多少？效果如何？

四、选择最佳方案

无论是在个人项目上遇到障碍，还是在工作中遇到挑战，找到可持续的解决方案都是个人和职业成长不可或缺的一部分。解决问题对成功同样重要，但并不是所有的方法都是最佳的。最好的解决问题的策略既能保证效率，又能保证功效，所以我们就需要选择最佳的方案。

（一）对照八个可以解决大多数问题的策略，进行比较是否是最佳的方案

1．解决问题的方案是否把问题分成更小的部分

盯着一个大问题看会让人感到不知所措，尤其是当风险很高的时候。这种压倒一切的感觉不仅会让人感到紧张，还会损害工作者有效工作的能力。研究表明，当压力反应活跃时，解决问题所需的大脑区域基本上会关闭。

为了缓解压力，调动大脑中的逻辑部分，试着把问题分解成更小的、觉得更有信心处理的个人问题。例如，如果连续两个季度没有实现收入目标，试着不要把问题说成"我们在不断亏损"。

相反，应该确定造成更大问题的个别问题，如可能起作用的市场营销、供应链或沟通问题。然后，慢慢地但坚定地工作，克服每个领域的障碍，最好是按重要性排序，逐一解决。这不仅会让人在这个过程中感到压力更小（从而做出更明智的决定），而且当一步一步地获得成就感时，还会更有动力去继续前进。

2．解决问题的方案是否向他人征求意见

最有效的解决方案是什么？不要仅仅依靠你自己的想法来获得一个"顿悟"的时刻，最好是让拥有不同技能或来自不同部门的人参与进来，会帮助你更容易、更快速地找到正确的方法。

3．解决问题的方式是否了解根本原因

爱因斯坦有句名言："如果给我一个小时来拯救地球，我会花 59 分钟定义问题，1 分钟解决问题。"这听起来像常识，但它需要重复——除非你知道问题到底是什么，否则你就无法解决问题。在你开始制定潜在的解决方案之前，问问你自己："这个问题一开始为什么会发生？"例如，假设某家企业中有一个部门总是不能达到目标。这显然是一个问题，但也可能不是问题所在。当你挖掘得更深一点儿时，你可能会发现他们需要更好的沟通或更多的培训。

确保你对造成问题的原因有一个深刻而准确的理解，这将节省你努力寻找解决方案的时间，并防止你回头寻找更好的方案。

4. 解决问题的方案是否定义成功

在开始解决问题的过程中，要对"成功"解决问题后是什么样子有一个清晰的理解。如果这个问题不再是问题，组织和个人将如何运作？一旦你看到了你想要的东西，你就可以回头去寻找实际的方法来实现这个愿景。例如，如果你总是对员工的低士气感到沮丧，想象一下在日常运营中一个积极向上的团队会是什么样子的。你想实现什么目标，它会如何改变你的业务进程？

通过描绘你的理想情况，你就可以更容易地确定你需要采取的步骤并实现它。在这种情况下，也许可以实施团建活动，更多的带薪假期，以及实现目标的激励措施。

5. 解决问题的方案，特别是复杂问题，是否试着沉默的头脑风暴

征求他人的意见是找到你想要的答案的好方法。但如果你试图和他人一起解决问题，请记住团队的魔力。回想一下上次面对面的会面，你最常听到或应用谁的想法？如果保持跟踪记录，我猜最外向、最自信的团队成员经常会"赢得"这些头脑风暴会议——仅仅是因为他们不害怕说出来。

然而，如果你在解决问题时碰壁了，你必须找到一种方法来倾听每个人的声音。其中一种方法就是进行一次无声的头脑风暴会议。邀请团队成员花指定的时间为同样的问题想出解决方案。然后，让他们在团队或个人面前与你分享他们的方法和想法。

当每个人都有机会贡献自己的力量，没有激烈讨论的干扰时，你将更有可能找到一个有效解决问题的策略，并找到你一直在寻找的答案。

6. 解决问题的方式是否想象从他人的视角考虑

你没有团队，但需要他人的大脑来解决你正在挣扎的问题。这时候，我最喜欢的解决问题的策略之一就是从他人的角度来看待问题的各个方面和潜在的解决方案。当你进行头脑风暴时，想象你坐在一张桌子前，桌子旁坐着不同性格类型的思想家。例如，一个评论家、一个乐观主义者、一个艺术家和一个数据分析师。你可以想象你认识的真实的人，想象他们会如何应对这个问题，或者你也可以简单地想象与你想法不同的人。

通过运用自己的创造力，在同一个问题上采取不同的观点，你就可以更快地找到有效的解决方案。

7. 解决问题的方案是否会决定什么是行不通的

当你试图找出如何克服一个挑战时，排除法可以是一个有用的工具，主要是为了让你不用浪费时间去"发明轮子"。下次你在工作中遇到问题时，问问你自己（或其他人），你或企业里的其他人是否在过去遇到过类似的问题。如果是这样，你或其他人尝试了哪些解决方案，更重要的是，它们是否有效？如果无效，就把它们从清单上划掉，继续头脑风暴。

如果过去的解决方案被证明是有效的，那么再问自己一个问题："我是否有资源将这个解决方案应用到我当前的情况中？"如果答案为"是的"，那么你手头上就有了一种资源，你也为自己节省了一些时间。

8. 考虑解决问题的方案是否是最佳的，有时候需要转变一下自身的状态

远离你试图解决的问题，听起来可能适得其反，但这样做实际上可以节省你的时间，并帮助你开发出更好的解决方案。研究显示，休息有时也被称为"漫游者技巧"，可以提高创造力和注意力的持续时间。

当你专注于一个问题（并感到压力）时，你的大脑会变得疲劳，从而想不出解决问题的创新方法。另外，当你离开去思考或做其他事情时，你的大脑可能还会走神。给自己一些无意识的放松时间，你就能建立在盯着屏幕或笔记本时无法建立的联系。

在工作和生活中遇到挑战是正常的，花时间寻找解决方案是令人沮丧的，尤其是当你不确定解决方案是否有效的时候。通过一些策略和意图来解决问题，你既可以节省时间，也可以找到更好的解决方案，是一个双赢的局面！

（二）从宏观和微观层面进行选择的方法

（1）宏观：哪个问题更值得被解决？在工作和生活中，我们会遇到很多问题，我们要判断：哪些是真正的问题？在真正的问题中，需要解决的是哪些？将所有需要解决的问题根据紧急重要程度模型依次实现，区分事情的优先顺序，避免陷入"瞎忙"的状态。

（2）微观：能解决这个问题的所有方案中，哪种是最好的？打个比方，假如某家企业是生产杯子的，企业想提升销量，他们应该怎么做呢？是应该研发新品种（比如保温杯、玻璃杯、陶瓷杯）？还是应该加大推广、开设更多的门店？或是举办促销活动呢？类似地，在现实生活中，我们会发现有许多方案好像都可以解决问题，此时我们就可以利用"结构树"列出所有假设，并一一验证，找到最好的方案。在企业管理中，ROI（投资回报率=回报利润/投资总额）是用来衡量企业从一项投资活动中得到经济回报的效率。这对于我们的工作也有借鉴意义，沿用某企业的例子，可以通过分析以往开设门店、促销活动的 ROI 来确认新方案。在互联网行业，常常用基于各种假设和通过小范围测试来确认最有效的方案，最终全面铺开。

第二节　实施解决问题的方案

一般情况，解决方案分为以下几个方面：①该问题的现象或存在的问题；②分析存在或引起该问题的原因；③针对该问题存在的原因逐一寻找到解决方案；④分析该解决方案达到的目标；⑤根据方案提出实施的行动计划；⑥行动计划编制中需要落实每一步的内容，负责人、资源、开始和结束时间等，并需要跟踪。所以，解决问题的方案有明确的对象，或者施行的范围和领域。

一、获取多方支持

实施解决问题方案阶段的关键之处在于按行动计划执行，并且在此过程中需要及时与所有相关人员保持沟通，还需要持续搜集资料以监控解决方案产生的效果。具体包括以下几点。

（1）将解决方案化解为便于管理、可监控的具体步骤。

（2）使所有解决方案影响到的人员参与实施过程中。

（3）将相关信息通知所有人员，包括计划、目标和行之有效的实施办法等。

（4）确保所有人员清楚各自的工作内容并与上级管理人员保持密切联系。

（5）对任何工作均不能持理所当然的态度，应该审慎对待、反复检查。

（6）简而言之，计划落实的过程是一个执行的过程，也是一个各方面关系的协调过程。

所以，在实施解决问题方案的时候，前提需要获得多方的支持，这里的支持首先包括领导的支持，如果领导不支持，对于方案的开展有时候会不顺利，不仅仅很多工作开展会遇到各种阻力，后续的检查、评估、反馈效果就更不理想了。所以在方案制定以后，首先需要把解决问题的方案向领导详细汇报，就需要得到秘书部门的支持；如果方案涉及多个部门，就需要有专门进行部门间工作协调的办公室等部门的支持；一个复杂问题的解决方案可能会涉及众多人员，这里就涉及人员工作调配部门，如人事部门的支持；确保方案实施过程中的信息畅通，就需要相应技术部门的支持；对方案实施过程中的监管，就需要评估或督查部门，包括监察审计部门的支持；对方案实施过程中需要的设备、物资、经费等都需要相应物资采购、设备维护、交通后勤保障、财务等各部门的支持；有一些问题涉及政策、法律层面还需要有法务部门和公关部门的支持……这些都需要通过对解决方案的各个环节和举措进行分析，并且在实施前提前考虑，通过沟通和协调，确保方案在实际实施过程中能够得到这些部门的支持。

二、设计实施方案

（一）经典甘特图

甘特图（Gantt chart）是 1917 年亨利·甘特开发的。其通过条状图来显示项目、进度和其他与时间相关的系统进展的内在关系随着时间进展的情况。在图上，项目的每一步在被执行的时间段中用线条标出。完成以后，甘特图能以时间顺序显示所要进行的活动，以及那些可以同时进行的活动。以图示通过活动列表和时间刻度表示出特定项目的顺序与持续时间。一张线条图，横轴表示时间，纵轴表示项目，线条表示期间计划和实际完成情况。甘特图直观表明计划何时进行，进展与要求的对比。便于管理者弄清项目的剩余任务，评估工作进度。

个人甘特图和时间表是两种不同的任务表达方式，个人甘特图使用户可以直观地知道在某个时间段要做某些任务，而时间表则提供更精确的时间段数据。甘特图是以作业排序为目的，将活动与时间联系起来的最早尝试的工具之一，其帮助描述工作中心、超时工作等资源。甘特图按内容不同，分为计划图表、负荷图表、机器闲置图表、人员闲置图表和进度表五种形式。

甘特图的优点如下。

（1）图形化概要，通用技术，易于理解。

（2）中小型项目一般不超过 30 项活动。

（3）有专业软件支持，无须担心复杂的计算和分析。

甘特图的缺点如下。

（1）甘特图主要关注进程管理（时间），仅部分地反映了项目管理的三重约束（时间、成本和范围）。

（2）系统的不足：如果关系过多，纷繁杂乱的线图将增加甘特图的阅读难度，通过现有的项目管理软件描绘出项目活动的内在关系将变得非常困难。

甘特图示意，如图8-6所示。

××单位解决××问题项目进程图

项　　目	经费投入（万元）	工作实施进度安排														
		2023 年												2024 年		
		1月	2月	3月	4月	5月	6月	7月	8月	9月	10月	11月	12月	1月	2月	3月
A 项目	5000															
B 项目	3000															
C 项目	1500															
D 项目	500															
验收																

图 8-6　甘特图示意

在实际解决问题的方案设计中，甘特图可以根据需求进行变形，纵轴不再列出活动，而是列出整个部门或特定的资源，变形为负荷图。负荷图使管理者对生产能力进行计划和控制。

（二）甘特图的绘制步骤

（1）明确项目涉及的各项活动、项目。内容包括项目名称（按顺序）、开始时间、工期，任务类型和依赖于哪一项任务。

（2）创建甘特图草图。将所有的项目按照开始时间、工期标注到甘特图上。

（3）确定项目活动依赖关系及时序进度。使用草图，按照项目的类型将项目联系起来，并安排项目进度。

此步骤将保证在未来计划有所调整的情况下，各项活动仍然能够按照正确的时序进行，也就是确保所有依赖性活动能并且只能在决定性活动完成之后按计划展开。

同时避免关键性路径过长。关键性路径是由贯穿项目始终的关键性任务所决定的，它既表示了项目的最长耗时，也表示了完成项目的最短可能时间。请注意，关键性路径会由于单项活动进度的提前或延期而发生变化。而且注意不要滥用项目资源，同时，对于进度表上的不可预知事件要安排适当的富余时间（Slack Time）。但是，富余时间不适用于关键性任务，因为作为关键性路径的一部分，它们的时序进度对整个项目至关重要。

（4）计算单项活动任务的工时量。

（5）确定活动任务的执行人员及适时按需调整工时。

（6）计算整个项目时间。

（三）甘特图的应用范围

（1）项目管理：在现代的项目管理中，被广泛地应用。这可能是最容易理解、最容易使用并最全面的一种。它可以让你预测时间、成本、数量及质量上的结果并回到开始。它也能帮助你考虑人力、资源、日期、项目中重复的要素和关键的部分，你还能把 10 张各方面的甘特图集成为一张总图。以甘特图的方式，可以直观地看到任务的进展情况，资源的利用率等。

（2）其他领域：甘特图不单单被应用到生产管理领域，随着生产管理的发展、项目管理的扩展，它被应用到了各个领域，如建筑、IT 软件、汽车等领域。当然这些领域都存在需要解决的问题，在对这些需要解决的问题设计实施方案的时候就可以运用到甘特图。

（四）甘特图的制作软件

（1）Microsoft Office Project。

微软出品的通用型项目管理软件，在国际上享有盛誉，凝集了许多成熟的项目管理现代理论和方法，可以帮助项目管理者实现时间、资源、成本的计划、控制。

（2）Gantt Project。

JAVA 开源的项目管理软件，支持可用资源、里程碑、任务或子任务，以及任务的起始日期、持续时间、相依性、进度、备注等，可输出 PNG 或 JPG 图片格式、HTML 网页，或是 PDF 档案格式。

（3）VARCHART XGantt。

NET 甘特图控件，支持以甘特图、柱状图的形式来编辑、打印及图形化的表示数据，能够实现与 Project 或 P/6 相似界面效果，并支持集成到项目管理、生产排程等应用程序中。甘特图控件 VARCHART XGantt 让你能够以横道图、柱状图的形式来编辑、打印及图形化地表示你的数据，它能在几分钟之内实现你想要的甘特图开发，而且只需要通过简单设计模式下的属性页配置，可以不写代码就能快速地让 VARCHART XGantt 控件适应你的客户的各种需求，其强大的功能可与 Microsoft 的 Project 系列产品相媲美。

（4）jQuery.Gantt。

基于 jQuery 的一个甘特图图表插件，可以实现甘特图的制作。功能包括：读取 JSON 数据、结果分页、对每个任务用不同的颜色显示、使用一个简短的描述作为提示、标注节假日等。

（5）Excel。

Excel 是微软办公套装软件 Office 的一个重要的组成部分，它可以进行各种数据的处理、统计分析和辅助决策操作，广泛地应用于管理、统计财经、金融等众多领域。Excel 中大量的公式函数可以应用选择，使用 Excel 可以执行计算，分析信息并管理电子表格或网页中的数据信息列表，可以实现许多功能，带给使用者方便。随着计算机的普及，Excel 在办公自动化应用的领域越来越广泛。

当然设计实施方案的方法有很多，本节仅重点介绍甘特图及其变形的一种方法，大家如果感兴趣可以尝试其他方法来完成实施方案的设计。

三、寻求利用支持

方案开始实施前需要寻求各种支持，但是在方案实际实施过程中还需要学会如何寻求并利用支持。一般在具体实施解决问题的方案中有四个步骤需要完成，在此过程中需要寻求利用支持。

（一）熟知方案，统一协调

首先，熟知方案的目标、内容及资源。方案实施的目标是方案实施后要达到的效果，也是衡量这个方案是否实施成功的标准；方案的内容就是具体要做什么及如何做；资源，即制定方案阶段所列举出的时间、资金、物质及人力等诸多资源。

其次，统一协调相关的人和事。协调人，主要是指分配好相关人员的工作，确保问题解决工作有序开展；协调事，指的是懂得把握事情的轻重缓急。

（二）有效监督，奖惩分明

方案一旦开始执行，就必须被管理和监控，这可以确保个人有效地依据计划来完成他们的任务，及时发现行动方向是否偏离原有轨道。作为项目的主要负责人，除了采取打电话、看书面材料、听取工作汇报等监督方式，还应该到现场检查监督，落实任务，有时候还需要寻求检查审计部门参与监督和落实，有可能还需要不断向领导汇报方案实施的进程情况。

建立合理的检查和奖惩制度十分必要。因为它可以有效地激发人们全力解决问题的积极性。在很多情况下，参与方案的部门与负责方案实施的部门是同级关系，项目负责人对执行者没有太大的约束力，这时就需要恰当地运用一些软性的奖惩手段，如公开表扬、时常鼓励、私下批评等。

（三）遇到问题，做好准备

在实施过程中，不管方案做得如何详细，对风险的考虑如何周到，还是会不断遇到问题。有时候，解决问题的原有目标也会由于外部环境的变化而发生改变，此时就需要及时调整相应的资源配置和解决方案。

在实施过程中，当发现新的情况出现时，我们就可以采取以下两种办法。

（1）需要将现在的情况与原始方案进行比较，当事情未按方案进行时，综合考虑方案的各个部分，找出其中的问题。

（2）当情况模糊不清时，需要综合分析问题，根据新情况采取新对策，或者调整目标、改变方案。

（四）收集信息，利用条件

在这个知识爆炸的信息社会，很难有人能够掌握所有的知识技能。在解决问题的过程中，需要尽可能地利用已有的信息，向外界获取支持条件。例如，某科长在门卫室改造刚开始施工时，得知将有一种新型的 IC 卡设备上市，就立即派下属去收集新旧 IC 卡设备的对比信息，以便做出最佳抉择。

四、有效利用资源

在信息时代，我们缺少的不是资源，而是对于资源的有效利用。因此充分利用资源对于高效解决问题至关重要，善于"利用"，发挥极致。

从个人角度来看现有的资源包括人际关系、金钱、地位等，只是或多或少有些差别而已，特别是人际关系，"一回生，二回熟"，可以通过不断的实践去提升和积累。当然还有其他资源，如社会资源、信息资源等。我们也可以从空间、时间、金钱、注意力等角度来看待解决问题方案中的资源。

（一）善于积累资源

随着时代的发展，我们应该学会辨别资源，合理利用资源，让资源更好地服务于我们。我们应该充分利用好资源，帮助提高自己的能力，比如一些必要的职业技能等；反之，对于一些可能会影响问题解决方案顺利实施的干扰性资源应该及时摒弃，比如一些不利的事件，消极怠工的参与者等，应该毫不犹豫地放弃。

人际关系是现有资源中非常重要的一项内容，人际关系这块资源不会被任何资源所替代，这是因为构成我们社会有机组成的是人，绝大多数问题的解决都离不开人的因素，充分利用人际关系资源的优势，将会让我们在方案实施过程中如鱼得水。所以在人际关系这块资源上，我们需要善于积累。同时也需要维护人际关系，平时、节假日多一声问候，切勿处于有事求人、无事从不联系的维护状态，否则人际关系不会长久，更不能算作一种资源。人际关系如果不经常维护，就有可能会"贬值"。

信息资源作为信息社会必不可少的资源，必须得到充分的重视。有时候我们在解决问题的过程中，会产生很多信息，也需要获取很多信息，如何充分利用这些信息，让我们的方案执行更加顺畅，就需要对信息进行及时的过滤和提纯。及时放弃一些无效的、重复的信息，突出重要的信息等。随着互联网的飞速发展，网络信息资源获取变得非常便捷，借助互联网可以快速获取知识，提高学习的效率，但同时网络信息中也存在良莠不齐、真假难辨的情况，这就需要不断地通过学习和积累，去伪存真。

（二）具体可以有效利用的资源

1. 空间资源利用

管理的物品越多，管理的难度就越大，空间中到处堆着东西，利用效率肯定低。空间的有效利用，肯定不是找到任何角落都将其变成储物空间，要做收纳。空间利用率，更多的是同一个空间，实现多种功能。如果一个空间被物品占满，改变空间功能的可能性就很低。所以现在很多人在装修的时候，放弃沙发、茶几、电视柜，改成多功能活动区。加两把椅子，来客人就能吃饭；打开台灯，放上笔记本电脑就能办公；买回彩泥，拿出工具就成了孩子的玩耍空间；旁边有书架，坐下来拿出几本书，就成了阅读空间。当我们需要解决的问题涉及空间资源的时候，可以多从这方面去考虑。"断舍离"并不仅仅是舍弃东西，还包括舍弃某些生活方式，舍弃旧的、传统的生活方式，增添新的、功能更丰富的生活方式，这样才是空间资源的有效利用。

2. 时间资源利用

初级时间管理，列任务清单，完成一个任务划掉一个。比如番茄工作法，防止拖延症，工作任务有很多，做好时间管理，能在非常忙的时候起到一定的作用，能让原本需要三个小时做完的事，通过合理安排在两个小时内做完。但这些方法并不能从本质上把人解脱出来，只是更快地做完了很多事，因为思维方式没变，还会创造出更多的事情来。

高级时间管理，即提倡精要主义。找一件最重要的事情做，当这件事情做完以后，一大堆小事都不必做了。精要主义首先要做的，其实是选择，而不是上来就行动。选择做什么与选择不做什么同样重要。比如举个简单的例子，同样的事情还有，选择不买车，那么买车后随之而来的一切烦恼，也将完全与你无关。把一切不值得做的事情排除掉，剩下最重要的才是值得去做的事，精要主义追求少而精。

3. 资金资源利用

就如同用同样的预算，买到更合理的设备一样，花一样的资金，办好更多的事情，同样需要有更多的知识和方法才可以。生活中的其他事情也是如此，我们并不是天生就会花钱，就能花明白钱的，这件事需要学习，只是我们每天都忙着赚钱，但因为我们不会花钱，以至于赚到手里的钱花不出应有的效果。人们太容易受到环境、周围的人影响，做出趋同的行为和选择，就像"双十一"期间，如果大家都买东西，就觉得好像自己不买就亏了；如果大家都不买东西，好像自己也没必要去了解。

4. 注意力资源利用

注意力是唯一具有产出能力的资源。注意力比时间重要，因为在很多情况下，你有时间，但是缺乏注意力。比如在寒冷的冬天，下着大雪，你在招手打车，可是一辆车都没有，这时你算是有时间吧，因为在打到车之前，你的时间好像没被占用，但注意力呢，这时天寒地冻的，你有可能集中注意力看书或跟他人聊天吗？注意力无法集中，什么事情都做不了。注意力投入，是最重要的资源投入。亲子教育中的高质量陪伴，说的是当父母和孩子相处时，需要投入注意力在孩子身上；在与好朋友一起吃饭时，如果大家一直在玩手机，吃饭效果可想而知。如何节约注意力，有效利用有限的注意力，是比如何节约时间、节约金钱，有效利用时间、有效利用金钱更重要的事。

外在世界，消耗我们注意力的几种情景，一种是稀缺心态。稀缺心态使得我们认知不足，产生管窥效应，做出错误决策，从而造成进一步的稀缺。稀缺心态产生管窥效应，就是从一根管子里看世界，视野被严重局限，只能看清一点点，做出的决策当然很难正确，决策质量差，结果肯定差，进一步造成时间更不够用，金钱更不够用，管窥效应更严重，决策质量更差，形成恶性循环。还有一种是低质量娱乐。比如长时间刷抖音，无节制地玩游戏等，总之凡是当时快乐一下，过后什么都留不下的娱乐方式，对注意力的消耗都非常严重。这是外部资源匮乏，对注意力的占用和影响。

内部心态，对注意力的占用和影响。比如，当整个团队情绪很糟糕的时候，是没有办法高效集中注意力，使用注意力去做事的。如何掌控情绪，就成了重点。情绪是由什么引起的，这是一个常常被大家错误认知的事。情绪不是由他人或某件事引起的，不是你丈夫如何如何了，所以你很生气；也不是你单位领导如何如何了，所以你就生气，而是你的解读造成你生气。一件事情的发生，到底意味着什么，是需要解读的。如果你认为获得更多的任务，代表着有更多的锻炼机会，自己成长会更快，每次得到任务你都会开心。家人说同样一句话，你解读成有人关心你，你就会开心；你解读成有人干涉你，你就会愤怒。拥有良好的情绪，是集中注意力，有效使用注意力的前提条件。每当你产生负面情绪时，多想想原因。

总结一下：空间利用，"断舍离"；时间利用，精要主义；资金利用，行为经济学；注意力利用，解决稀缺状态，放下低质量的娱乐，改变解读，消除负面情绪。他们不是孤立存在的，是会相互影响的。比如"断舍离"，需要管理的物品少了，时间和注意力消耗就少了，买的东西变得少而精，金钱消耗也少了。比如精要主义，也会影响注意力的使用。放下低质量的娱乐，也是精要主义。最后，我们甚至可以把上面各个方面进行合并，资源利用的方法只需要一句话："更少，但更好。"

五、及时调整方案

一个好的解决问题的方案是需要不断随着方案的实施过程中遇到的问题，以及实际情况进行及时有效的调整的，或者我们说需要对方案不断进行锤炼。

如果把最初的方案比喻成初铁，那最终的方案就是千锤百炼以后的钢，通过及时不断调整改进，才能让方案变得更加完善。而且方案的调整过程还是一个循环的过程，需要经过多次循环往复，不断发现问题、解决问题，最终得到比较完善的方案。

（一）找出不足

只有找出不足，才能开始改进。解决问题的方案在真正实施过程中，会出现一些不足。想要高效率改进方案，就需要尽早、尽可能多地找出不足。我们可以制作潜在不足清单，这个清单需要全方位、多元化，才能让方案更完善；可以从资源方面、效用方面等来考虑；也可以使用"六项思考帽"思考法从不同角度进行考虑。

"六项思考帽"

（二）克服不足

找出不足后，就要把不足当成一个新问题来思考。我们可以继续找到它最基本的要素，再对这些要素分析改进。

（1）不足消除法，就是将造成不足的要素逐步剔除。剔除这些造成不足的要素，同时也剔除了这些要素的优点。

（2）不足减少法，就是逐步减少造成不足的要素。减少这些要素，难免会使得方案存在一些轻微的缺陷。

（3）不足改变法，就是加工造成不足的要素，使它更加完善。但在加工要素的时候也会产生一些新的问题。

（4）不足交换法，就是逐步把造成不足的要素与其他要素交换。但这也可能形成新的其他的不足。

（5）不足加工法，就是加入一些要素，让造成不足的要素不那么明显。但添加的要素自身也可能存在着一些不足。

（6）不足接受法，就是接受造成不足的要素，只进行轻微的调整。但有时候无论怎么调整，也不可能消除所有的不足。

（三）重构方案

当不足解决了之后，把改进措施融进原有的方案，形成一个更加完善的方案。但是这个过程需要注意"飞石效应"陷阱。看似解决了表面问题，但本质问题并没有被解决，也就是尚未达到预期的效用。

比如一个公司为了增加销售额，进行了一场力度极大的促销活动，当月销售额确实提升了，形式目标是完成了，但实际上提升的原因是老客户被优惠价格吸引大量囤货，后期销售额反而降低了，甚至培养出了老客户认为价格应该更低的错觉，反而对长期销售额增加不利，效用目标并没有实现。

（四）评价方案

评价需要可视化，让结果量化，才能清晰地看到方案是否有效。为了避免"飞石效应"，评价方案不仅要看投资量差，就是方案形式上的收益，也要评价效用量差，就是对本质问题的解决程度。

（五）调整方案

一是需要注意调整是一个循环过程。发现问题、解决问题、重构方案后，当结果并没有完全解决本质问题时，就需要继续发现问题，再一次循环锤炼。

二是需要保留数据。在及时调整的过程中，我们肯定是要不断思考、调整方案的，需要把每一次调整的数据保留下来。有可能调整是错误的，需要重新启用原来的方案，保存数据可以避免需要用的时候还原。另外，这些数据都是在实践中和不断的思考中总结出来的，是宝贵的一手资料，即便对当前的方案没起作用，但是有可能会解决我们其他的问题，也方便我们后期的使用。所以，我们要注意保留原始方案的数据。

第三节　持续改进解决问题

一、掌握检查方法

检查（Check），意思是为了发现问题而用心查看。在问题解决过程中，要进行不断的检查。

我们制定和实施解决问题方案的时候，往往会制定分阶段目标，有了阶段性目标，就可以有针对性地进行检查。一个解决问题的方案需要一个月完成，第一周完成了多少，第二周解决了什么问题，第三周又做了哪些事情，这些都需要在制定的方案里非常清晰和明确，特别是利用甘特图设计实施方案以后，就可以根据甘特图的进程，进行检查。如果方案做得足够细致，甚至每天、每小时都有完成的阶段性目标，这样就可以开展检查了，检查完以后还需要和目标进行对比。

（一）检查的作用和任务

检查的基本任务是发现隐患，监督各项规定和工作进程的实施，防范并整改。

（1）通过检查，我们可以及时查找方案中存在的问题和不足。

（2）通过检查，我们可以尽量减少实施方案过程中的失误，挽回损失。

（3）通过检查，我们可以提高方案实施的正确率，更加有效地解决过程中存在的问题和不足。

（4）通过检查，我们可以保证解决方案的质量和效果，达到或接近解决问题的目标。

（二）检查过程中遇到的问题

在实际解决问题的过程中难免会遇到一些问题。

（1）检查难以自我发现。

（2）检查的方式缺乏合理性、规范性。

（3）检查的意识往往淡漠被忽视。

（4）检查的效果难以得到保证。

（5）检查的结果难以使人信服。

因此，掌握正确的检查方法就变得非常重要。掌握检查方法，是指能较清楚地检查问题解决的经过和结果情况。检查就是把执行结果与要求达到的目标进行对比。

（三）检查的方法

检查的方法有很多，比如定期检查、专项检查、季节性检查、综合性检查等。特别是针对不同的问题解决的方案，这里我们借用针对会计财务的检查方法。

（1）核对法，是对各种相互联系的会计资料，如借与贷、明细核算与综合核算、账簿与报表等相互对照验证，以检查核算工作中的真实性的一种方法。我们这里就需要对解决问题方案的各种要素之间的关系进行对照、验证，确保方案实施的真实性。

（2）分析法，是对会计资料进行综合比较，分析各种数据的内在联系，以找出疑点，或明确问题症结所在的一种方法。我们需要利用对比的方法，对各个阶段的目标任务完成和所做的工作进行对比和相应的检查。

（3）查询法，是采用询问或调查的方式了解情况、搜索资料，为弄清某一方面的问题而取得必要的旁证资料的一种方法，它包括面询和函询两种。这种方法同样适用于解决问题方案的检查。

（4）复核法，是对原来的会计记录进行重复核算，以验证其是否正确的一种方法。其实就是将方案调整前后的数据进行核验的一种方法。

（5）观察法，是直接深入会计工作的具体场所进行实地观察、了解情况，发现会计核算中存在问题的方法。这种方法同样适合于解决问题的实际场景的考察走访和调研取证过程。

（6）盘点法，是通过实地盘存实物或现金的实际数量与有关账面资料进行比较，借以查明是否短缺和损坏，账款、账实是否相符的一种方法。

（7）顺查法，是按照账务处理顺序从原始凭证到记账凭证，从凭证到账簿，从账簿到报表依次进行检查的一种方法。

（8）逆查法，是按照账务处理顺序倒过来，即从报表到账簿，从账簿到凭证依次进行检查的一种方法。

二、实施有效检查

为了能让检查有效实施，我们需要进一步明确检查的内容。这样在实施检查的举措中，就会更加完整。检查对象包括领导（负责人）、制度、措施、隐患（新问题）、组织（人员）、教育培训等。

（一）检查的内容

一般来说，在实施检查的过程中，就项目本身我们需要做到以下这些检查的内容。

（1）成果完整性检查：根据要求，检查提交的检查成果及资料是否齐全、完整，检查成果资料是否进行整理、归档，装订是否规范，易于检索。

（2）技术方法检查：核查的项目是否有缺项。比如是否进行了现场查看，检查各类数据、指标、标准、方法等是否符合要求。

（3）阶段性目标检查：阶段性目标是否满足要求，对问题解决有关系的人群满意度是否满足要求，所使用设备、物资是否适当，资金使用是否规范合理等。以上内容主要检查方案各阶段的相关报告、总结等。若有必要，可进行问卷调查和公众满意度调查等。

（4）成果科学性检查：问题解决成果中如果涉及数据、图表、统计等科学性的指标，需要检查数学精度是否符合要求；图式使用是否正确，各种注记、编码有无遗漏，图面整饰是否清晰完善；图内要素是否齐全；颜色、图案、线型是否符合要求。

（5）入库数据检查：随着数字化改革的不断深入，很多问题的解决，需要构建相应的数据库，对于问题解决产生的数据资源需要及时入库。所以需要进行属性数据检查：数据值是否正确，必填属性数据项是否不为空值，数据库格式类型是否符合数据库要求，数据字段属性是否明确，检查各类数据的准确性和逻辑性是否一致。

（6）报告成果检查：文字报告成果内容是否齐全，表达是否清晰、流畅，条理性强，前后表述是否一致；技术报告中检查各环节技术方法是否表述清楚，数据库建设的内容是否符合有关要求；各种数据表格是否规范，是否与报告中的引述一致；问题分析是否有理有据。

（二）检查实施的组织

检查工作一般都是需要组织专门人员进行的，或者由专门部门完成（监察审计等部门），检查开展的过程可以是阶段性的，也可以是长效的。目前也有一些检查工作利用 AI（人工智能）技术，将有关节点信息规范化以后，通过人工智能技术完成相关检查工作，人工智能技术最大的好处是长效机制、节省成本，但对于复杂的、不可标准化的检查单元来说，目前人工智能技术还存在一定的困难。

在组织进行检查的时候特别需要注意，检查的目的是更好地推进工作，提升解决问题的效能，而不是为了找人的问题，否则会遇到很大的阻力，也不利于后续检查所发现问题的解决。检查者和被检查者一定要在思想上先统一起来，把检查工作作为查漏补缺的一个重要环节。所谓"当局者迷，旁观者清"，让检查者和被检查者站在同一条战线上，共同努力，一起把事情做好非常重要。有时候检查者在检查过程中会遇到一些专业性的问题，如果其本身不具备这些知识，就需要寻求支持和帮助，切忌不懂装懂，把检查当成过场。同样也要避免把小事放大，影响组织团队内的团结稳定。有时候，"就事论事"可以更好地推进检查工作的开展。

三、准确做出结论

（一）认识大脑

人的大脑有三个独特功能：思维、感觉和需要。思维的功能是弄明白问题所在，对这些问题进行分析，找到解决问题的方案。思维不断地告诉我们：正在进行的是什么，正在发生的是什么。大脑的这部分功能是用来搞清楚这些事情的。

感觉的功能是监控或评估解决问题的效用，根据我们的目标，评估它们是积极的还是消极的。大脑的这项功能告诉我们：你应该这样去感受周围所发生的事情。

需要的功能是当行动与我们对于什么是满意的，目标和问题定义保持一致的时候，把能量注入行动中。大脑的这个功能不断地告诉我们：这是值得的，努力行动吧！或者，真不值得，别费事了。

思维、感觉和需要之间有着紧密的、动态的相互关系，每种功能都在不断地影响其余两种。当我们明白自己受到威胁时，就会感觉到恐惧，随之不可避免地想要逃离或是攻击正在威胁自己的事物。对于每一种积极的念头，如果大脑"相信"它们，就会自然而然地产生与之匹配的积极情绪。反之，对于消极念头，大脑会产生消极情绪。我们之所以会感觉到喜悦、欢乐、沮丧、痛苦、迷茫、欲望、激情和冷漠，是因为我们对所经历的处境赋予了意义，我们以自己特有的方式去考虑，并与我们认为在类似场景下会产生的感觉相联系。这些意义可以基于自己的洞见、客观现实、幻想，甚至是对现实的异常认识。对于同一件事情，一个人也许觉得痛苦、沮丧，另一个人会觉得好奇、兴奋。

所以，准确做出结论有时候和判断者本身的认知有很大关系。

（二）论证结论的准确

（1）有力的理由。在描述性的论证之中，有力的理由指的是足以说服人的证据，比如细致研究的成果、相关的类比、可靠权威的引用，或者说服力极强的实例。而对于规范性论证来讲，有力的理由则是指某些原则或描述性陈述，而且你必须认为其最能支持结论，与论证相关。

在找到较为有力的理由之后，还需要找出能由这些有力理由推绎出的其他结论。首先我们必须确信，所选取的结论一定最为合理，也与我们的目标最大限度地保持一致。若在遍访那些可能的结论之后，还无法确定哪个结论最为合理，那这个结论一定根基不稳。另外，认识到有力的理由可以支持与你迥然不同的其他理由，往往会令你兴趣陡增，促使你进一步探究有助于找到最佳结论的途径。

（2）批判性问题。哪些结论能与有力的理由相容不悖？支持某一事实断言的证据不会只有一种解释途径，证明规范性结论的有力证据也不会只有一种阐述方式。总体来说，理由常常无法明确地自陈主见。我们常会看到，只有在对理由的意义做出解释或假设之后，结论才能顺理成章，呼之欲出。若我们对理由的意义做出了不同的假设，所得出的结论自然也不同。

在感觉的准确程度、参照框架、先进知识等所有方面，人们都是千差万别的，因此，在何种结论最为可取的问题上，几乎无法达成一致。在确定理由和结论的联结时，特定的背景和目标总是促使我们追求特定的假设，因此，纵然理由有力可信，我们的结论却可能与旁人得出的结论有所不同。

（3）避免"两极思维"问题：很少有什么重要问题，是可以用一个简单的"是"，或一个绝对的"不是"来回答的。当人们考虑黑与白、是与否、对与错、用词恰当与用词不当时，他们是在进行两极式思维。这种思维方式认定，任何问题绝不会有多种答案，而只能做出两种回答。在讨论非此即彼谬误时，它足以把推理过程破坏得体无完肤。在对两种决定加以考虑之后，我们自以为大功告成，万事俱备，却不知在每种选择的背后，都还有无数的选择和结果有待考察。避免两极式思维，必须对结论根据不同时空进行仔细斟酌。

（4）论证过程会出现多种结论。在分析可以得出多种结论的论证之前，需要真正断定，绝大多数重要的论题都能够得出多种结论。下面是一个常见的问题："智商测试是否能够衡量智力水平？"初看上去，这个问题要求的似乎是要么肯定，要么否定的回答。然而，只有给你的肯定或否定加上条件，常常才会最为理想。用"也许"来回答问题有一个好处，那便是它迫使你承认，你的知识还不足以令你做出确切的回答。但是，在避免做出确切回答的同时你已经形成了一个试验性的观点，足以指导你着手并完成某一行动。只要认识到，你永远无法断定如何对复杂的问题做出精确的回答，那么你不妨勇于决断，无须徘徊反顾，即便你清楚有许多重要的信息尚未得到。你可以进一步收集信息来支持观点；但是无论如何，你总该在某时停止探索，坚决做出决定。

（5）探索多种结论。请重新看一下前面的问题。问你自己："这个问题能够得出什么样的结论？"自然，回答一个"是"和"不是"便已经算是两种结论了。是否还有别的？是的，还有许多！如①是的，只要智商水平意味着推理的序列。②是的，如果接受测试的儿童来自相同的社会文化背景。③是的，假如这种测试只适用于小学生。④是的，如果智商测试的评分与动机衡量的结果高度相关。⑤是的，但它只能考察在学习中有用的智商类型。⑥不是，如果你把智商水平定义为造成一个人在其选择的领域获取成功的因素。⑦不是，如果它不包括口头表达能力的测试数据。在每种情形里，我们都附加了结论成立不可或缺的条件。如果不考虑任何数据和定义，这七种结论都会显得极为合理。只有在对所有的论证进行分析之后，才可能从这些结论中选出最为可行的一项。诚然，这些也不过是该问题的几种可能的回答而已。一个问题可能的回答必有多种，而绝不是两个。

也可能这两种回答都不合乎你的心意。我们怎么能够如此肯定？因为这个问题，实在有许多种可能的结论。很难想象，你从浩如烟海的结论中撷取的两条，竟恰好与我们不谋而合。我们希望你认识清楚的，正是答案的多样性。了解可能存在的结论数量巨大，可以使你不至于草率地抓住一种，不计其余。我们将分别指出可以由给定的理由推绎出的多种结论，目的在于帮助你在寻找结论时有章可循。在提出其他结论之前，还是先将论证的结构提示给你。还有一条线索对你寻找工作也会有所助益：不看结论，先来研究有力的理由；同时，从这些理由出发，尽量找出一些可能的结论。

（6）条件从句妙用。每种结论之所以显得合情合理，是因为我们忽视了某些信息、定义、假设，以及分析理由势在必行的参照框架，结果只好求助条件从句来找出一大堆结论。在条件从句中，我们提出一项条件，并且假定它能帮助我们达到某一特定的结论。且使用条件从句来引出结论，必须指出，你的结论乃是植根于某些断言或假设的，对此你并不是很有把握。条件从句，为你提供了多种结论，供你在把握论题时进行评估。同时，在你对自己的观点做出抉择时，它也拓宽了你的视野。如果规范性论证中的理由是对实际问题的陈述，你便可以寻找出对问题的解决途径，以充作可能的结论。在对一系列理由做出评价之后，你还必须确定与论争中可取的理由相容的结论。要在研究有力结论的过程中避免两极式思维，要通过"何时、何地和为何"的问题，为结论提供必要的背景。对结论的限定，有助于你脱离两极式思维。条件从句便是表现这种限定的一种方式。

准确得出结论基于前期的工作，前期的工作越细致，结论就越准确，解决问题就能越接近目标。

四、反馈评估提高

对解决问题的方案进行评估，同时将评估结论反馈给项目组，对于持续改进解决问题的作用巨大。为提高评估与反馈的有效性，需要"道""术"并举，从转变理念和完善评估反馈机制两个方面入手。

（一）评估与反馈之"道"：转变理念

（1）角色转变。管理需要从控制型向参与型转变，控制型管理是自上而下的，侧重单向沟通，而参与型管理是上下互动的，侧重双向沟通。控制型管理重点在于对过往成就的评估，参与型管理重点在于规划未来可能取得的成果。从管理目标上来看，控制型管理通过"胡萝卜加大棒"的政策来提升效能，评估和反馈结果；参与型管理通过指导、反馈和鼓励自我学习与发展来提高效能。相应地，评估反馈者的角色从对过去工作进行评判的"裁判"转变为积极辅导授权的"教练"，而接受评估者也从原来被动、防卫性的角色转变为积极主动的角色。

（2）评估指标的确定。不是所有可评估的都值得评估，在评估前，先要考虑清楚评估什么，宁可粗略地评估正确的目标，也不精确地评估错误的目标。要评估与战略密切连接的指标，而非过度精确而无战略必要性的指标；要评估可以通过努力而影响的指标，而非客观上无法通过努力达成的指标；要评估易于获取的指标，而非获取成本很高的指标。对于一些无法量化的问题解决方案，不能简单地用量化指标来评估效能，评估者需要进行综合考虑和经验积累，明白"评估什么"和"能评估什么"的差异。

（3）评估反馈需要艺术与技术并重。研究结果表明，高绩效组织的管理一般会经历"硬评估"和"软评估"两个阶段。"硬评估"是指制度、流程、方法、工具等，而"软评估"是指辅导、能力培养、组织文化的营造等。所以在评估反馈中前期的硬件评估过后，最需要同步提升的是软件基础，真正发挥原有体系的效力。

（4）评估反馈不等于对人的评估。评估反馈是对解决问题的评估，如果将人的品德、态度等过多内容涉及在内，就难以开展评估反馈工作。不要试图把对解决问题的评估结果等同于对人的评估结果，当然对人的因素，可以通过设立其他评估体系，并保持评估体系的简洁有效。

（5）沟通辅导是影响评估反馈有效性的关键要素。沟通辅导可能是我们在评估反馈过程中容易忽视的一个环节，沟通辅导不足，是造成评估效能不高的主要原因。我们一定要避免评估反馈中"重结果，轻过程""重正式沟通，轻日常反馈"的倾向。有时候管理者对评估反馈的理解往往片面化，认为只有正式、定时、长时间的严肃面谈才是反馈，实际上及时、具体地针对日常问题提供建议和辅导的反馈才是最有效的，需要充分利用"非正式""不定时""常态化"进行快速反馈，往往润物细无声的细节交流真正能产生化平凡为神奇的力量。当然随机性的反馈虽然不刻意追求正式的形式，但应内容清晰、指向明确，而不是泛泛而谈。

（二）评估与反馈之"术"：机制完善

完善的评估反馈制度与机制是指明确评估指标、评估周期、评估者与被评估者的评估关系、评估方式、评估结果与激励的挂钩，固化为制度体系，以及完善与之相配套的薪酬、培训、晋升等措施。

（1）评估指标。困扰评估反馈的难点之一就是如何评价定性指标。这里有几种选择，采用关键行为转化法，将定性指标定量化，比如以问题解决的满意度高低来评估各阶段举措或行为的做法；细化等级法，将一些定性的指标进行分级描述并评分；采用相对评估法，不比"跳高"而比"跳远"来解决定性指标难以设定具体量化目标的问题。

（2）评估周期。评估周期过短、过于频繁，项目组疲于应付，流于形式。实际上，管理过程不简单等同于事事管理，评估周期设定应与业务产出周期、解决问题阶段性目标等相匹配，否则增加管理成本，又失去评估反馈的严肃性。

（3）评估结果与激励挂钩。评估结果如果不能和激励挂钩，评估的效能就会大打折扣，一定要有足够的手段用于员工晋升、调薪、培训等多个方面，要树立全面成长的观念。

（4）评估反馈方法。我们这里介绍常用的评估反馈方法，即360°评估反馈法。360°评估反馈法的一个核心工作就是收集准确的反馈数据，理解和传递数据的价值。如果我们把360°评估反馈法比喻为"照镜子"，那么镜子的质量决定了物体照出来的质量，而镜子的质量取决于问卷的科学性。所以，一套科学的、高质量的评估问卷是做好360°评估反馈法的基础，它应该是结构清晰、长短合适、题目行为化、表述通俗易懂，且题目有效性得到过验证的。其中，最重要的是题目行为化，因为只有对日常工作中看得见的行为进行评价时才会有据可依，结果也会更客观。

① 如果评价者对需要进行评估反馈的人不了解，就太不可能提供有价值的信息。我们需要对两者的关系按以下具体操作步骤进行。一是根据组织架构自动匹配评价关系，即根据汇报关系匹配评价关系，为后续的评价对象及其领导确认评价关系提供基础数据，可以在此基础上进行调整；二是请评价对象本人确认评价关系，即让评价对象自己确认自己的评价关系，360°评估反馈法尤为推荐使用此方式，用实际行动传递对员工发展的重视；三是请评价对象的领导核对评价关系，即让评价对象的领导进行评价关系的核对和确认，减少评价对象仅选择跟自己关系好的同事进行评价的不客观情况；四是进行最终核对，对评价关系表进行最终核对，比如同事、下属等角色的评价者数量是否符合要求等，如果较少会影响匿名性，则可以考虑合并为同一个角色。

② 评估过程中评价者的完成率和有效率影响数据的代表性，所以这个环节是至关重要的。此时可以尝试在作答邀请时阐述清楚目的。最好的结果是在发展方向有所应用的目的，同时强调匿名性，让大家放心地客观评估，也可以减少大家因对匿名性的担心而放弃评估的现象，提高完成率和有效率。

③ 实时监控作答进度并及时催促。通过及时监控作答进度，并提醒未完成的评价者，可以有效地减少参与者忽略通知的现象，进而提高完成率。

④ 评估结束后。实践表明，评估前和评估过程中采取上述措施的确可以有效提升评价者的完成率和数据有效性，但毫无疑问，我们仍然难以保证每个评价者的数据都是真实的，即并不是每一条评价关系的数据都是有效的。当评价数据相对充分时，剔除完整性或有效性不够高的数据后，再进行正式的分析，有助于提升结果的可信度。另外，原则上360°评估反馈法的每一条数据都有其存在的意义，即使不认真答的评价者，其评价数据也能反映他的态度或项目组织的问题。

当然360°评估反馈法的评分者可能并未受过严格培训，不同评价者之间的评分标准和评价尺度存在很大差异，评价可能不够客观，评估者之间存在利益冲突，也会影响评估的客观准确性。这些需要在实际使用过程中进行充分的考虑。

只有通过评估与反馈——理念宣传、辅导反馈、面谈，才能将冷冰冰的机制变成鲜活的行为。我们需要将评估反馈的重视程度提高到对基础体系建设的重视程度，才能真正提高评估与反馈的有效性，做到持续性地提升和改进解决问题。

思考习题

1. 理解解决问题最重要的是定义问题。如何准确定义问题？
2. 如何全面理解解决问题的基本流程？
3. 自拟一个问题，可以是个人的，也可以是集体的，完成问题解决的全步骤。

过程训练

在过去一年，某公司单位客户的满意度从本来的90分跌落到80分（满意度满分为100分）。找出客户满意度下滑的主要原因，并在六个月内，将满意度恢复到原来的水平。

第一步，分析和定义问题。小组先"头脑风暴"造成问题的可能原因，利用类同法把问题分成四大类，并将结果制作成鱼骨图（见图8-7）。

第二步，继续深入分析问题。

利用鱼骨图所列出的可能原因，进一步找寻最可能的原因，进行一系列的焦点访谈，从客户反馈，根据各个可能原因被指出的次数，从中找出三个最可能的原因。再用5W2H分析法，找出真正的问题点。

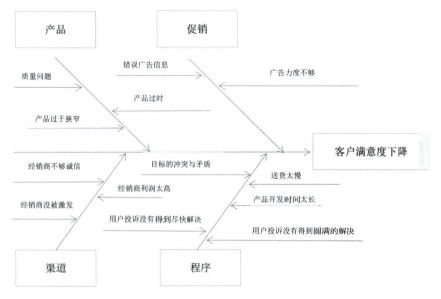

图 8-7　问题解决小组预估分析结果图

原因 1：客户投诉没有得到圆满的解决，占比 35%。
原因 2：客户投诉没有尽快得到解决，占比 30%。
原因 3：客户对产品的质量不满，占比 20%。

继续针对排列在前面的问题原因，追根究底找出问题的原因。针对原因 1，产生客户投诉没有得到圆满解决的原因：我们继续探究为什么（Why），因为与客户沟通的售后服务人员对技术并不了解，同时也不能很好地理解客户投诉的真正问题；继续探究为什么（Why），由于售后人员对最新产品的理解和训练不足，造成缺乏所需的技术信息和支援；继续探究（Why），由于售后人员对技术知识的更新没有兴趣，因为最近两年公司招聘和培训重点偏于人际交往能力；继续探究为什么（Why），因为公司以客户为中心的策略强调加强与客户的关系。

再继续对原因 2 进行深入探究，然后对原因 3……最后我们将问题真正地定义下来。

客户服务人员的招聘和培训倾向于人际关系的能力，而忽视产品与技术方面的知识；能够协调客户解决问题的技术工程师并不重视客户问题；管理层并不知道这些因素已经造成严重的客户不满；缺乏有效的反馈系统以帮助生产制造部门。

以上是对所遇到的情况进行讨论和分析定义问题阶段，接着开始针对解决问题进一步思考：形成解决思路，选择最佳的方案（这个阶段的方案还是在头脑中的，没有太多考虑实施的环节要求）。真正到了落实执行阶段，需要进一步寻求各类支持，然后设计具体的行动方案，利用寻求支持、资源条件及时调整方案。

每一个行动步骤都需要考虑清楚：为什么要做？需要做什么？如何开展？在什么时候做？由谁来做？在何处做？

后续还需要进行检查，提高评估反馈，持续改进使之不断提高。最后形成长效机制，让问题得到充分解决，为企业发展奠定基础。

第九章
注重创新思维

创新是一个民族进步的灵魂，是一个国家兴旺发达的不竭动力，也是中华民族最深沉的民族禀赋。在激烈的国际竞争中，惟创新者进，惟创新者强，惟创新者胜。

——习近平

第一节　创新及创新思维

瓦特发明蒸汽机

一、创新含义

1912 年，美籍奥地利经济学家约瑟夫·熊彼特（Joseph Schumpeter）在其著作《经济发展理论》中首次提出"创新"的概念。他认为，所谓创新就是要"建立一种新的生产函数"，即"生产要素的重新组合"，把一种从来没有的关于生产要素和生产条件的"新组合"引入生产体系中去，以实现对生产要素或生产条件的"新组合"。这种新组合包括：①引进新产品；②采用新技术；③开辟新市场；④控制原材料新的供应来源；⑤实现工业的新组织。熊彼特的创新概念包含的范围很广，不仅涉及技术性变化的创新，还包括非技术性变化的组织创新，在创新领域上具有开拓性，在整个西方经济学说史上占有重要的地位。但在当时，熊彼特的创新理论似乎被同期的"凯恩斯革命"理论所淹没，并未得到广泛的重视。

直到 20 世纪 50 年代，随着科学技术的迅速发展，技术变革对人类社会和经济发展产生了极大的影响，人们开始重新认识创新对经济增长和社会发展的巨大作用，并开始研究创新的规律。

到 20 世纪 60 年代，美国经济学家华尔特·惠特曼·罗斯托（Walt Whitman Rostow）提出了"起飞"六阶段理论和"技术创新"的概念，并把"技术创新"提高到"创新"的主导地位。随后，人们对技术创新进行了深入的研究，大体可分为以下三个阶段。

第一个阶段是 20 世纪 50 年代初到 60 年代末，在新技术革命浪潮的推动下，技术创新研究迅速复兴，逐步突破新古典经济学的局限与束缚，开始兴起对技术的变革和技术创新的研究，理查德·迈尔斯（Richard Myers）和马奎斯·蒂格（Marquis Teague）是主要的倡议者和参与者。在其 1969 年的研究报告《成功的工业创新》中将创新定义为技术变革的集合，认为技术创新是一个复杂的活动过程，从新思想、新概念开始，通过不断地解决各种问题，最终使一个有经济价值和社会价值的新项目得到实际的成功应用。到 20 世纪 70 年代下半叶，技术创新的界定进一步扩宽，NSF 认证（不以营利为目的的非政府组织）报告《1976 年：科学指示器》认为技术创新不仅包括将新的或改进的产品、过程或服务引入市场，还将模仿和不需要引入新技术知识的改进这两类创新划入技术创新定义的范围。在这个阶段，创新尚处于新研究领域的开发阶段，研究比较分散，尚未形成完整的理论框架，研究方法以案例分析总结为主。

第二个阶段是 20 世纪 70 年代初至 80 年代初，有关技术创新的研究持续升温。在这个阶段，技术创新研究从管理科学和经济发展周期研究范畴中相对独立出来，初步形成了技术创新研究的理论体系。其中，厄特巴克（Utterback）的创新研究独树一帜，他在 1974 年发表的《产业创新与技术扩散》中提出，与发明或技术样品相区别，创新就是技术的实际采用或首次应用。缪尔塞（R Mueser）则在 20 世纪 80 年代对技术创新概念做了系统的整理分析，他认为技术创新是以其构思新颖性和成功实现为特征的有意义的非连续性事件。英国著名学者弗里曼（Freeman）从经济学角度对技术创新进行了思考。他认为，技术创新在经济学上的意义只是包括新产品、新过程、新系统和新装备等形式在内的由技术向商业化实现的首次转化。在这个阶段，研究的具体对象开始逐步分解，出现了对创新不同侧面和不同层次内容的比较全面的探讨，包括对技术创新的定义、分类、起源、特征、过程机制与决策、经济与组织效应等。并逐步将组织管理行为理论、决策理论等多种理论和方法应用到技术创新研究中。

第三个阶段为 20 世纪 80 年代初至今。我国学者从企业的角度开展了技术创新方面的研究。傅家骥将技术创新定义为企业家抓住市场的潜在盈利机会，以获取商业利益为目标，重新组织生产条件和要素，建立起效能更强、效率更高和费用更低的生产经营方法，从而推出新的产品、新的生产（工艺）方法、开辟新的市场，获得新的原材料、半成品供给来源或建立企业新的组织，它包括科技、组织、商业和金融等一系列活动的综合过程。这个阶段，技术创新的研究呈现出研究综合化、重点专题深入研究、注重研究内容和成果对社会经济技术活动的指导作用 3 个特征。诸如技术创新的预测和创新活动的测度评价、创新组织建立的策略和规范、政府创新推动政策的跟踪分析、对某一行业的技术创新或某一项技术创新发生与发展的全过程的分析等实用性强的研究课题受到普遍关注，并且人们注重技术创新研究成果的转化。可见，在相当长的一段时间内，人们常常将技术创新当作创新的所有内容。但是，技术创新不能代表所有的创新，技术创新只是创新的一种表现形式，是众多创新中的一种。我们认为，创新是指以现有的知识和物质，在特定的环境中，改进或创造新的事物（包括但不限于方法、元素、路径、环境等），并能获得一定有益效果的行为。而不仅仅包括工艺方法等技术创新。简单来说，创新有三层含义：一是更新；二是创造新的东西；三是改变现状，即对原有的东西进行改造、改革和发展。创新的本质是突破，即突破旧的思维定式、旧的常规戒律。创新活动的核心是"新"，它或者是产品的结构、性能和外部特征的变革，或者是造型设计、内容的表现形式和手段的创新，或者是内容的丰富和完善。

纵观人类发展的历史，创新始终是推动一个国家、一个民族向前发展的重要动力，也是推动整个人类社会向前发展的重要力量。在激烈的国际竞争中，要实现我国经济的持续健康发展，必须依靠创新驱动，创新是引领发展的第一动力。

二、创新特征

创新是突破性的实践活动，它不是一般的重复劳动，更不是对原有内容的简单修补，它具有目的性、变革性、新颖性、超前性、价值性五个特征。

（1）目的性。任何创新活动都有一定的目的性，这个特征贯穿于创新过程的始终。创新特别强调效益的产生，它不仅仅要知道"是什么""为什么"，还要知道"有什么用""怎样才能产生效益"。所以，创新是一个创造财富、产生效益的过程。

（2）变革性。创新是对已有事物的改革和革新，是一种深刻的变革。创新是一个动态的过程。在知识经济条件下，唯一不变的就是一切都在变，而且变化得越来越快。因此，任何创新都不可能是一劳永逸的，而只有不断地变革和创新，才能适应时代的要求。

（3）新颖性。创新是对现有的不合理事物进行摒弃，革除过时的内容，创造新的事物。创新不是模仿、再造，因此，新颖性是创新的首要特征。具体来说，新颖性又包括三个层次：一是世界新颖性或绝对新颖性；二是局部新颖性；三是主观新颖性，即对创造者个人来说是前所未有的。

（4）超前性。创新以求新为灵魂，具有超前性。这种超前是从实际出发、实事求是的超前。所以创新可能成功，也可能失败，这种不确定性就造成了创新具有风险性。因此，在创新过程中，只准成功、不许失败的要求实际上是不切实际的，只能通过科学的设计与严格的实施来尽量降低创新的风险性。

（5）价值性。创新有明显、具体的价值，对社会具有一定的经济效益。创新可以重新组合生产要素，从而改变资源产出，提高组织价值。而对于企业来说，创新利润是最重要、最基础的部分，创新利润的多少能够反映出企业的个性。

三、创新思维

创新思维的本质在于"新"，离开"新"，就谈不上创造力，当然也就无所谓创新思维。同其他思维类型相比，创新思维以"奇""异"制胜，是人类智慧的集中体现。求异性、整体性、灵活性是创新思维的基本特征。

（1）求异性体现在与其他常规思维活动形式不同的独到创新意义上。也就是说，它表现为无论是思考问题的方式和方法，还是思维活动的结果等方面，都与传统思维活动存在着不同的新颖之处。这个特征贯穿于创新思维活动的始终，并为众多讨论者所认同。

（2）整体性具体表现在创新思维结构的层次性上，包括人脑生理结构、心理结构、思维要素结构、能力结构与形式结构。人脑生理结构是创新思维赖以发生的基础结构，如果没有正常健全的人脑生理结构，是不可能形成人的思维运动的，更不用说高级的创新思维活动形式了。心理结构同样是创新思维赖以生存的前提和基础结构。创新思维作为人最具有自觉能动性的高级复杂活动，并不是一种简单的、片面的、孤立的思维活动形式，而是建立在心理结构运动基础之上的，又高于这种心理结构的特殊活动过程。思维要素结构是建立在良好生理结构和心理结构基础之上的创新思维活动。创新思维是由思维问题、思维观念、知识、语言、思维成果等基本要素构成的，这些思维要素在思维能力的驱动下，遵循某种特殊的运动方式而相互联结、相互作用、协同建构，从而形成创新思维的功能运动。思维要素结构是创新思维结构的核心层次，是形成创新思维价值成果的直接生长层或思维"土壤"。能力结构则属于驱动、调控思维诸要素活动的动态结构层次，反映了创新思维的内在动力。形式结构是创新思维活动结构的直观表层，反映创新思维诸要素在其内在的思维能力的运作支配下而形成的运动表现状态。

（3）灵活性体现在创新思维作为一种能动活动绝不是静止的，相对于传统思维活动来讲，创新思维也不是僵化封闭的，而是处在不断的运动变化状态中的。具体而言，创新思维的灵活性主要体现在：一是能及时变换思维的角度和方位，如举一反三、触类旁通，从一个思路或方向变通到另一个思路或方向，从而形成多视角、多方位的思维活动态势；二是能及时摒弃一些旧的思维观念和旧的思维方式，转向新的思维观念和新的思维方式，调整思维活动趋向；三是能主动摒弃一些无效的思维方式和思维材料，而运用新的思维方式和新的思维材料。

（4）重视创新思维一直以来都是马克思主义的优良传统，马克思与恩格斯十分重视创新，人们的思维需按照"如何改变自然界"的方向发展，最终实现思维创新。党的十八大以来，以习近平同志为核心的党中央坚持创新思维，立足新时代，寻找新思路，解决新矛盾，打开新局面，开创新境界，提升新水平，不断推进理论创新、实践创新和制度创新。习近平总书记指出："问题是创新的起点，也是创新的动力源。"强调创新思维要以问题为导向，彰显出强烈的"问题意识"。推动创新必须坚持问题导向，通过发现问题、筛选问题、研究问题、解决问题，不断推动社会发展进步。习近平新时代中国特色社会主义思想是马克思主义中国化的最新成果，这一思想的形成深刻体现了创新思维的运用。

四、思维定式及其内涵

1. 思维定式解析

思维是一种复杂的心理现象，是人脑的一项重要能力。可是，人的思维一旦沿着一定方向，按照一定次序思考，久而久之，就会形成一种惯性。比如，当你这次这样解决了一个问题，下次遇到类似的问题，还是不由自主地沿着上次思考的方向或次序去解决，我们一般把这种惯性称为"经验"。当这种"经验"被反复使用且获得了预期成效时，这种"经验"就上升为非常固定的思维定式。这种思维定式一旦形成，我们在处理现实问题时，就会不假思索地沿着特定的思维路径，将其纳入特定的思维框架进行思考和判断，这就是思维定式。

思维定式与传统观念或固定观念不同，虽然观念也会形成定式，但这里所说的定式则更多地来自以往思维过程形成的习惯。观念是对认识的内容的积淀，而定式则是对认识的形式、方法的积淀。思维定式本质上就是思维习惯。

思维定式对于解决经验范围以内的常规性问题是有用的，它可以使我们的思维驾轻就熟，简洁、快速地对问题做出反应。但是它们对于创造性地解决问题，是一种障碍。它使人们局限于某种固定的反应倾向，跳不出框框、打不开思路，从而限制了人们的创新思考。

思维定式适合用在人们遇到同类或相似问题的时候，但对于创造性思维来说是十分不利的，因为它会让人的思维活动逐渐变为一种既定的方向和定式，形成思维惯性，逐渐成为一种本能反应，使人的创造性思维受到束缚。

对于创新者来说，突破思维定式是十分重要的。我们在思考问题时，可以从以下六个方

思维惯性的例子

面来打破常规的思维定式。

（1）这个问题还能用其他方式表示吗？

（2）可以将问题颠倒过来看看。

（3）能不能用另外一个问题替换目前的问题？

（4）将自己的思考方向转换一下。

（5）将思考问题时脑海中出现的想法记录下来，并认真分析。

（6）把复杂的问题转化为简单的问题。

2. 常见思维定式

（1）习惯性思维定式。

人们常常说"习惯成自然"。习惯性思维是指人们按习惯的、比较固定的思路去考虑问题、分析问题。习惯性思维几乎人皆有之，是一种常见现象，如前所述表现为这次这样解决了一个问题，当下次遇到类似的问题或表面看起来相同的问题时，不由自主地还会沿着上次思考的方向或次序去解决。事实上，习惯性思维常常会造成思考的盲点，就像推磨（在自己的思维里打转）一样，周而复始却难脱窠臼，缺少创新和改变的可能性。因此，经验既是财富，也可能是包袱。

（2）书本式思维定式。

"知识就是力量"，书本知识对人类所起的积极作用是毫无疑问的。但如果死读书，百分之百全信书，一点儿也不敢怀疑，对创新就会形成阻力。这种对于书本的迷信阻碍了人们去纠正前人的失误，探索新的领域，不仅不能给人以力量，反而会抹杀人们的创新能力。所以在学习知识的同时，应保持思想的灵活性，注重学习基本原理而不是死记一些规则，这样知识才会有用。

（3）经验式思维定式。

所谓经验就是人们通过大量实践获得的知识、掌握的规律或技能。经验是宝贵的，是我们日常生活和工作的好帮手，为我们办事时带来方便。特别是一些技术和管理方面的工作，就需要有丰富的经验。经验是相对稳定的东西，过分依赖乃至崇拜，会形成固定的思维定式，这样就会降低人们的创造性思维能力。经验又有局限性，常常会妨碍创意思考，成为创新的枷锁。

（4）局限性思维定式。

人的思维是还原于周围环境的，所以人的思维有局限性。局限性思维是指站在不同的角度以得到不同的结论。

个人的经历与思维是因果关系。个人经历是造成思维局限的根本原因。但问题的关键在于我们的思维如果只着眼于事物的一部分，就会错失重要的全貌或本质。

（5）从众型思维定式。

从众心理，就是不带头，不冒尖，一切都随大流的心理状态。从众型思维定式是指没有或不敢坚持自己的主见，总是顺从多数人意志的一种广泛存在的心理现象。破除从众型思维定式，需要在思维过程中不盲目跟随，具备心理抗压能力。在科学研究和发明过程中，要有独立的思维意识。

（6）权威型思维定式。

权威型思维定式也叫权威定势，是指在思维过程中盲目迷信权威，以权威的是非为是非，缺乏独立思考能力，不敢怀疑权威的理论或观点，一切都按照权威的意见办事。

不唯书，不唯上，是为实。权威定势对人类的发展与进步有着一定的积极意义，因为有了权威的存在，节省了人们无数重复探索的时间和精力。但权威也可能是阻止发明的力量，著名科学家瓦特发明蒸汽机成为科学界权威人物，但瓦特对蒸汽机火车发明进行过多次阻止。

3. 突破思维定式的方式

突破思维定式，指的是突破原有的思维框架，更好或更全面地看待问题，找出非常规解决方案，实现人生飞跃。历史上一直为人类文明进步而努力的人们，特别是科学家，更有创造力、变革力，更能为思考铺平道路。而具有思维定式的人，即使他们尝试，也往往无法取得突破性的成果，相反，还会让自己的努力变得低效甚至无效。只有我们有新的精神，有勇气突破意识，我们才能更有效、更紧密地指导，也才会成为少数的领先者。突破思维定式的主要方式有以下四种。

（1）信息收集法。思维定式，很大的原因是信息的不对称造成的。一个人长年累月地接触到固有的、局部的信息，久而久之会形成惯性思维，认为事情本身就是如此，不会也不可能有大的改变。那么，信息收集法就是让我们了解更多的外部信息，不要下坐井观天式的结论。

（2）大胆猜想法。想象是人类区别于其他动物的、一种特有的思维形式，是大脑突破固有知识束缚后非逻辑性的重组。举例而言，英国科学家赫胥黎面对考古新发现的巨蜥龙化石，大胆地提出设想，认为鸟类的起源很可能与恐龙有关，结果被众多同行和俗世中人视为笑话。可现如今，鸟类是由小型兽脚类恐龙演化而来这一学说，在经过反复研究论证后，已成为全球科学界普遍认可的事实。再比如，像爱因斯坦想象自己以光速运动，从而提出相对论；魏格纳在地图面前想象几个大陆板块分裂后慢慢地漂移，提出"大陆漂移说"……这些都是非常大胆的、突破思维定式的想象，结果却都成为科学上的著名发现，也都开创了一个新时代。这就表明，人类的进步与发展，往往是与想象力的不断丰富紧密相关的。只要借助丰富的想象力，就很有可能突破思维定式，提出新的设想，进而实现新的发现与创造。

（3）勤于思考法。蜘蛛吐丝结网这一现象，很多人都看过，可以说是到了熟视无睹的地步，但法国人卜翁因此而开始思考人类造丝的可能，在经过一番深入的研究后，使人造纤维这一伟大发明，走入人们的日常生活。像这样的发现、发明，很多时候都是对看似寻常的事物进行充分思考后才得出的创意。所以，要想突破自身的思维定式，在思考时，就不要疏忽对日常生活的观察与分析。

（4）抵制压力法。要想突破思维定式，你的行为在他人看来或许就会是离经叛道的，你会面对他人的非议甚至攻击，会承受很大的压力，然而，"欲戴王冠，必承其重"，突破思维定式，就要有抵制种种世俗、习惯压力的勇气。最后，需要特别指出的是，突破思维定式，并不是破坏社会秩序，去违逆各种规定、规律去行事，只是强调在遵循规律、维护秩序的基础上，挣脱那些毫无意义的"必须""应该"等死板、固定的条条框框，让自身的努力和奋斗变得更高效。

第二节　创新思维的常见类型

一、发散思维

创新思维的例子

发散思维又称扩散思维、辐射思维，就是针对问题出发，从不同层次、不同角度、不同方向进行探索解决问题的多种方案、多种思想和多种方法的一种思维形式。它从问题信息源（思维的基点）出发，任意发散，既无一定的方向，也无一定的范围。美国心理学家乔伊·保罗·吉尔福特认为，发散思维具有流畅性、灵活性、独特性和精细性的特征。

（1）流畅性是思维自由发挥，在较短时间内生成并表达出解决问题尽可能多的方案、思想和方法，是发散思维数量的指标，反映发散思维的速度。可以用一定时间内的数量指标来表示流畅性水平。例如，有人问："人们在取暖时可以采取哪些方式？"可从取暖方式的各个方向上进行发散，有晒太阳、烤火、开空调、电暖气、电热毯、运动、多穿衣等，这些都是同一方向上数量的扩大，但方向较为单一。例如，有人问："手机有什么用？"一个人说："可以打电话、上网查资料。"另一个人说："可以打电话、上网查资料、QQ 聊天、购物、打游戏、做生意。"第二个人的流畅性要好。

（2）灵活性是发散思维改变思维方向的属性，指克服人们头脑中僵化的思维框架，按照某一新的方向来思索问题的特点。灵活性反映一个人的思维常常通过借助横向类比、跨域转化、触类旁通等方法，能够随机应变，使发散思维沿着不同的方面和方向扩散，有可能提出不同于一般人的新构想、新方案和新方法。灵活性是较高层次的发散思维，使得发散思维的数量多、跨度大。发明家爱迪生就是一个思维非常敏捷的人。据说爱迪生在发明白炽灯时，为解决灯丝材料问题，他提出了几千种解决办法，使用多种发散途径和方法，终于找到了合适的材料和方法。

（3）独特性表现为思维者提出的解决方案或方法，不与他人类同，而是"新异""奇特""独到"，即从前所未有的新角度认识事物，提出超乎寻常的新想法，使人们获得创造性成果。如问："报纸有何用途？"一个人说："在野外可烧火驱赶野兽、制造恐慌。"另一个人说："可以用来阅读、写字、包书皮、擦玻璃。"此处第一个人的独创性好于第二个人。

（4）精细性是对已有的方案、方法或想法细化和完善，使思维的成果更加具体。

发散思维的流畅性、灵活性、独特性和精细性是相互联系的。思维流畅是思维灵活、独特和精细的前提，思维灵活则是提出创新的关键。灵活转换的能力强，产生独特精细的想法就越有可能性。

法国哲学家查提尔说："当你只有一个点子时，这个点子再危险不过了。"美国罗杰博士说："习惯于寻求单一正确的答案，会严重影响我们面对问题和思考问题的方式。"有人请教爱因斯坦说："你与常人区别何在？"爱因斯坦回答道："如果让常人在一个草垛中寻找一根针，常人往往在找到一根针就会停止工作，而我则会把整个草垛掀开，寻找散落在草垛中所有的针。"

发散思维可以有意识地进行训练，如可以从用途、功能、结构、因果、材料等方面进行思维。例如以"电线"为题，设想其可能的用途。自然有人与"电、信号"等联系起来，作为导体；也有人当作绳来捆东西、扎口袋等。但当把电线分成铜质、重量、体积、长度、韧性、直线等再考虑时，猛然发现电线有无穷无尽的用途。再如，在回答"红砖头有什么用"时，两人均在两分钟内说出了十种用途。第一个人说："红砖头的用途有造房子、造围墙、造猪圈、造羊圈、造狗窝、造鸡窝、造兔窝、造鸭窝、铺路、造台阶等。"第二个人说："红砖头的用途有造房子、铺路、练气功、练举重、做涂料、写字、做武器、下象棋、防台风和放在汽车轮下防滑等。"比较而言，第二个人的回答所涉及的类别较多，第一个人的回答只局限于做建筑材料，故第二个人的发散思维变通性比第一个人强。但若有人说"红砖头可以当作多米诺骨牌，作为比赛用具"，则与众不同，可以认为该人发散思维独特性较强。

二、批判性思维

"要创新，就要有强烈的创新意识，凡事要有打破砂锅问到底的精神，敢于质疑现有理论，勇于开拓新的方向，攻坚克难，追求卓越。"2013 年 7 月 17 日，习近平总书记在中国科学院考察工作时的讲话道出了创新的核心意蕴。创新就需要有质疑的勇气，而质疑的勇气与批判性的思维有着直接的关系。

质疑是思考的源头。"学起于思，思源于疑。"伏尔泰说："质疑不是一种愉悦的状态，但深信不疑是荒谬的。"苏格拉底认为，一切知识均从疑难中产生，愈求进步疑难愈多，疑难愈多进步愈大。批判性思维是大胆质疑而非愤世嫉俗，是思想开放而非举棋不定，是分析批判而非吹毛求疵。

批判是人类文明进步的原动力，而批判性精神则是原动力的"源泉"。

从某种角度来说，批判性思维就是质疑中的"反省式思维"。其概念来源于古希腊，"批判的"（critical）源于希腊文 kriticos（提问、理解某物的意义和有能力分析，即"辨明或判断的能力"）和 kriterion（标准）。从语源上说，该词暗示发展"基于标准的有辨识能力的判断"。批判性思维的起源可以追溯到苏格拉底时期，脱胎于苏格拉底提出的"探究性质疑"。

批判不等同于批评，"批"是对事物的质疑和分析，"判"是基于思维逻辑的合理判断。批判性思维追求的是思维层面的开发，鼓励的是自由和独立思考。

"批判"二字并非传统所指的贬义，它本属中性，既褒又贬，有两层含义：一是判断是非对错；二是分析并否定错误的思想或言行。但是批判不是全盘否定，而是理性地看待问题的各个方面，肯定其正确的部分，否定其不合理的地方，在综合分析和系统思考的基础上，进一步为创新打下坚实的基础。批判性思维更多的是杜威所描述的"反省性思维"，孔子也说过："吾日三省吾身。"指的就是我们对于万事万物都不应该拘泥于固定思维下的刻板印象。事物都是具有两面性的，民间谚语说"硬币具有两个面"，哲学家说"事物处于不断的变动当中"。正是事物本身的复杂性和动态性，才决定了我们的思维也应该是批判性的。

批判质疑是通向发明创造的入口，没有质疑，就没有创新。合理的批判主义精神是个体创新素养的重要构成。世界上没有永远正确的理论和一劳永逸的技术，一切先例都是会被打破的，而未来的新理论和适用的新技术，都将由持有批判性思维的异见者们发现或发明，未来属于具有批判性思维的创新者。

三、联想思维

联想是指人们在自己的记忆表象中由于某种诱因引发不同表象间发生联系的一种思维方法。联想丰富的人通常都具有优良的思维品质。联想思维是创新思维中最具活力的重要组成部分。有人说，联想思维就好比一株幼苗，在形象胚芽的形成和发展中有时起着"触媒"的作用。一旦发生联想，胚芽就立时形成，或迅速生长发育，形成形象。联想思维始终离不开思维对象感性的形象形式。它是能动的，却不是纯主观性的；是自由的，却不是任意性的。其作用主要表现在：为其他思维方法提供一定的基础、活化创新思维的活动空间、有利于信息的储存和检索。总而言之，它可以大大扩展思维范围，开拓新的思维层次，把思维引向深处。联想思维能力越强，越能把意义上跨度很大的不同事物联结起来，从而使构思的格局变得海阔天空。

联想思维的形式具体分为以下几种。

（1）接近联想。甲、乙两种事物在空间或时间上接近，在审美主体的日常生活经验中又经常联系在一起，已形成固定的条件反射，于是由甲联想到乙，而引起一定的表象和情绪反应。如听到蝉声联想到盛暑，看到大雁南去联想到秋天到来等。

（2）类比联想。即对某种事物的感受引起对与其在性质上或形态上相似的事物的联想。如文艺作品中将暴风雨比喻为革命，将雄鹰比喻为战士，便是运用了这种联想思维形式。这种联想带有社会的、时代的、民族的普遍性，但也带有个人思想感情的特殊性。

（3）对比联想。由某种事物的感受引起对和它有相反特点的事物的联想。它是对不同对象对立关系的概括。如形象的反衬就是对这种联想思维形式的运用。

四、逆向思维

（一）逆向思维的含义

逆向思维又称反向思维。心理学研究表明：每一个思维过程都有一个与之相反的思维过程，在这个互逆过程中，存在正、逆思维的联结。所谓逆向思维，是指和正向思维方向相反而又相互联系的思维过程，是从事物的反面去思考问题的思维方式。这种方法常常使问题获得创造性的解决。

（二）逆向思维的特征

1. 反向性

反向性是逆向思维区别于其他思维的最主要特点，强调采用与常规相反的思维路径，从事物的反面或反向进行构思与发想。

2. 普遍性

按照对立统一规律，任何事物都有其对立面，思考问题的角度也就有正反两面，所以逆向思维在不同领域、不同情境中都有其适用性。

3. 多样性

不同事物的表现形式是复杂多样的，有一种表现形式，相应地就有一种逆向思维的角度，所以，逆向思维也有无限多种形式。

4. 批判性

由于逆向思维是从相反的角度看问题的，因此在许多情况下会反映出打破常规、超出惯例、反对传统的性质，表现为对常规的批判，对传统或权威的挑战。它能够克服思维定式，破除由经验和习惯造成的思维僵化。

5. 突破性

运用逆向思维能克服惯性思维的障碍，打破思维定式，往往能够出奇制胜，形成突破性解决问题的方法，从而产生出其不意的效果。

6. 新颖性

逆向思维有助于人们冲破习惯的束缚、突破常规的约束，更容易产生前所未有的思想观念和解决问题的方法与途径，给人耳目一新的感觉。

（三）逆向思维的类型

逆向思维是指要培养一种思考问题的方式，并不是只有一种路径可以通往终点。逆向思维在实践层面的运用有诸多类型，下面介绍三种逆向思维的类型。

1. 反转型逆向思维

反转型逆向思维是从已知事物的相反方向进行思考的，从事物的已知属性和特性及因果关系等方面进行反向思维，从而产生发明构思的途径。这个层面是主动使用逆向思维，寻求解决问题的新路径。

2. 转换型逆向思维

转换型逆向思维是指在常规思维无法顺利解决问题的情况下，转换另一种思维方式，从相反的方向进行思索，使问题顺利解决的思维方法。

3. 缺点型逆向思维

缺点型逆向思维是指找出事物的缺点和不足，将缺点有效地利用起来，化被动为主动，化不利为有利的思维方法。这种思维方法的关键，就是要人们学会利用某些事物的缺点，做到"变害为利"。

（四）培养逆向思维的途径

1. 辩证分析

正向思维和逆向思维反映了矛盾的对立统一规律。因此，我们可以从矛盾的对立面去思考问题。任何事物都是矛盾的统一体，如果我们从矛盾的不同方面去引导逆向思维，往往能认识事物更多的方面。

2. 反向逆推

反向逆推，探讨某些命题的逆命题的真假。

3. 运用反证法

反证法是正向逻辑思维的逆过程，是一种典型的逆向思维。反证法是指首先假设与已知事实和结论相反的结果成立，然后推导出一系列和客观事实、原理和规律相验证的过程，最终得出正确答案。

4. 执果索因

执果索因是指改变解决问题时的惯用思路，从果到因，从答案到问题。而创新是先明确问题，然后寻找答案，可以称为"形式为先，功能次之"。

五、想象思维

想象思维是一种思维活动，是大脑通过形象化的概括作用，对大脑内已有的记忆表象进行加工、改造或重组的思维活动。想象思维可以说是形象思维的具体化，是人脑借助表象进行加工操作的最主要形式，是人类进行创新及活动的重要的思维形式。

想象思维具有三个特征。

（1）形象性。想象思维的基础是事物本身，是一切活动单位的基本表现。想象的时候必然有一个物体成为你想象的根源，而这个物体也是客观存在的，但是，这个根源跟想象后发散形成的事物虽具有一定的关联性，不具有必然的联系，这是它的美妙之处。

（2）概括性。想象思维实际上是对脑海中已有知识的概括，既从某个方面反映了对已有记忆事物的表象，又从另一方面对记忆进行加工和抽象性地发散，组合成新的物体或原理，达到对外部事件的总体把握，所以说想象思维具有很强的概括性，效果奇特。

（3）超越性。想象思维最宝贵的地方可以说是它的超越性，超越原有记忆中的事物形成许多新的事物或观念，这是人类创造发明的最集中表现。像菲茨杰拉德、约翰·纳什等这些杰出的人物，其思维方式往往都离不开想象思维。

想象思维有再造想象思维和创造想象思维之分。再造想象思维是指主体在经验记忆的基础上，在头脑中再现客观事物的表象；创造想象思维则不仅再现现成事物，而且创造出全新的形象。文学创作中的艺术想象属于创造性想象，是形象思维的主要形式，存在于整个过程之中。即作家根据一定的指导思想，调动自己积累的生活经验，进行创造性的加工，进而形成新的完整的艺术形象。

当我们绞尽脑汁，打乱事物的固有搭配将其重新组合，但是依旧难觅灵光时，或许可以采用"拉郎配"的粗暴方式，将不同事物强行结合以"培养感情"，由此期待一些歪打正着的意外好运。比如，在一些发明学校，进行一些发明训练之时，学员会收到一本带有照片的商品目录，然后要求随机翻出两页，然后对上面的两个商品进行强制编辑，从而在辗转反侧中搜索发明灵感。

有人翻到了"自行车"与"电线杆"，发明了一种能爬电线杆的自行车。

有人翻到了"豆腐渣"与"蚕宝宝"，培育出了以豆腐渣为食的蚕宝宝。

有人翻到了"玻璃纤维"与"塑料"，制作出了高强度而且耐高温的玻璃钢。

这就是想象，将现实化作想象往往能取得令人喜悦的效果，相信你已经对于想象思维有了一定的了解，不妨去尝试一下吧。

六、互联网思维

"互联网思维"一词最早由百度公司创始人李彦宏提出:我们这些企业家们今后要有互联网思维,可能你做的事情不是互联网的,但你的思维方式要逐渐从互联网的角度去想问题。互联网就像一张巨大的网,它用一根根看不见的线,把一个有温度的鲜活生命、无生命的智慧工具连接起来,无数个连接着的节点拉紧又松开,不断勾勒出新的图案,演绎出天地间生动的图景。

互联网思维开始取代传统的工业思维,准确地说它不是一种具体的、直观的思维方式,它是一种方法论思维,或者说是一种思维的方法论,是连接一切的逻辑,是互联网思维的最佳注释。

互联网思维,是互联网时代融合实践的新思维路径,具有跨界融合、平台开放、用户至上、免费模式、体验为王、大数据应用等若干特征。

在互联网时代下,万物皆互联,无处不计算。我们身处一个连接的世界,要么主动连接他人他物,要么就被这个世界连接。百度连接了人和信息,阿里巴巴连接了人和商品,腾讯则连接了人和人,如此等等。互联网是整合思维最为极致的运用,它创造了一个虚拟平台,信息在这里汇聚、沟通、融合与再生,推动着人际交往从金字塔的等级走向平等:不靠强制义务、物质激励或社会契约连接在一起。

我们无法估量互联网发展的影响力,也没有必要去估量。互联网已经成为当下的中心话题,思想和经济活动都围绕着它来进行。"任何互联网都有两个要素:节点与连接。"节点会越来越小,但它们之间的相互连接会越来越多。错综复杂的互联网是一个包罗万象的世界,囊括了一切,涵盖了关于政治、经济、社会、文化及生态的各类事务,揭示了万物之间相互依存、相互连接的关系。

互联网的连通性将无数的人、事、物连接在了一起,碰撞出色彩缤纷、造型各异的绚烂烟火。这样的新社会、新世界意味着无穷无尽的可能和变化,变化则意味着动荡与希望,只有用开放的思维和姿态去拥抱美丽新世界,具备互联网思维,常将自己作为一个互联网的节点来考虑,和更多的人分享、沟通、连接与融合,才能真正适应这个变化的时代。在动荡中播下际遇的种子,种子必然会发芽开花。

互联网思维是一种全新看待世界的方法,它影响并改变的是人们对世界的看法,因为我们身处的世界是被互联网紧密连接着的世界。换句话说,因为互联网的出现和互联网思维的影响,我们的"世界观"正在发生改变。

深刻领会互联网思维并运用于实践,离不开方法论的指导。互联网思维的方法论意义何在?纵观互联网浪潮中的成功与失败,究其根本原因,在于是否真正运用互联网的连通性,具体来说就是用连接一切的逻辑来指导实践。

唯有真正掌握互联网思维,才能真正站在风口浪尖上拥抱时代变化,获得成功。在这场新旧秩序交替的革命中,无数乘着时代风口起飞的企业如淘宝、京东等,成为代表着中国未来发展力量的中流砥柱;无数于互联网浪潮风起云涌之时便纷纷调转方向,转型互联网的企业如苏宁、诚品书店等,也续写了自己的辉煌,开启了全新的篇章。但还有更多的企业,被互联网浪潮席卷着跟跄而行,逐步落后于时代的大潮,成为变革中的牺牲品和失败者,如永辉超市旗下的生鲜电商网站"半边天"存活不足两个月；海尔集团与英国零售商 Argos 联合组建的电商网站"爱顾商城"正式运营不到三个月；富士康旗下的电商网站"飞虎乐购"早已宣告失败，在市场上踪迹难寻。

互联网思维的方法论看似招式众多，观点也都不尽相同，但是拨开层层迷雾般的种种言论，参透本质，我们便会发现，互联网思维方法论的本质，其实是提供了一种新的"社会元素"的组合方法，于是我们开始更多地谈论分享、开放、链接、跨界、融合、社群、口碑等。

基于互联网连接一切的技术基础，在连接中融合，在融合中创新，实现融合创新，这正是互联网思维的方法论意义和价值所在。

第三节　创新思维训练的常用方法

一、头脑风暴法

亚历克斯·奥斯本是美国创新技法和创新过程之父。1941 年出版世界上第一部创新学专著《创造性想象》，提出了奥斯本检核表法，此书的销量非常好。

头脑风暴法就是基于讨论中互相启发想法、互相激励的现象而设计的思维训练法。头脑风暴法又被称为 BS 法、智力激励法。由美国 BBDO（Batten，Barton，Durstine Osborn，简称 BBDO）广告公司的奥斯本首创，该方法主要由价值工程工作小组人员在正常融洽和不受任何限制的气氛中以会议的形式进行讨论、座谈，打破常规，积极思考，畅所欲言，充分发表看法。

蒂娜·齐莉格在《斯坦福大学最受欢迎的创意课》一书中提道："头脑风暴法是一种集体开发创造性思维的方法，就是让一群人聚在一起围绕特定的话题，自由地思考，大胆地提出各种想法。然后在他们的观点基础上建立新观点。如果运用得当，头脑风暴法可以帮你快速跳过浅显的答案，迅速找到高效、富有创造性的解决方法。在头脑风暴中能够产生联想激发，联想是产生新观念的基本过程。在群体讨论的过程中，任意一个新观点的抛出，都意味着新联想的产生，创意思维在不断的联想过程中被激活，形成新观念池，最终的创新便以这些不断被刺激的联想为起点。同时，头脑风暴能够带来强烈的情绪感染、自由的发言环境、激烈的讨论氛围，使得人们能够相互影响、相互感染，形成热潮，从而突破固有观念的束缚，最大限度地发挥创造性的思维能力。而且在这种热烈的讨论中极大地催生了参与者的竞争意识，从心理学视角观察，当人类处于竞争环境中时，人的心理活动效率可增加 50% 或更多，这样能够让每个人尽力调动思维的创新性和活跃性，激发具有价值和影响力的独到见解和新奇观念。

头脑风暴法能够给我们带来很多思维碰撞的火花，每个参与者在这个环境中都能表达自己最真实的想法和最想说的观点，从而形成思维的扩散和创意的累积。头脑风暴法最重要的，是发挥互激效应。因此，一次成功的头脑风暴，应该是充分的、非评价性的、无偏见的交流。为了更好地运用这种方法，需要遵循以下四项原则。

1. 畅所欲言、大胆想象

参与者不应该受任何主观或客观的条件限制，应该极力放松思想，让思维自由驰骋。从不同角度、不同维度、不同立场去大胆地展开想象，尽可能地打破常规、标新立异、与众不同，可以参考上述各类创新思维的方式，运用不同的思维方式去思考，力求提出独创性的想法。

2. 遵循延迟评判原则

要坚持当场不对任何设想做出评价的原则，既不肯定或否定某个想法，也不针对想法发表任何评论性意见，更不能陷入自我批判，一切评价和判断都要延迟到会议结束以后才能进行。这样做一方面是为了防止评判带来的严肃气氛，以及评价机制会约束参与者的积极思维，破坏自由畅谈的有利气氛；另一方面是为了集中精力先大胆畅想，避免把应该在后阶段做的工作提前进行，影响创造性设想的大量产生。

3、严禁批评

头脑风暴严禁批评，无论是批评还是自我批评都不能出现在头脑风暴过程中，否则会带来紧张和压抑的气氛，不利于思维的活跃和畅想。

4、以量求质为会议目标

鼓励每一个参与者抓紧时间，尽可能多地进行思维的发散，创意的数量越多，具备创造性的思维在很大程度上也就会越多。对质量的筛选是下一步的工作，不可以带到头脑风暴过程中。为了保持持续的创新力，创立于 2006 年的武汉拓雅文化传播公司保持了良好的头脑风暴传统。每次只要有一个项目需求从客户那边传递过来，公司的会议室就会坐满了人，大家暂时放下自己手头的工作，参加到一场热闹的头脑风暴会中来。通常，这样的头脑风暴会由具体负责某个项目的经理发起，他（她）会在开会前一天就通过某社交软件将项目背景、希望解决的问题发布给公司所有人，让每一位同事都有时间提前查阅资料或思考。

每场头脑风暴会会程都是极其简单的，大家进入会议室就会立刻进入"风暴眼"，开启一场激烈的脑力激荡。通常，参与者首先探讨的是项目的核心内容部分，这部分的头脑风暴将采用"魔球联想法"——主持人会在会议室的白板中央用白板笔圈写一个"核心魔球"，然后大家就开始自由地"魔球联想"，围绕"核心魔球"展开不受任何批判、干扰的自由联想，主持人会把每一个发散点用新的圆圈标注出来，直到整个白板上布满了各个层级的"魔球"。

二、5W2H 分析法

5W2H 分析法又叫七问分析法，可以广泛用于改进工作、改善管理、技术开发、价值分析等方面。它用 5 个以"W"开头的英语单词和 2 个以"H"开头的英语单词（短语）进行概括，帮助我们发现解决问题的线索，寻找发明思路，进行设计构思，从而创造新的发明项目。

5W2H 分析法是从客体的本质（What），主体的本质（Who），物质运动的基本形式如时间和空间（When、Where），事情发生的原因（Why）与程度（How、How much）这几个角度来提问的，从而形成创新方案的方法。其基本内容如下。

（1）What（做什么）：明确所要进行的活动内容和要求。

（2）Why（为什么做）：活动的原因和目的。

（3）Who（谁去做）：活动的具体执行者。

（4）Where（在什么地方做）：活动的执行地点。

（5）When（在什么时间做）：规定活动的执行时间。

（6）How（怎样做）：活动的执行手段和安排。

（7）How much（成本）：花费多少成本去做，要完成多少数量，利润是多少。

这七问概括得比较全面，实际上把要做的事情和可能遇到的问题基本都包括进去了。5W2H 分析法是一种重要的计划内容，也是一种重要的策划思维方法，它指导我们把事情做对，进而把事情做好。

（1）可以准确界定、清晰表述问题，提高工作效率。

（2）有效掌控事件的本质，完全抓住了事件的主骨架，把事件打回原形思考。

（3）简单、方便，易于理解、使用，富有启发意义。

（4）有助于思路的条理化，杜绝盲目性；有助于全面思考问题，从而避免在流程设计中遗漏项目。

5W2H 分析法给我们提供了启发思维、质疑思考、提出疑问、分析问题、完善任务、防止遗漏的简洁方法。在实际应用中，我们可以根据不同问题、不同任务需求灵活设计提问的方式、内容或顺序。

在 5W2H 分析法的应用中，要抓住事物的主要特征，根据不同的具体问题性质，设置不同内容的设问。

5W2H 分析法应用步骤如下。

第一步，对某一种现行事物或产品，从七个角度检查提问。为使内容简洁明晰，可以把序号、提问项目、提问内容、情况原因和创新方案等栏目列成表格，针对七个设问逐一填写。

第二步，对七个方面的提问逐一审核，将发现的疑点、难点一一列出。

第三步，讨论分析，寻找改进措施。这七个设问彼此联系、相辅相成，应根据原因综合考虑，抓住主要矛盾，提出新的创新方案。

综上所述，只要抓住事物存在的基本方面和制约条件来分析问题，往往会一下子抓住缺陷及背后隐藏的原因，从而使解决问题的范围得以确定或使问题迎刃而解。

5W2H 分析法是抓住主要矛盾，从总体上把握，进行分析思考的创新思维方法，其实用性强，效果显著。在运用时，每个问题往往还需要分解成许多更小的问题，再逐一回答，才可使方案设想日臻完美。

三、和田十二法

和田十二法，源自使用效果突出的奥斯本检核表法，是指人们在创造一个事物时，可以从 12 个方向展开思考，促进思维的流畅性、灵活性和独特性，使原本固化的思维向创造性方向转变，进而提出很多创造性设想。该技法不仅在国际学术研讨会上得到高度评价，在实践中也深受大众欢迎。人们在进行创造性活动时，如果能从加一加、减一减、扩一扩、变一变、改一改等多角度活跃思维，就可能迸发灵感，产生意想不到的新想法。

（1）加一加：加高、加厚、加多、组合等。例如，橡皮和铅笔加在一起组合成带橡皮的铅笔，收音机和录音机叠加就形成了收录机。

（2）减一减：减轻、减少、省略等。根据这一思路，简化体汉字就是繁体汉字减一减的产物。

（3）扩一扩：放大、扩大、提高功效等。幻灯、电影、投影电视等就是扩一扩的成果。

（4）变一变：变形状、颜色、气味、音响、次序等。彩色电影、电视正是黑白电影、电视变一变的产物。食品、文具等方面的不少系列产品也是根据变一变的思路开发出来的。

（5）改一改：改缺点、改不便、改不足之处。某小学的一个学生曾根据这一思路发明了多用触电插头，并在国际青少年发明竞赛中获奖。

（6）缩一缩：压缩、缩小、微型化。袖珍词典、压缩饼干等就是缩一缩的成果。

（7）联一联：原因和结果有何联系，把某些东西联系起来。干湿球温度表就是根据空气温度和湿度之间的联系开发出来的新产品。

（8）学一学：模仿形状、结构、方法，学习先进。传说鲁班从茅草的锯齿形叶片把手掌划破得到启发，进而模仿草叶边缘的形态发明了新的工具——锯，这就是学一学的典型事例。

（9）代一代：用别的材料代替，用别的方法代替。代替的结果必须保证不改变事物的原有功能。这一思路在材料工业领域有广泛的应用价值，许多合金、工业塑料、新型陶瓷材料等都是这一思路的成果。

（10）搬一搬：移作他用。用嘴吹气就会发声的哨子，运用到水壶口上，就产生了能自动报告水烧开了的新产品；运用到鸽子身上便转换为鸽哨，不仅能指示鸽子的行踪而且能提供悠扬的乐声。

（11）反一反：能否颠倒一下。这是要求逆向思维的思路。吸尘器的发明就是成功的一例。起初是想发明一种利用气流吹尘的清洁工具，试用时发现造成尘土飞扬，效果很差，结果反其道而行之，发明了吸尘器。

（12）定一定：定个界限、标准，能提高工作效率。这是一种定量化的思路。定量化是人们对客观事物的认识逐渐精确化的标志，也为创造发明提供了有效的途径。典型成果：尺子、秤、天平、温度计、噪声显示器等。

如果按这 12 个"一"的顺序进行核对和思考，就能从中得到启发，诱发人们的创造性设想。所以，和田十二法、检核表法，都是一种打开人们创造思路、从而获得创造性设想的"思路提示法"。

和田十二法所使用的 12 个动词，虽然简单明了、易于识记，但在具体实践时仍需掌握最基本的步骤。因此，对和田十二法的学习和掌握切忌纸上谈兵，不能空谈理论，一定要在实践中不断摸索，累积相关的经验。实践才是创造技法的载体，只有在实践中不断反思总结，才能掌握创造技法的精髓。此外，和田十二法所提供的 12 个检核项目，只是指出了创造性思维的 12 个方向，并没有做出严格的内容界定。如果我们在进行创造性的活动时，只是机械地用一个个检核项目去套具体的实践任务，也很难取得理想的效果。和田十二法所起到的作用只是"道而弗牵"，提供思考的大致方向，在此基础上，我们仍需要真正理解和田十二法的内涵。

四、思维导图法

思维导图法，本质上就是思维导图，英文是 The Mind Map，又名心智导图，而思维导图又称脑图、心智地图、脑力激荡图、灵感触发图、概念地图、树状图、树枝图或思维地图，是一种图像式思维工具及一种利用图像式思考的辅助工具。它是表达发散性思维的有效图形思维工具，既简单又很有效同时又很高效，是一种实用性的思维工具。

思维导图充分运用左右脑的功能，利用记忆、阅读、思维的规律和图文并重的技巧，把各级主题的关系用相互隶属与相关的层级图表现出来，把主题关键词与图像、颜色等建立记忆链接，协助人们在科学与艺术、逻辑与想象之间平衡发展，从而开启人类大脑的无限潜能，因此它具有人类思维的强大功能。

思维导图是一种将思维形象化的方法。我们知道放射性思考是人类大脑的自然思考方式，每一种进入大脑的资料，不论是感觉、记忆或想法——包括文字、数字、符码、香气、食物、线条、颜色、意象、节奏、音符等，都可以成为一个思考中心，并以此为中心向外发散出成千上万个的关节点，每一个关节点代表与中心主题的一个联结，而每一个联结又可以成为另一个思考中心，再向外发散出成千上万个的关节点，呈现出放射性立体结构，而这些关节点的联结可以视为记忆，就如同大脑中的神经元一样互相连接，也就是你的个人数据库，这种方法可以快速地把你所要找到的信息串联起来，对于思考的问题可以涉及各个问题本质的深处。

思维导图有四大原理。

（1）图像原理。

比起抽象的文字符号，人的大脑对图像的敏感度更高，生动有趣的图像会给大脑留下深刻的印象。而思维导图正是运用了图像，来有效刺激大脑。

（2）发散原理。

思维导图的中心图会引出很多条一级分支，一级分支又可以引出很多条二级分支。以一个点为中心，向四周发散出去，能够有效地锻炼发散思维，进一步提高创造力和灵感。

思维导图正是由中心图展开，逐渐发散到一级分支，每个一级分支又是一个中心，逐渐发散到各个二级分支，以此类推。思维导图通过这种形式结构，能够把各个知识点或信息点组织在一起，使得这些知识或信息在大脑里更加组织化、结构化和系统化。

（3）收敛原理。

有发散就有收敛，它们是相对的。发散性思维很重要，但是收敛性思维也很重要。发散性思维是联想能力的体现，确实非常重要，它能让你天马行空，有很多联想，可能会有很多好的点子和创意出现。

（4）主动原理。

1946 年美国学者埃德加·戴尔提出了"学习金字塔"的理论。学习金字塔用数字形式形象显示了采用不同的学习方式，学习者在两周以后还能记住内容（平均学习保持率）的多少。

这种有效的思维模式，应用于记忆、学习、思考等的思维"地图"，有利于人脑的扩散思维的展开，它强大的作用使其在全世界得到了广泛使用。大量的 500 强企业在学习并使用思维导图，新加坡更是把它列入小学生必修课内，中国也有 20 多年的使用历史。2017 年，中国开展中国思维导图普及工程，工程发起人为英国思维导图官方注册导师姬广亮，他表示此工程旨在让思维导图走进校园及千家万户，让更多青少年通过学习掌握思维导图去增强记忆力、学习力、创造力，能够体现自己的思考特征和制作目标，并发展其思考能力和提高其思考水平，通过运用"思维导图"的方法可以大大提高人的思考能力。

五、六顶思考帽法

六顶思考帽法的概念有两个目的：第一个目的是简化思维，让思考者只做一件事；第二个目的是让思考者可以自由变换思维形态。

作为一种象征，帽子的价值在于它指示了一种规则。人们总要戴一定的帽子，而帽子的一大优点则是可以轻易地戴上或摘下，同时帽子也可以让周围的人看得见。正是由于这些，所以我们选择帽子作为思考方向的象征性标记。我们用六种颜色的帽子代表六种思考方向，它们是白色思考帽、红色思考帽、黑色思考帽、黄色思考帽、绿色思考帽和蓝色思考帽。

（1）白色思考帽：白色是中立而客观的。戴上白色思考帽，人们思考的是关注客观的事实和数据。

（2）红色思考帽：红色代表情绪、直觉和感情。红色思考帽代表的是感性的看法。

（3）黑色思考帽：黑色代表冷静和严肃。黑色思考帽意味着小心和谨慎，它指出了任一观点的危险所在。

（4）黄色思考帽：黄色代表阳光和价值。黄色思考帽是乐观、充满希望的思考。

（5）绿色思考帽：绿色是草地和蔬菜的颜色，代表丰富、肥沃和生机。绿色思考帽指向的是创造性和新观点。

（6）蓝色思考帽：蓝色是冷色调，也是天空的颜色。蓝色思考帽是对思考过程和其他思考帽的控制和组织。

多年以来使用六顶思考帽法已经取得了越来越多的显著效果，主要取得了四个明显的效果。一是效力。通过运用六顶思考帽法，团队中所有人的智慧、经验和知识都得到了充分的运用，每个人都朝着同一个方向努力。二是节约时间。在水平思考中，每一时刻的思考者都向同一个方向看齐，所有的观点都平行排列出来。你不需要对最后一个人的看法做出回应，只需要排列出你的观点。讨论的问题很快得到了全面的考察，由此可以节约大量时间。三是消除自我。人们总是倾向于在思考中维护自我，冲突和对立的思考加重了自我的问题，而六顶思考帽法可以使思考者在每一顶的帽子下面进行出色的思考，由此得出对事物的客观评价。四是一定时间内只做一件事情。六顶思考帽法要求我们同一时间内只做一件事情。不同的颜色将彼此区分开来，一个时间用一种颜色，最后所有颜色的效果都会达到。

六顶思考帽法通常运用以下三种平行思维方式来展现。第一，除主持人（戴蓝色思考帽）外，小组里其他成员在特定时间需同时戴上同一种颜色的帽子，在一项指定的思考帽之下，每一个人都朝着同样的方向进行平行思考，思考者关注的是思考的问题，而不是他人关于这个问题的想法。第二，不同的观点，哪怕是完全对立的观点，都被平行地排列在一起。如果有必要，人们将在以后的某个时间再对它们进行讨论。第三，思考帽自身提供了观察事物的平行方向。例如，在同时评估困难与评估利益的时候，黑色思考帽和黄色思考帽就是并列工具。它们之间的关系不是对立的。对六项思考帽法理解的最大误区就是仅仅把思维分成六种不同的颜色，但其实对六项思考帽法的应用关键在于使用者用何种方式去排列帽子的顺序，也就是组织思考的流程。只有掌握了如何编织思考的流程，才是真正掌握了对六项思考帽法的应用，不然往往会让人们感觉这个工具并不实用。而帽子顺序的编制仅通过读书是难以达到理想效果的，还需要在实际运用中去领会。

六、系统分析法

系统分析法是指把要解决的问题作为一个系统，对系统要素进行综合分析，找出解决问题的可行方案的咨询方法。系统分析法是一种研究策略，它能在不确定的情况下，确定问题的本质和起因，明确咨询目标，找出各种可行方案，并通过一定的标准对这些方案进行比较，帮助决策者在复杂的问题和环境中做出科学抉择。

系统分析法来源于系统科学。系统科学是20世纪40年代以后迅速发展起来的一个横跨各个学科的新的科学部门，它从系统的着眼点或角度去考察和研究整个客观世界，为人类认识和改造世界提供了科学的理论和方法。它的产生和发展标志着人类的科学思维由主要以"实物为中心"逐渐过渡到以"系统为中心"，是科学思维一个划时代的突破。

系统分析法是咨询研究的最基本的方法，把一个复杂的咨询项目看成系统工程，通过系统地目标分析、系统要素分析、系统环境分析、系统资源分析和系统管理分析，准确地诊断问题，深刻地揭示问题。因此，正确合理地运用系统分析法能提高我们的思维逻辑能力。

系统分析法有很多种，每种都有作用，相互竞争，相互完善，以解决问题为标准，根据合适的场景去选择和搭配。

模型驱动法包括结构分析、信息工程和面向对象分析等。模型驱动分析是以图形来交流业务问题、需求和方案的。结构化分析是最广泛应用的分析，它强调以过程为中心，关注数据通过业务和软件过程的流程。信息工程关注系统中存储的数据结构，而不是过程，以数据为中心，强调知识或数据需求的分析。面向对象分析是解决数据模型和过程模型的同步问题，现在成为主流。

加速系统分析法包含获取原型、快速架构开发。加速系统分析法强调构造原型以更快地为一个新系统确定业务需求和用户需求。获取原型使用快速开发工具辅助用户获取业务需求。当然原型是很简陋的，特别是UI（或称界面设计，是指对软件的人机交互、操作逻辑、界面美观的整体设计）和外观，但是请引导业务人员关注需求，不要关注外观。还有很重要的一点是，必须有足够的原始素材可以支撑你能使用原型。快速架构系统是一种构建系统模型的加速分析法，采用逆向工程从已有系统生成原型。但是这两种加速系统分析法之间有明显的界线，所以工程师难以一边原型化，一边保持加速系统分析阶段的优点。

前两种系统分析法都依赖于需求的确定和管理，下面是两种常用的需求获取方法：①访谈法。一门系统研究必备的技能，需要面对面调查用户群体或同一些有经验的人面谈，只要能有助于获取需求，都可以着手调查访谈，但访谈消耗时间较多，且效率较慢。②问卷调查法。即间接的书面访问，该方法的特点是能突破时空的限制，在广阔的范围内，对众多的调查对象同时进行调查，适用于对现实问题、较大样本、较短时期、相对简单的调查。它的优点是收效快，且成本相对较低，对于调查的结果进行整理，就可以很容易地进行需求的获取和管理，进一步做系统分析了。

还有许多种系统分析法，因篇幅有限，这里笔者就不多做赘述了。

1．理解创新思维与传统思维的不同之处。

2．合理分析思维定式的利弊，说说自己的理解。

3．谈谈你对互联网思维的理解，并阐述互联网思维相对于其他思维方法的优劣势。

过程训练

1．一名情报员为了将情报顺利地从位于桥东的联络站送出，必须走过一座东西方向的大桥。桥中央有一个亭子，里面有一个守卫员，他每隔五分钟出来巡视一次。只要看到有人在桥上，就会劝他回去，不予通过。而一个人通过这座桥需要十分钟，所以不可避免地要被守卫员看见。那么，你能想办法让情报员顺利地过桥吗？

2．院子里有一口大缸，某雨天，雨滴始终保持同样的速度和密度垂直下降，两个小时可以将大缸填满。假如在相同条件下，雨倾斜下落，那么雨水盛满这口大缸需要的时间是延长了还是缩短了？

第十章

投身创业实践

青年是国家和民族的希望，创新是社会进步的灵魂，创业是推动经济社会发展、改善民生的重要途径。青年学生富有想象力和创造力，是创新创业的有生力量。

——习近平

第一节　创业及其精神

一、创业内涵及其特征

（一）创业的内涵

"创业"从字面上看由"创"和"业"组成，所谓"创"有创办、创建、创立和创造的意思。《辞海》对创业的解释是：创立基业。《孟子·梁惠王》："君子创业垂统，为可继也。"基业是指事业的基础，是根基，强调开端和起步。《现代汉语词典》对创业的解释是：创办事业。其核心词"事业"是一个内容丰富的概念，是指人们所从事的，具有一定目标、规模和系统，而对社会发展有影响的经常性活动。其含义既包括个人的学业、业务、工作、专业、就业，也可以指家业、财产、企业、产业，甚至涵盖政治、经济、军事、文化、科学、教育等各个领域，范围更广、过程更长、要求更高。

美国素有"创业教育之父"的杰夫里·提蒙斯（Jeffrey Timmons）所著的创业教育领域的经典教科书《创业创造》（*New Venture Creation*）给创业下了一个定义：创业是一种思考、推理结合运气的行为方式，它为运气带来的机会所驱动，需要在方法上全盘考虑并拥有和谐的领导能力。

德国著名学者马克斯·韦伯（Max Weber）1990年提出：创业是指接管和组织一个经济体的某个部分，并且以自己可以承受的经济风险通过交易来满足人们的需求，目的是创造价值。

哈佛大学教授史蒂文森（Stevenson）认为：创业是在不拘泥于当前资源条件的限制下对机会的追寻，将不同的资源组合以利用和开发机会并创造价值的过程。

不同的研究者从不同的角度对创业进行了定义。结合国内外研究成果和我国的具体情况，我们将创业定义为：创业是指创立基业或创办事业，也就是自主地开拓和创造业绩与成就。它是一个发现和捕获机会，并加以实际行动转化为具体的社会形态，创造出新颖的产品、服务或实现其潜在价值的过程。

创业有广义与狭义之分。广义的"创业"概念是指所有具有开拓性和创新性特征的、能够增进经济价值或社会价值的活动，即"创造新的事业的过程"。狭义的"创业"概念则是将创业作为一个经济范畴，指个人或团体依法登记设立企业，以营利为目的从事有偿经营（生产、加工、销售、服务、分销或组合）的商业活动。

目前，大学生自主创业一般是指狭义的创业，它是指大学生毕业后不通过传统的就业渠道谋取职业发展，而是利用自己的知识、才能、智慧和技术，以自筹资金、技术入股等方式独立或与他人合作创办企业，从而既为自己，也为社会上更多的人提供就业机会的过程。

（二）创业的要素

创业的过程是创业者发现和识别商业机会，组织各种资源，提供产品或服务，并创造价值的过程。因此，企业可以看作一个由人的体系、物的体系、社会体系和组织体系组成的协作体系，人的因素、物的因素、社会因素和组织因素就构成了创业的要素。企业要想生存与发展，离不开对这些创业因素的妥善处理。

（1）人的因素：人是创业活动的主体，包括创业者及团队、创业企业内部的人际关系及创业企业与供应商、顾客、社会之间发生的外部关系。

（2）物的因素：物的因素主要是指创业企业的各种资源，其中不仅包括有形的，如资金、原材料、机械设备等；也包括无形的，如品牌、技术、企业声誉等。

（3）社会因素：包括两层含义，一是社会对创业活动的认可和支持；二是企业要为社会提供有价值的产品或服务，其创造的事业要符合社会发展的要求。

（4）组织因素：创业活动是在组织中进行的，离开组织就无法协调创业活动，只有通过组织的作用才能创造出价值，如组织中的决策、领导、激励等方面。

（三）创业的特征

创业与就业紧密联系，不可分割，人们可以在就业过程中创业，也可以在创业过程中就业。创业活动也不同于其他社会活动，也有别于常规的企业经营管理活动和职场的业务活动，有其较为典型的特征。

1. 创新性

创新性也被称为创造性，是创业的典型和本质的特征，创业过程就是实现创新的过程，创业活动中有很多事务都是第一次遇到，有可能创造出新的产品、新的业务、新的企业、新的组织、新的流程、新的工艺、新的市场、新的顾客和新的渠道，多数时候都是一个从无到有的过程，没有规范，也没有流程，没有制度，甚至也没有值得借鉴和参考的对象，在摸索中前进，其技术、设计、生产、组织管理、营销活动都面临规划或全新的设计。另外，正是因为创业活动的创新性能带来全新的价值，能为顾客带来全新的利益和体验，能为市场带来新的产品或服务，能为创业企业带来新的竞争优势，能为市场带来新的机会，甚至创造新的产业，因此创业活动又是充满活力和创造性的。

2. 风险性

创业者必须承担存在的必然风险，创业活动比常规的经营管理面临更大的风险，创业的风险以各种不同的形式伴随着创业过程的始终，当然也伴随着各种收益。既然是新事物，通常是他人或自己从未经历过的，在技术实现、产品制造、市场开发、市场竞争、经营管理、资金筹措、财务管理、政策和法律、社会变革等方面都有诸多的不确定、不可预测、不可掌控的因素，必然存在很多风险，无论在哪个环节出现失误或不良影响均有可能导致创业失败。创业失败带来的不仅仅是资金的损失，还有机会的损失，个人时间和精力的浪费等。

3. 机会性

商业机会是没有被满足的市场需求或市场空缺，与常规的企业活动相比较，机会性也是创业活动的一个典型特征，商业机会就是创业机会，是创业活动的起点和依据，创业活动往往会通过环境分析与调研活动，了解市场，以发现、分析、识别和挖掘商机，在具备商业机会的基础上，整合和配置资源，提供产品或服务、开发新的业务和市场，最终转化为价值，这对创业是否成功起着重要的作用。所以，在对创业者素质的要求中，敏锐的市场意识、机会意识、发现和识别商业机会的能力成为重要的素质。

4. 价值性

价值性也是创业活动的根本属性，价值创造也是创业活动的目的。有学者认为，创业过程即价值创造的过程，就是发现价值、设计价值、生产价值、推广价值、实现价值的过程。正是因为价值性，其产品或服务才能被市场认可，创业才能成功。创业过程中能创造多元价值，对创业者而言，带来丰厚的物质和精神回报，实现自我价值；对顾客而言，新的产品或服务带来新的利益，满足新的需求，带来顾客价值；对创业企业而言，获得新的市场、获得新的发展机会、获得销售收入和利润，创造企业价值；对股东和投资者而言，获得投资机会，通过创业企业的经营创造投资价值；对社会而言，政府获得税收、社区获得就业机会、行业获得合作机会，这些都是在创造价值。

5. 回报性

创业成功能获得丰厚的回报，回报是创业活动的根本动机。创业活动投入了巨大的资源，付出了相应的成本，创造了新的价值，承担了不确定性的风险，依据风险收益平衡规律，创业活动会产生效用和收益，这些都是创业回报。这些回报可以是物质回报，也可以是精神回报；可以是经济回报，也可以是政治收益；可以是近期回报，也可以是远期收益。

二、创业意识及其培养

创业者应该具有强烈的创业意识。要想取得创业的成功，创业者必须具有创业意识，需要其对市场进行长期而又细致的观察和思考。创业的成功是思想上长期准备的结果，没有强烈的创业意识，也不易克服创业道路上的各种困难。事业的成功总是属于有思想准备的人，创业成功也属于有强烈创业意识的前行者。

（一）创业意识的内涵

1. 创业意识的本质

创业意识是指在创业实践活动中对创业者起动力作用的个性意识倾向，它包括创业的需要、动机、兴趣、理想、信念和世界观等要素。创业意识集中表现了创业素质中的社会性质，支配着创业者对创业活动的态度和行为，并规定着态度和行为的方向、力度，具有较强的选择性和能动性，是创业素质的重要组成部分，是人们从事创业活动的强大内驱动力。

2. 创业意识的要素

创业者的创业需要、创业动机、创业兴趣、创业理想、创业信念和创业世界观等方面的个性意识倾向构成创业意识六要素，其在创业实践活动中发挥了积极的作用。创业意识的要素分类，如表 10-1 所示。

表 10-1　创业意识的要素分类

要 素 分 类	概 念 解 析	创业活动中的意义
创业需要	创业意识的形成，源自人的一种强烈的内在需要，即创业需要	创业需要是创业活动的最初诱因和最初动力
创业动机	当创业需要上升为创业动机时，就形成了心理动机	创业动机对创业行为产生促进、推动作用，有了创业动机标志着创业实践活动即将开始
创业兴趣	创业兴趣可以激发创业者的深厚情感和坚强意志，使创业意识得到进一步升华	一般在创业实践活动取得一定的成效时，便会引起创业兴趣的进一步提高
创业理想	创业理想是属于创业动机范畴的，是对未来奋斗目标的向往和追求，是人生理想的组成部分	有了创业理想，就意味着创业意识已基本形成
创业信念	创业者为了实现创业理想，在创业活动中经过艰苦磨炼，又逐渐建立起创业的信念	创业信念是创业者从事创业活动的精神支柱
创业世界观	创业世界观是创业意识的最高层次，是随着创业者创业活动的发展与成功而使创业者思想和心理境界不断升华而形成的	创业世界观使创业者的个性发展方向、社会义务感、社会责任感、社会使命感有机地融合在一起，把创业目标视为奋斗目标

（二）创业意识的种类

1. 资源意识

创业需要多方面的资源，包括信息资源、人力资源、财力资源、物力资源等，这些都是创办企业不可或缺的基石。创业者在创业过程中，需要将有限的资源进行整合，才能确保企业不断向前走。信息的收集、筛选和使用；人员的招聘和任用；财力、物力的分配和使用等，皆需要统一地统筹、规划，使之相互配合，发挥最大功效，达到事半功倍的作用。任何一个创业者都不可能把创业中所涉及的问题全部解决好，也不可能把一切创业资源都备足，关键在于要学会进行资源整合。因此资源整合的原则不仅是创业设计中的一个重要原则，也是在创业中借势发展、巧用资源、优势互补、实现双赢的重要方法。

2. 营销意识

盈利是创业最基本也是最重要的目的之一，对于从事企业经营的创业者，非常重要地是把自己的产品卖出去，因此，市场营销对其事业的成功是非常重要的。在企业发展的不同阶段，需要配合相应的营销策略，以产品营销来带动企业的良性发展。

3. 管理意识

最初创立企业的人往往会成为企业的拥有者和管理者，而企业要想有序运作下去，仅仅凭借一两个人的力量是不够的，所以管理者必须学习一定的管理知识，并将这些知识运用到日常的管理实践中去，无论是在整体上还是在细节上，都要将管理意识引入其中，从而将企业内所有的资源调动起来，以便成为优秀的管理者。

4. 风险意识

创业是一种风险很大的社会实践活动。一些创业者一开始没有做好创业心理准备，贸然投身于创业，一旦遇到危机，就半途而废。更多的创业者在刚开始创业时，具有比较强的拼搏进取精神，能吃苦耐劳、勤俭节约，但等企业发展到一定程度、有了一点儿成就后，由于不愿再承受更多的压力和责任，许多人会产生小富即安、贪图享受、不思进取的心理，有的人甚至被小小的胜利冲昏了头脑，变得忘乎所以，从此失去了刚刚创业时的那种敏锐和忧患意识。

5. 形象意识

创业是一个由小到大、由弱到强的长期过程。为确保企业能够得到长足发展，在经济利益得到满足的情况下，尽可能地创造社会利益，这就需要企业具备一定的形象意识，注重树立良好的企业形象，这不仅是一种营销方式，更是一种可以为企业带来经济和社会双重收益的做法。

6. 学习意识

任何事业，仅凭一股狂热激情，哪怕是再持久也不够。还要有不断学习新知识、新经验、新技能，补充自己不足、提高自身水平的强烈意识。为了实现自己的梦想、追求自己热爱的事业，就必须勇于突破专业、职业、年龄、性别、环境等诸多条件的限制，以孩童般强烈的好奇心和求知欲，对凡是有益于自己事业的东西，都如饥似渴地学习：不懂技术学技术、不懂管理学管理、不懂营销学营销，不懂财务学财务……不断地完善自己，学无止境。

（三）创业意识的培养

创业意识是大学生主动创业的前提和基础。21世纪的知识经济给社会带来了巨大变革，尤其是知识产业化、产业信息化的迅速发展，既给我们带来了严峻的挑战，也给我们提供了发展的机遇。树立与培养大学生的创业意识，指导大学生走上自主创业之路不仅能帮助其成长成才，还可以拓宽大学生的就业渠道，增加社会就业岗位，实现就业渠道的多元化。

创业意识对于创业能力的形成和创业实践活动具有动力作用。创业意识绝非心血来潮，也不能一蹴而就，它是创业者在创业实践活动中培养、积累和升华的结果。有了创业意识就会促进形成坚定的创业信念，从而促进创业者提高创业能力，积极投身创业实践活动，这种创业意识越强，效果越大。

1. 树立远大理想，坚定报国信念

坚持用科学的理论武装头脑，树立正确的人生观、价值观和世界观，坚定为实现中华民族的共同理想，为祖国的现代化建设奉献自己的智慧和力量的决心。

2. 摒弃安逸思想，培植发展心理

要在创业过程中注意培植个人求发展的心理，积极进取，不安于现状，使创业需要发展为创业动机。不畏艰难，敢于拼搏。培养强烈的事业心和责任感，刻苦钻研、勤奋工作，努力学习，牢固掌握专业知识及技能；树立高标准、严要求、不怕困难、勇于创新、敢于创业、争创一流的思想，从而激发创业意识。

3. 投身社会实践，养成良好习惯

在实践中锻炼自己，了解社会、了解自我、完善素质、提高能力；通过对事物的观察和思考，激发创业需要，树立创业理想，坚定创业信念，培养脚踏实地的工作作风。在日常工作与学习中，要坚持解放思想与实事求是相统一，既要敢想敢干，又要求真务实；积极参与各种创业与创新活动中，在活动中感受创业情境。

4. 发展个性兴趣，提升创业热情

健康的个性与兴趣可以激发创业者的创业热情，是创业意识形成的重要因素。因此，要创造可发展健康个性和兴趣的自由空间，积极参加兴趣小组和社团的活动，有意识地培养兴趣、发展兴趣。在创业和个人的发展过程中，EQ（情商）与 IQ（智商）有着同等重要的作用，是创业者生存和发展所不可或缺的左膀右臂。

三、创业精神

（一）创业精神的概念

1. 创业精神介绍

著名的经济学家理查德·坎迪隆（Richard Cantillion）和法兰克·奈特（Frank Knight）曾经说过："冒险是企业家精神的天性。为了发现王子，你必须和无数个青蛙接吻。"让·巴蒂斯特·萨伊（Jean Baptiste Say）说："管理技能和其他道德品质，如判断力和毅力是创业精神的主要方面。"约瑟夫·熊彼特（Joseph Alois Schumpeter）认为："创新是企业家精神的灵魂。"

创业精神是指某个人或某个群体通过有组织的努力，以创新的和独特的方式追求机会、创造价值和谋求增长，是着重于一种创新活动的行为过程，主要含义为创新，也就是创业者通过创新的手段，将资源更有效地利用起来，为市场创造出新的价值。

国内外学者对创业精神从心理学的角度进行了深入的研究，对创业精神的理解可概括为以下三个方面。

第一，如果一个人表现出创新、承担风险和主动进取的行为，那么这个人就具有创业精神。

第二，创业精神是为了开发资源而创造新价值的过程，它是通过创新来创造利润的。

第三，创业精神是创业者在个性方面所具有的独特特征，如机会捕捉能力、高成就动机、内在控制源等。

2. 创业精神的核心

创业精神的本质是自主、创新、务实的一种创新活动的行为过程，而非指企业家的人格

特质。因此，创业精神的核心是创新。

创业精神一般可分为个体的创业精神及组织的创业精神。个体的创业精神，指的是以个人力量，在个人愿景的引导下，从事创新活动，并进而创造一个新企业；而组织的创业精神则指在已存在的一个组织内部，以群体力量追求共同愿景，从事组织创新活动，进而创造组织的新面貌。

创业精神包括两个方面的含义。

第一个方面是精神层面，代表一种"以创新为基础的做事与思考方式"。

第二个方面是实质层面，代表一种"发掘机会，组织资源建立新公司，进而提供市场新的价值"，因此，创业精神就是促成新企业形成、发展和成长的原动力。

（二）创业精神的特征

1. 高度综合性

创业精神是由多种精神特质综合作用而成的。诸如创新精神、拼搏精神、进取精神、合作精神等，这些都是形成创业精神的特质精神。

2. 三维整体性

无论是创业精神的产生、形成和内化，还是创业精神的外显、展现和外化，都是由哲学层面的创业思想和创业观念、心理学层面的创业个性和创业意志、行为学层面的创业作风和创业品质三个层面所构成的整体，缺少其中任何一个层面，都无法构成创业精神。

3. 超越历史性

创业精神的最终体现就是开创前无古人的事业，创业精神本身必然具有超越历史的先进性，想前人之不敢想、做前人之不敢做。

4. 鲜明时代性

不同时代的人们拥有不同的物质生活和精神生活条件，创业精神的物质基础和精神营养也各不相同，创业精神的具体内涵也就不同。创业精神对创业实践具有重要意义，它是创业理想产生的原动力，是创业成功的重要保证。

（三）创业精神的意义

1. 新世纪社会发展的需要

当下正处在一个伟大的变革时代，随着经济全球化和我国社会主义经济市场化进一步推进，人们的生产生活方式、社会关系、价值观念及文明形态都在发生着深刻的变化，社会对人才的需求也已发生变化。创业作为经济发展的原动力是繁荣经济的有效途径之一。通过创业可以扩大就业，加速技术创新和科研成果转化，进而创造更多的社会财富，推动社会经济发展，实现发展经济与扩大就业的良性互动。大学生的创业精神作为一种积极的思想观念和精神状态，对社会的发展具有十分重要的推动作用。

2. 创新型人才培养的需要

创新是创业精神的核心内容之一。美国著名管理学家彼得·德克鲁认为："创业就是要标新立异，打破已有的秩序，按照新的要求重新组织。"因为"理论、价值及所有人类的思维和双手创造出来的东西都会老化、僵死……",我们需要的是一个创业的机会,在这个社会中,创新和创业精神是正常、稳定和持续的。创新和创业精神也必须成为维持我们组织、经济和社会之生存所不可或缺的活动。创业精神的核心,归根结底是由创业活动的开拓性所决定的。由于创业是一种创造性的活动,它本身就是对现实的超越,就是一种创新。因此,创业就意味着创新,创新就意味着突破,创业精神的培养过程就是培育创新型人才的过程。

3. 挖掘潜力发挥作用的需要

具有创业精神的大学生,必然具有较强的适应环境的能力,在人与环境的互动过程中,能够以前瞻性的思维与眼光做出预测与判断,并及时调整自己的人生目标和行动方案,以保持与变化着的环境协调统一,而不是消极被动地等待和忍耐。特别是在知识技术的不断更新、职业岗位的不断转换、人际关系的不断变化的情况下,使得人们始终处在一个陌生的社会环境中。这就使人们尤其需要具备良好的自我调适能力,只有具备创业精神,才能做到与时俱进,充分地发挥出自身的潜能,使事业更加成功。

第二节　创业者及其特征

一、创业者的基本素质

国内外学者将创业者的定义分为狭义和广义两种:狭义的创业者是指参与创业活动的核心人员,广义的创业者是指参与创业活动的全部人员。无论是狭义的创业者还是广义的创业者,要想在强手如林的商海中磅礴拼搏,必须有较高的综合素质和较强的竞争实力,必须让实践证明自己有专家的知识、企业家的气魄、将帅的才干、领导的综合协调能力与本领。对创业者来说,想取得创业成功,首先需要具备创业成功的基本素质。

(一)内在素质修养

1. 独特的个性气质和心理品质

(1)道德感:善于通过特定的道德规范和准则来判断、控制、评价自己和他人的行为,完全自主地承担社会责任的心理品质。

(2)义务感:善于从社会的需要和利益、他人的需要和利益来调节、控制自己的行为,为达到目的,坚持不懈,拥有能够承担挫折、失败的心理品质。

(3)独立性:思维和行动不受外界和他人的影响,能独立思考,无论顺境、逆境,能够调节自己的情绪、情感,约束自己的行为。

(4)缜密性:善于从实际出发进行计划、规划并能通过各种方式有效地实施计划、组织,具备缜密的逻辑,细致沉稳的思维。

(5)适应性:及时、灵活地进行自我调整、转换角色以适应外界环境的变化,并且能设身处地地为他人着想、善于理解他人、善于与他人合作。

2. 合理的知识结构和能力结构

创业意味着风险,意味着挑战和艰辛,这就需要一个创业者应该做好创业的知识准备。

作为一个创业者应该具备一定的经营管理、法律、财务、金融、税收、公共关系等方面的相关知识，他不一定成为各个领域的专家，但对本专业的相关知识，必须有必要的理解和掌握，做到触类旁通，只有这样才能在市场经济的浪潮中乘风破浪，勇往直前。

知识结构包括专业和职业知识、经营管理知识、政策、法规、工商、金融、保险、人际关系、公共关系、社会活动等知识。

能力结构包括学习能力、协调能力、交往能力、管理能力、决策能力，这些能力贯穿着创业活动每一个环节，如规划、决策、组织、管理、评估、反馈等。拥有这些能力，创业者才能真正发现机会、把握机会、利用机会和创造机会，才能有效地搜集、处理、运用信息，适应市场变化，创造利润。

（二）外在素质修养

1. 阅历经验

很多创业成功的案例证明，凡是走上创业道路的人群，都是能够在实践中捕捉到创业信息、抓住机遇的人。大学生虽不具备丰富的社会阅历及经验，但大学教育的特点之一，就是根据不同的专业特点提供给学生一定的实践机会，通过实习、实训成为创业成功的优势之一。

2. 资金统筹

任何企业的成立、成长、成熟的过程，都需要一定的资金支持，如何将有限的资金进行合理使用，需要具备一定的财务规划和管理的能力。

3. 团队合作

对创业者来说，一旦事业正式设立，能否运作营业，就要看能否招募到一批精英共同奋斗。"万事开头难"，靠一个人的力量很难奏效，而且只有具备有效的管理，才能保证创业形成最大合力，在市场竞争中取胜。

二、成功创业者的基本特征

创业者必须贡献出时间、付出努力，承担相应的财务、精神和社会的风险，并获得金钱的回报、个人的满足和独立自主。对于一个真正的创业者来说，创业过程不但充满了激情、艰辛、挫折、忧虑、痛苦和徘徊，而且还需要付出坚定、坚持不懈的努力，当然，渐进的成功也将带来无穷的欢乐与分享不尽的幸福。因此，创业者的行为方式千差万别，但成功创业者拥有一些共同的基本特征。

（一）对企业充满热情

无论是在新创企业中还是在成熟企业中，成功创业者共有的第一大特征是，他们对企业充满热情。通常，正是对创业的满腔热情使得企业延续并度过困难时期。

许多社会企业的主要动力就是改变人们的生活，这些企业通常是由那些放弃了大好前途去追求社会目标的人创建的。约翰·伍德（John Wood）就是这样的。他创立了"阅读空间"（Room to Read），并写下了《离开微软改变世界》（*Leaving Microsoft to Change the World*）一书。伍德满腔热情地想帮助发展中国家和地区的儿童，这使他在离开微软之前就兑现了少量微软股票用于购买图书和修建学校。伍德最终离开了微软，开始全职投入"阅读空间"。自2000 年成立以来，面向世界各地的发展中国家和地区，"阅读空间"已帮助了 1070 万名儿童，出版了 1295 本图书，并向青少年读者提供了 1800 万本图书。

（二）专注于产品/客户

专注于产品/客户是成功创业者的第二个特征。虽然管理、市场营销、财务等方面都很重要，但如果企业没有满足客户需求的优质产品，那么这些职能都派不上用场。

专注于产品/客户同样需要努力发现机会并将创意转化为现实。例如，20 世纪 80 年代初，当史蒂夫·乔布斯（Steve Jobs）和其他几名苹果公司的员工一起参观施乐（Xerox）研究中心时，产生了苹果 Macintosh 的创意。在看到可以显示图标和下拉菜单的计算机时，尤其是看到客户还可以通过一个叫"鼠标"的小型带轮设备在计算机桌面进行导航时，他们大吃一惊。乔布斯决定用这些创新技术来制造第一台客户友好型计算机 Macintosh。在 Macintosh 团队开发新产品的两年半时间内，他们始终热切地专注于产品/客户，从而打造了一台易学、有趣且满足广大潜在受众需求的高质量计算机。苹果的早期历史，特别是其致力于打造高质量产品的态度，多次被搬上银幕，其中就包括《硅谷传奇》（2005 年）和《乔布斯》（2013 年）。

（三）坚韧不拔的意志

因为创业者通常都在尝试新事物，所以存在失败的可能。不仅如此，在一定程度上，开展新业务就如同科学家在实验室中做实验。以化学家为例，在找到能够实现特定目标的最佳组合之前，他们必须尝试多种化学物质的不同组合。同样的道理，若要成功地开展新业务，可能也需要一定程度的试验。在此过程中，挫折和失败是难免的。此时，创业者承受挫折和失败的能力就是一块试金石。

（四）高效执行的能力

成功创业者的重要特征之一就是能够将实实在在的创意变成可行的业务。这种能力通常被认为是高效执行的能力。在许多情况下，高效执行的能力是决定初创企业能否成功的因素之一。

有效地执行商业创意意味着开发商业模式、组建新的企业团队、筹集资金、建立合作伙伴关系、管理财务、领导和激励员工等。此外，还需要将思想、创造力和想象力转化为行动和可衡量的结果。对许多创业者而言，最艰难的时期往往是他们创办企业后不久。

三、创业者的常见误区

什么样的人才算是创业者？什么驱使他们创办企业并开发自己的创意？对于这些问题，通常存在很多误解。创业者最常见的误区，主要有以下几种。

（一）创业者是天生的

该误区基于一个错误观念：有些人生来就具有成为创业者的天赋。但是，研究人员在对创业者心理学和社会学进行了数百项研究后，达成了共识，即创业者生来与他人并无区别。

这一证据可以解读为：没有人"天生"就是创业者，并且每个人都有可能成为创业者。一个人是否会成为创业者取决于他所处的环境、生活经历和个人选择。但是，如表 10-2 所示，创业者往往也具有一些人格特质。这些特质会随着时间的发展，从个人所处的社会环境中演变而来。例如，研究表明，从事个体经营的父母所抚养的孩子更有可能成为创业者。在目睹父亲或母亲独立工作的场景后，他们更有可能被独立的事业所吸引。同样，相比于不认识创业者或缺乏创业榜样的人而言，那些与创业者有私交的人，创办新企业的可能性要比其他人高。认识创业者能够带来积极的影响，对其他创业者的直接观察能够减少与创业流程相关的模糊性和不确定性。

表 10-2　创业者具有的人格特质

（1）适度风险承担者	（10）乐观的性格
（2）具有说服力	（11）乐于交际
（3）倡导者	（12）有明确的目标
（4）资源汇集者／利用者	（13）善于发现机会
（5）具有创造力	（14）自信
（6）有主见	（15）有决断性
（7）坚韧不拔	（16）精力充沛
（8）能够接受分歧	（17）有强烈的职业道德
（9）有远见	（18）长时间专注于某事

（二）创业者是赌徒

关于创业者的第二个误区是：他们是赌徒，承担着巨大的风险。事实上，创业者与大多数人一样，往往是适度风险承担者。2015 年哈特福德《小企业成功案例研究》（*Small Business Success Study*）对此给予了肯定，共有 79% 的受访者认为他们自己属于保守型而不是风险偏好型。"创业者是赌徒"的认知有两个来源。首先，创业者的工作通常缺乏结构性，与管理者或普通雇员相比，他们所面临的不确定性更大。例如，创业者创办了一家社交网络咨询服务平台，其工作稳定性可能不如某些国企的工作人员。其次，许多创业者非常渴望成功并常常会设定具有挑战性的目标，这种行为有时等同于冒险。

（三）创业者追求的是金钱

如果认为创业者无须追求经济利益，那就太天真了。但是，如前所述，金钱很少成为创业者创办新企业并为此不断付出努力的主要原因。广受好评的 Roomba 扫地机器人的制造商 iRobot 的创始人兼首席执行官科林·安格尔（Colin Angle）认为，金钱在初创企业中的重要性和作用应当被正确看待。一些创业者甚至警告说，对金钱的追求可能会造成创业者分心。

（四）创业者必须年轻且精力充沛

创业活动发生在各个年龄段的比例基本相同。虽然精力充沛很重要，但投资者通常会以创业者（或创业团队）的实力作为决定其是否进行投资的首要标准。实际上，风险投资者通常持有这样一种观点：他们宁愿投资于一个拥有平庸商业创意的强大创业者，也不愿投资于一个拥有强大商业创意的平庸创业者。在投资者眼中，能够使创业者变得"强大"的，是他们在相关商业领域的经验、有助于企业的技术和能力、可靠的声誉、以往的成功记录，以及对商业创意的热情。这五个因素中的前四个，年长的创业者都优于年轻的创业者。

（五）创业者喜欢高调被包围

有些创业者确实高调，但是，绝大多数创业者并没有引起公众的注意。实际上，许多创业者因为从事专利产品或服务的开发，而避免走入大众视野。目前，我国有成千上万家上市公司，有许多是由创业者创办的，并且在这些创业者中，有许多人仍在积极参与企业运作。无论是否寻求关注，这些创业者都经常出现在新闻里。还有更多的成功创业者，我们对他们可能并不熟悉，但是我们每天都离不开他们开发的产品或服务。这些创业者与其他多数创业者一样，要么避开了公众的视线，要么被大众媒体所忽略。他们打破了这一误区：创业者比社会中的其他群体更喜欢高调被包围。

第三节　实施成功创业

创业，是一个永久的热词，尤其对今天"90后""00后"的年轻群体而言更是如此。他们不愿意被固定的生活束缚，想活出精彩、活出自我，于是纷纷踏上创业之路。但残酷的现实是，绝大多数创业者铩羽而归，无数次失败的背后是惨痛的代价，是创业者的不甘与无奈，是中小型企业平均寿命不足三年的不争事实。

那么，怎样才能实施成功创业呢？有人曾总结过这样一句话，"人，第一要有志，第二要有识，第三要有恒"。现在，有很多创业者仅有"志"，他们在不明白创业是何概念的前提下仅凭一腔热血盲目入局。我们欣赏年轻人逐梦的勇气，却不认同其莽撞行事的方式，因为创业远比求学、打工难。真正的创业既不是虎头蛇尾的冲动，也不是追逐一次风口下的红利，而是一场艰难的拓局之旅，是创业者向着一个宏伟的目标坚定不移地前行的过程。创业就是一场永不停止的征程。

完整的创业计划书
撰写提纲

一、商业创意与项目选择

理查德·多尔夫（Richard Dorf）和托马斯·拜尔斯（Thomas Byers）曾说过：创业就是把注意力集中在识别和挖掘先前未被开发的机遇过程中。虽然创意并不都是创业的机会，但绝妙的创意往往是成功创业的起点。创业者要做的第一步是为新的业务设想一个创意，然后对其进行可行性评估，最后将创意付诸实践。创意的来源多种多样，互联网的产生拓展了创意被发现的空间，让寻找创意变得更加快捷，也能方便地查询到某个创意是否已经被他人"捷足先登"。当然，创业者可以从变化的环境趋势、需要解决的问题及市场遗留的缝隙中发掘出新颖独特的创业商机。最后，商业创意和创业项目以创业计划书的形式加以展示与推广。

（一）商业创意的发掘

1. 捕捉变化的环境趋势

变化是机会的重要来源，人们很容易发现变化的结果，却很难在变化过程中有"春江水暖鸭先知"的敏锐，难以预判乃至发现变化。

万物在变，唯有变化不变。变化在，则问题在；问题在，则机会在。"由变化所引发的问题或机会都将产生一个解决方案，而该方案将造成更多的变化，从而使我们面临新的现实，以及一系列新的问题或机会。"变化为新颖且与众不同的事物的产生提供了机会，是创新的基础，是商机的重要来源。经济、社会、技术、政治等环境因素的变化，产生了创造新事物的潜力，并且给新企业的诞生提供了机会。环境变化将带来产业结构的调整，消费结构的升级，思想观念的转变，政府政策的变化，居民收入水平的提高等。瞬息万变的环境发展趋势，使各行各业机遇与威胁并存。实践证明，机遇不是等来的，而是"抢"来的。一个人抓住了机遇，就会获得加快自身进步与发展的先机。那些能快速做出正确决策，并快速实施这些决策的人，往往是机遇的捕获者。创业者只有发现机遇，抓住机遇。继而创造机遇，才能真正把握创业的"窗口期"，获得创业成功。

2. 瞄准尚未解决的问题

在日常生活中，谁都会碰到或大或小让人烦恼的问题，有人埋怨几声就息事宁人，有人则从自身经历或朋友的困境中发现了需要解决问题的商机。如何从尚未解决的问题中发现创业商机呢？营销大师菲利普·科特勒曾说："去寻找问题。比如人们抱怨夜里很难入睡、家里那些乱糟糟的东西很难收拾、很难找到物美价廉的度假方式、很难追溯家族血统、很难除去花园里的杂草等。"的确如此，许多企业的创业者都是在生活中遇到了某个问题，然后在解决问题的过程中领悟到商机。如飞机的发明来源于莱特兄弟"人类也能像鸟一样飞翔"的想法，"会飞的邮件"——电子邮件来源于大卫·克罗克（David Crocker）的离奇想法。

创业也是如此，发现问题，然后努力解决问题，商机就由此产生了。例如，旅行箱的发明者罗伯特·普拉斯（Robert Plath）曾是一名飞行员，经常携带行李飞来飞去，行李包移动不是太方便，他琢磨着如何寻找一个更舒适方便的方式来做此事。他利用相关工作经验和知识发明了一种带轱辘的旅行箱新产品，并开创了一个箱包生产的新行业。

这就是围绕需要解决的问题来开发创意的。精明的创业者总是对明显的、尚无解决方法的难题保持警觉，适时抓到问题症结，想出解决问题的创意妙方，并将之转化为创业行动。

3. 填补市场缝隙

很多创业者"见缝插针"，利用大企业在实现规模经济时留下的市场空白点成功创建了一些缝隙企业。一旦创业者从中找到了合适的市场空白点，就意味着将会出现一个创建一家能够持久盈利的企业的机会。如在大型商场周边聚集生长的时装精品店和特色专卖店，就是依靠填补市场缝隙——卖自己的特色产品而生存下来的。

因市场变化而引发的创业商机主要包括：市场中出现了凭借高技术手段才能满足的需求；市场中形成了新的消费需求；先进国家（或地区）产业转移带来的市场机会；发达国家或地区对落后地区的示范效应诱发的市场需求等。敏感的创业者往往善于发现这些市场缝隙而捕捉到创业商机。例如，北京中星微电子公司避开 CPU（中央处理器）和存储芯片等主流市场的激烈竞争，瞄准多媒体应用领域的市场空白，展开技术攻关，仅用一年多的时间就成功推出了国内首个具备自主知识产权、百万门级超大规模数字多媒体芯片"星光一号"，迅速占领了数码影像市场，畅销美国、日本、韩国和欧洲一些国家，在 PC 图像输入芯片领域占据了全球 60% 的市场份额，成为这个领域的市场领导者。

在激烈的市场竞争中，创业商机存在于一个变化的环境趋势、需要解决的问题及某个产业市场的"夹缝"中。有些人为寻找某一产品常常"踏破铁鞋无觅处"，而有些创业商机却近在眼前。例如，从被人淡忘的老物件里开发艺术火柴的商机等。这些机遇所需要的不仅是运气和直觉，还需要创业者善于学习新观念、新理论，以便抓住和利用这些大好机会。创业不是一时冲动的产物，而是塑造、识别、筛选、评估商机的过程。创业者只有抓住创业商机，才能创建出一种服务社会并使社会进步的新企业或新组织。

（二）创意发掘的方法

创业，毫无疑问需要创意。商业创意是发掘商业机会的开始，正如著名成功学大师拿破仑·希尔曾说的："一切成功，一切财富，始于意念。"一个好的创意意味着工作完成了一半。然而，创意火花时而显现，时而又"犹抱琵琶半遮面"。有人仅凭直觉或运气就能产生创意，有人却要从商业创意的发掘方向中苦苦寻找创意。可见，获取商业创意并非易事。

1. 网络调查法

网络调查法是探讨商业创意最便捷、最经济、最常用的方法。网络调查法通过互联网及其调查系统把传统的调查、分析方法在线化、智能化。正如网友所言：不怕找不到，就怕想不到。一般而言，要得到一个好创意，首先要对创意进行网络调查，即在搜索引擎输入有关创意的关键词，就能搜索到许多热门的和新的商业创意方面的信息。网络调查法可以使我们对创意有更深刻的了解，从而使大致的抽象创意得以完善，形成最佳创意。

商业创意信息可从参加展览会、研讨会、贸易展销会、座谈会等多种渠道收集获取，也可以进入互联网上有价值的站点，或通过计算机检索期刊文章，还可以借助调查公司进行调查。诸如环球调查网、Ciao 调查网、中国调查网、中智库玛等调查公司，均有实力自主开发调查和分析调查结果。委托这些调查公司进行市场调查，虽然花费一些金钱，但借助专业调查公司的分析报告，可以更好地完善自己的商业创意。

2. 头脑风暴法

头脑风暴法是快速产生创意的常用方法，但相比网络调查法，其实施的成本（时间、费用等）较高，而且要求参与者有较好的素质。一般而言，头脑风暴法是围绕一个特定议题，召开 6～12 人的小型会议，让参与者在自由愉快、畅所欲言的气氛中，各抒己见，交换想法或点子，以此激发参与者的创意及灵感，使各种设想在相互碰撞中激起脑海的创造性"风暴"。通常用活动挂图或黑板记录下所有创意，在头脑风暴会上产生的各种创意，还需放到会后进行过滤和分析。

要使头脑风暴法更加高效，除了鼓励参与者独立思考、积极诱导利用和改善他人的设想，须遵守以下要点：①自由畅谈。参与者不应该受任何条条框框限制，解放思想，让思维自由驰骋。有时，"最有效力的创意来自一开始看起来是愚蠢的或不合逻辑的创意"。②延迟评判。

对他人提出的任何想法实行"三不主义"，即不批判、不阻拦、不评论，一切评判都延迟到会后再进行。③追求数量。头脑风暴会议的目标是获得尽可能多的设想，产生的设想越多，其中包含的创造性设想就可能越多。

3. 焦点小组法

焦点小组法也称焦点小组访谈法，常用来帮助产生新的商业创意。它将一组人集合起来讨论某一特定问题，获得一些定性数据，从而了解用户对一个新的观点、产品、设备等的看法和态度，通过改进使之更符合用户的要求。

焦点小组包括一个讨论主持人和一些参与者。焦点小组访谈的效果在很大程度上依赖于主持人的指导和促进讨论的能力，一个训练有素的主持人能够使小组讨论集中于"焦点"和维持热烈的讨论气氛。焦点小组一般由熟悉议题（对研究主题有相关的经验或信息）的 0～9 人组成。他们坐在一起进行交流讨论，通过交互作用（一个参与者的评论可以引发另一个参与者有用的想法）使问题明朗化。焦点小组法作为头脑风暴法的后续，主要用以获取有关用户的客观信息，头脑风暴法注重创新思维，两者通常有重叠。

（三）创业项目的选择

1. 创业项目的含义

创业项目是创业者所要经营的业务。创业者在创业前必须对此经过谨慎思考与筹划，做到方向清晰，目标明确。

创业是一项风险与机遇并存的事业，对于涉世未深、初入社会的大学生来说，更需要一个好的创业项目，这样才能增加成功的概率。对创业者展开追踪调查后发现，在失败的人中，有98％的人是因为没有找到一个适合自己的创业项目。

创业项目是一个庞杂的系统，可以把创业项目归结于六大领域之中，分别为产品、服务、技术、渠道、规则和资金。围绕产品展开的创业项目，如生产、销售、贸易等；围绕服务展开的创业项目，如宾馆、饭店、培训、咨询等；围绕技术展开的创业项目，如汽修、平面设计等；围绕渠道展开的创业项目，如代理商；围绕规则展开的创业项目，如特许经营、连锁加盟等；围绕资金展开的创业项目，如投资公司等。这六大领域的创业项目都有各自的经营模式、特点与风险值，大学生如果要选择创业，就要了解这些问题，以便选择最适合自己的创业项目，增加成功的概率。

2. 创业项目的选择方法

（1）把握市场需求，选择创业项目。

大学生缺少实际社会经验，很多人在创业时都是凭着一时的热情，根据自己感性认识，或是选择时尚热门的项目，或是选择自己喜欢的项目，而没有慎重地进行市场调研，结果生产出来的产品不被市场接受，这种鲁莽冲动的创业行为往往会导致创业失败。怎样才能提高创业的成功率呢？著名的管理大师法雷尔说过："制造满足顾客需要的产品和服务，永远是成功的秘诀。"可见，及时而准确地把握市场需求，是创业成功的重要因素。

（2）结合政策法规和发展前景，选择创业项目。

对于资金有限的大学生来说，结合政府倡导的创业方向和优惠政策来考虑选择创业项目，就能获得更多的政策支持。具体如下：①需要投资不多的劳动密集型行业，如服装制造、食品加工、印制包装、工艺礼品、电子仪器等；②为大型企业进行零配件加工的行业；③信息、咨询、中介、广告等服务行业；④维修、快递、家政、清洗、保洁等便民利民的服务行业；⑤与绿色环保相关的公益类行业。

（3）根据自己掌握的资源和具备的专长，选择创业项目。

英雄联盟全球总决赛 S12 官方解说管泽元在接受专访时说："我很热爱这份工作，又不断发现我还挺擅长，人生最幸福的莫过于做一件热爱和擅长的事情。"创业项目的选择，同样需要创业者正确地认识自己，清醒地知道自己的优缺点，明确自己的内化资源优势，在选择创业项目时应该本着内化资源优势优先原则，将创业与自己的知识、特长、技能、兴趣、爱好相结合。这样有利于扬长避短、趋利避害，会提高创业的成功率。

知识智慧型创业者，他们年轻活泼、思维敏捷、知识丰富、喜欢挑战，尤其适合选择以研究探索、创意想象、执行操作为主的行业创业。常选的项目有电子商务、软件编程、编辑、造型设计、广告创意等。

技术能力型创业者，他们在某一专业领域有较高的技术水平、专利发明、科研成果等，或者有解决复杂技术问题的突出的综合能力，选择高新技术型创业项目更有利于发挥自身资源优势。如无线通信、半导体研发、生物医药、网络游戏、宽带网络、无线增值和数字传媒等科技含量高的领域。

资金人脉型创业者，他们拥有雄厚的资金实力或丰富的人脉关系，可扩大选择创业项目的范围，提高起点层次，可选择那些策划科学合理、管理先进、技术含量高、竞争优势明显的创业项目，以增加创业成功的机会。

经验信息型创业者，他们在某领域内有着丰富的经验知识、感受体验或广泛的信息渠道。随着创业内容和创业者层次的多元化发展，催生了许多新鲜时尚的行业，如时尚、旅游资讯、心理咨询、专业讲师、动漫制作、网上开店、色彩顾问、礼仪主持策划等，这就更加需要对行业特点、经营模式等进行深入了解，所以，经验和信息在这些行业中显得尤为重要。

（4）从小做起，量力而行，选择创业项目。

尽管国家鼓励大学生进行创业，社会上也会宣传大学生创业成功的案例，但是大学生必须铭记的是：创业不是发财致富的捷径，它是一种有风险的商业行为。所以，大学生在创业过程中必须遵循量力而行的原则。即，对于大学生来说，更适合从中小项目做起。因为它们需要投入的资金不多，风险较小，盈亏都在大学生可承受的范围内，这样大学生不会承担过多的心理压力，有利于大学生将全部精力投入项目的经营中去，使项目健康地发展。

3. 创业项目选择的关注点

创业是件很痛苦的事。越是伟大的创业想法越会带来挥之不去的痛苦，让创业者彻夜难眠。只有在创业思路逐渐明朗成形后，痛苦可能才会稍微减轻一点。但创业者所要承受的困扰与压力，甚至泪水不会就此结束。创业者在选择创业项目时，充分考虑以下关注点，创业之路可能会走得轻松一些。

（1）选择个人有兴趣的、擅长的、从事的人员少的项目。

（2）选择市场消耗比较频繁或购买频率比较高的项目。

（3）选择投资成本较低的项目。

（4）选择风险较小的项目。

（5）选择客户认知度较高的项目。

（6）可先选择网络创业（免费开店）后进入实体创业项目。

（7）选择民生行业进行创业，如弹棉花。

（8）选择教育行业进行创业，如编码教学。

（9）选择加盟项目，比如 3A 环保漆这种环保涂料项目。

（10）选择新兴的蓝海项目，比如像移动互联网、游戏、文化创意、环保领域的项目。

（11）选择可以在家里创业的项目。

（12）选择商业机遇，没有在市场上出现的商机，或者是在你的生活范围内没有大幅度覆盖的商业。

二、企业运营与危机解决

新创企业存着三大共同困境：缺钱、缺人、缺资源，普遍都面临着生存挑战。虽然兵法上说"不打无准备的仗"，可对创业经营这事来说，真的等到所有资源、资金、物料、人力都准备好后，市场可能早就被竞争对手给领先抢占了。况且，准备好了这件事情本质就是一个伪命题，企业创业所做的核心在于在现有的资源条件下及其市场环境中找到一个平衡点，而不是在某一个问题点上过度追求所需的极致，创业者所追求的应该是结构最优及其整体最优。

现如今，多数行业竞争激烈，都出现两极分化状态，省时、省力、省心的业务早已被行业中头部企业占据，创业者通常选择的创业赛道是很少有人做的垂直细分领域，基本找不到前人的经验，只能够依靠企业自身的探索，一步一步开始发展。因此，要求新创企业在企业观念、企业文化和管理活动中始终保持创业精神。

（一）新创企业及其风险

1. 新创企业的概念

新创企业是指创业者利用商业机会通过整合资源所创建的一个新的具有法人资格的实体，它能够提供产品或服务，以获利和成长为目标，并能创造价值。

新创企业是处于发展早期阶段的企业。全球创业观察（GEM）报告中的新创企业指成立时间在 42 个月以内的企业。通常这类企业成立时间不长，处于创立期或成长期。

2. 新创企业的风险

新创企业由于通常不具备成熟企业运行良好的管理制度、高度认同的组织文化和合理流动的人力资源等必要因素，容易陷入各种各样的管理风险中。识别、防范并有效应对这些风险对于新创企业具有十分重要的意义。

风险具有多种类型，如按照风险来源可分为主观风险和客观风险；按照风险内容可分为技术风险、管理风险、环境风险等。在新创企业所面临的风险之中，管理风险是最为突出，也是最亟待解决的一类风险。这是因为当企业依靠技术优势、商业模式等方式建立起盈利的可能性之后，保持长效机制就成为首要任务，而管理能力则是完成这项任务的首要条件。管理风险可以进一步细分为团队破裂风险、财务失控风险和创新乏力风险等。

（二）企业运营的四大关口

对于创业型企业，在其运营管理过程中，从创业初期的生存状态到快速成长期，这并不容易度过，在这个过程中通常要经历四大关口。

第一关：市场关。也就是有没有客户为企业买单。如何让客户买单是件头疼的事情，如果这个问题解决了，至少你已经解决了企业生存的问题。是，客户都是挑剔的，他也不可能无缘无故地为你买单。但是，客户需求是存在的，那么，如何让客户的需求真正为你买单，这是任何创业者都需要思考的一个重要问题。

第二关：资金关。当企业有了业务后，可能存在资金链的问题。有时，你为客户来订货而兴奋不已，但你缺乏资金购买原材料又心急如焚，常常为此苦不堪言，这就是创业者的苦恼。因此，你需要准备较为充足的资金为后续的发展做准备。也许你会说，到时再说，但恐怕有时会为时已晚。这不仅需要垫付很多资金，还需要按时发放员工工资，否则，在你最需要劳动力的时候，他们可能因为薪资问题早已离职。也许你会说，这些人都是势利眼，但别忘了，没有人因你拖欠工资还会为你默默无闻奉献，毕竟每个人都需要解决生存的问题。

第三关：团队关。当企业业务增长之后，面临的是团队问题。人有的时候很奇怪，共患难易，同富贵难！困难的时候会拧成一股劲，但到发展的时候，就会出现分歧。很多时候，分歧除了彼此不信任，更重要的原因是对每个决策的判断标准不一样。比如，对于有些业务，可能有些人认为风险太大，不要做；有些人觉得是机会，应该做。如果成功了，都没有太多意见。关键是失败之后，团队成员会怎么评价？那将直接影响到团队团结。此时，作为关键人物，需要的是平衡技能。

第四关：诱惑关。当企业不断发展，规模日渐扩大时，会有很多人愿意与你合作，或者你会有新的想法。面对过去的成功，你会信心倍增，有些人开始忘乎所以，觉得只要胆子大什么都可以干。于是就开始盲目多元化，进入不熟悉的行业。当然，有一部分人成功了，但更多的是顾此失彼，不仅新的业务没有成长起来，而且把原来自己擅长的核心业务给荒废了。此时，你需要清醒认识，诱惑就意味着陷阱。没有夕阳产业，只有夕阳企业。只要你深挖自己熟悉和擅长的业务，都会挖掘出一片新的天地。当然，当你判断自己所从事的业务不是最大利润点时，就需要果断放弃现在的业务，从而集中精力从事新业务。最主要的是，千万不要脚踩两只船，否则就有可能竹篮打水一场空。

（三）危机解决的三大原则

企业到底如何管理才能表现出发展优势呢？很多创业者在这时容易犯一个相同的错误，这就是凭以往的工作经验管理企业。很多创业者曾是某些领域、某些行业的优秀人才，其中不乏一些市场精英、技术骨干、企业主管。但当他们真正经营企业时会发现，企业管理远比自己想象得困难，以往的工作经验无法全面解决企业内部的问题，企业发展陷入了发展缓慢、停滞不前甚至危机重重的状态。

作为创业者，在处理企业面临的危机时，不应该仅仅是一名优秀的消防队员，而更应该是一名具有超前意识的危机处理战略家。面对企业管理过程中的难题和危机，作为创业者，应该从以下三个方面把握原则，探索答题，帮助企业渡过发展难关。

1. 整合资源，快速发展

资源是企业创造价值的基础，也是企业发展壮大的基础实力。为确保企业发展前期的超高速度，创业者应当尽量搜索更多资源为企业所用。创业者只有充分调动资源，企业才能够表现出更强大的发展实力，并且快速进入成熟期。

2. 打造优势，脱颖而出

没有独特优势的企业很难在激烈的市场竞争中长久发展。创业者想要获得成功，便需要在企业发展前期打造出企业优势。这种优势可以来源于各个方面，其中包括企业的技术优势、用户的全新体验、引领的市场趋势或对社会的促进。优势越突出、越独特，企业发展越快速，市场竞争力越强大。

3. 克服危机，渡过难关

危机是所有企业都需要面临的发展问题，当企业进入发展前期后，就算创业者考虑得很全面，准备得很充分，危机依然会在市场变动中发生。这时创业者需要面对的就不再是自身问题，而是外部挑战。学会了应对这些挑战的方法，创业者才能带领企业安全渡过企业的发展难关。

纵观当代商业市场，大多数在前期夭折的企业正是没有理解"整合资源、打造优势、克服危机"这十二个字的含义，而懂得这三个问题重要性的企业都已走出自己的发展之路，且多数企业已成功打造了品牌。

创业者可以先了解企业在发展前期容易遇到的问题，从中可以领悟到发展前期需要规避的错误，相信大多数创业者可以找到这三个问题的答案。

① 客户毁约，丢失最初业务保障，企业业务无以为继。
② 资金危机，企业流水出现问题，后续经营资金不足。
③ 意外事故，企业面临巨额赔偿，企业内部人心惶惶。
④ 人心不稳，员工流失人才欠缺，企业资源随之减少。
⑤ 竞争乏力，缺乏正确发展眼光，外地市场开拓困难。
⑥ 资源受限，难以拓展异业联盟，资源整合缺乏壁垒。
⑦ 供应单一，难以降低产业成本，无法获得竞争红利。
⑧ 技术落后，竞争谈判屡屡败北，难以获得用户认可。
⑨ 地位受限，处于产业下游位置，利润微薄风险较大。
⑩ 发展受阻，竞争对手围追堵截，业务拓展屡屡碰壁。

三、企业发展与瓶颈挑战

企业发展如同人的成长，一般会经历创业期、成长期、成熟期、衰退期四个阶段。在企业发展阶段，会面临发展的瓶颈期，企业只有顺利度过瓶颈期才能够进一步快速发展。

企业成长周期，如图 10-1 所示。

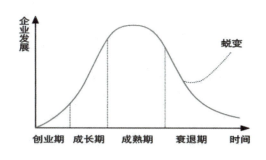

图 10-1　企业成长周期

（一）企业发展瓶颈的内涵

1. 何为瓶颈

企业瓶颈其实就是危机，只不过瓶颈不是由单一危机构成的，而是由双重危机"接力"构成的，处于这双重危机之间才被称为"瓶颈"，企业要想度过瓶颈期，必须解决关联危机。

2. 企业发展瓶颈

企业发展瓶颈意味着当企业处于这个阶段时，上不去下不来，出现停滞或反复波动的现象，而且持续时间较长，虽然企业苦苦探索变革之道，但是往往事倍功半，反而造成变革成本不断上升。市场竞争如同"逆水行舟，不进则退"，如果企业始终无法度过瓶颈期，最终将被不断变化的市场环境所淘汰，很多企业仅用两年的时间就实现了一次飞跃，然而却要用二十年的时间消化由此带来的风险与危机，这就是所谓的"瓶颈"。

3. 瓶颈是企业发展的转折点

大企业有大企业的发展瓶颈，小企业有小企业的发展困扰。事实上，有问题的存在，恰好能代表一个创业者存在的价值，创业者创业就是为了解决问题。创业者所引进的高端人才都是在为企业建立一个良好的运行系统，来解决企业管理和经营的问题。一般人最要命的问题就是用自己的见识，用自己的思维来解决自己的问题，而跳不出思维的框框。也就是普通的创业者只能用当下的能力、当下的资源、当下的见识解决当下企业出现的问题，而领袖型的企业家都是在用发展的眼光解决当下的问题，用未来的境界解决当下的困惑。所以，凡事站在一个较长时间和空间高度看，其实都不是问题。

需要指出的是战略方向不清晰的企业是不会遇到所谓的发展瓶颈的，因为这类企业多数过着"有今天没明天"日子，无所谓"瓶颈"可言，瓶颈恰恰是战略方向清晰且明确，但就是无法实现的。在中国经济全面转型之际，中国企业将普遍遇到发展瓶颈，而企业员工也将普遍遇到职业发展瓶颈，正是这种普遍性才造成经济系统、企业组织、个人特质都需要转型。企业更新换代式的发展都需要有一个积累和积淀，从量变到质变度过瓶颈期的过程。

（二）企业发展瓶颈的挑战期

人类成长的过程中有两个关键期非常重要，一个是儿童期，另一个是青春期。抓好关键期往往会起到事半功倍的效果，反之，在后期弥补将会付出巨大的代价。同样，在企业成长的过程中也存在类似的关键期，有些企业在关键期积极布局、合理谋划，为企业的下一步腾飞奠定了坚实的基础；而部分企业对取得的一些成就盲目自大、自以为是，忽视了企业成长过程的关键期及必要的变革，导致企业迟迟无法进一步突破。

第一个关键期出现在企业的成长阶段，开始逐渐出现内部秩序危机。这一阶段的显著特点：企业逐渐解决生存危机后，面临的主要问题是如何进一步快速发展。随着企业的不断发展，创业者原来自己就可以面面俱到来应对，现在随着组织规模增大、人员增多、市场扩大，创业者很难再妥善处理各类事情。这个时期企业的主要矛盾逐渐表现为企业快速发展与企业内部管理不规范之间的矛盾。

第二个关键期多出现在企业发展的成熟期，企业逐步从单一经营发展为多元化经营，企业往往会出现控制危机。这一阶段的显著特点：原来单体公司管理模式很难再适应集团化公司发展要求，逐渐出现控制危机，需要重新构建一套适应集团化发展的管理模式。主要矛盾表现为单体企业管理与多元化集团公司管理的不匹配之间的矛盾，这种矛盾往往造成（集团）公司无法形成合力，即总部与各子公司、子公司与子公司之间管理不通畅，无法形成合力。

不少创业者问"企业的规范化有必要吗？现在不也发展得挺好的？"这话并非完全不合理，当企业在初创期或规模还比较小的时候，创业者带着大家一块干，没什么问题。这时企业更需要机会导向，先解决生存问题。所以，企业需要更大的自由度，决策高效，规范太多反而不利于企业的快速发展和成长。

随着企业逐步发展壮大，当企业解决了生存问题后，再进一步发展，这时许多创业者就会逐渐感到力不从心。创业者自身已经无法对所有事情进行面面俱到的管理，时常会感慨"现在的员工不好管了""大家没有积极性了""公司越来越乱了"等。这个时期逐渐体现出规范管理的必要性，企业确实需要建立一套适合自身企业发展阶段的管理体系，来解决企业逐渐表现出来的领导危机，突破成长期的发展瓶颈，为企业快速发展保驾护航。

（三）企业发展瓶颈的类型

1. 企业发展瓶颈——偏离战略的成长

当一家企业的商业模式稳定，竞争策略有效后，核心团队也稳定了，企业就必须进入一种更加系统化的运行状态。然而由于惯性，多数企业还在依赖创业者的个人能力驱动，还是习惯过去野蛮、不规范的工作方法，再加上受到资本等外部原因的"胁迫"，导致企业迟迟无法进入正轨。在这种情况下，企业每天都是有序发展的，但创业者的战略思考，会逐渐模糊在繁杂的事务中，企业上下的目标也会被接踵而来的挫败打散。

如何突破？

（1）战略是否足够清晰？

"创业者的战略要隔夜执行"，一句调侃却暴露了一家企业最严重的症结：创业者缺少战略定力。凭借创业时期的直觉来选择战略方向、盲目扩张投入，会让创业者手上的牌越来越烂。企业的成长方向无非三种：商业模式创新、产品技术创新、资本助推。打通这类问题，为企业树立战略自信，是创业者从机会导向到战略导向的转变中，需要克服的个人局限和主要瓶颈。

（2）高管是否足够认同？

很多时候，企业战略得不到有效的执行，是由于核心团队缺少经营意识，在思维上不能与创业者同频；他们无法站在宏观角度去看战略，无法站在市场角度去看目标，造成所有执行工作到最后，就都变成创业者在补漏、收尾。

2. 企业发展瓶颈——组织缺乏活力的成长

企业从机会成长向战略成长过渡时，最痛苦的是人的问题。团队大了心不散，如何保持组织的活力？这是企业突破瓶颈的又一个关键要素。

如何突破？

（1）企业不能只有创业者一人拥有使命感。

随着企业步入阶段性成功，很多高管会进入舒适区，所以，企业大了一定要更加强化团队的使命驱动，保持组织理性，让核心团队和创业者一样，不停地感受市场的危机与紧张；危机意识能够帮助团队持续思考和创新未来。

（2）对客户的责任、对工作的责任。

核心团队的责任感需要建立一个行动学习的氛围，共同研讨企业问题，共同制定解决方案，各自领取相应的责任，相互之间达成共识；还有一起肩负起服务客户的责任。

（3）企业要成长，以便进入更大的战场。

作为中坚的核心团队，经营能力与领导力远比个人的专业能力更重要。跳出企业站到更高的视角，从经营的本质和规律出发，重新思考具体工作的执行目标、策略、流程、人员配置优化，让企业的动作更清晰和有效。

3. 企业发展瓶颈——外部环境变化

一家企业的发展，往往都会受到主客观因素的影响，前面两种因素归纳为主观因素，那么客观因素是什么呢？是市场环境。在市场环境中，得到互联网时代各种科学技术的加持，传播渠道随时在变，客户心理天天在变，企业人涉猎目标在不断扩大，方法论一年一更新。当传统企业还在讲着从前的故事，而很多大品牌企业已经走在前沿，谦虚地说："在未来面前，大家都要好好学习，做一个天天向上的孩子。"

在移动互联网时代，线下和线上早已没有界限，企业人的学习和业务拓展也突破了黑夜与白天的极限，24小时可在线与客户聊天、寻找合作伙伴……在这个24小时在线的互联网世界中，人们的时间与欲望被切成碎片，在这些碎片中，我们快速获得、快速得到、快速高潮并快速退却，这种无形中的竞争，多少人熬到颠倒了黑夜与白天，以免"夜长梦多"。

如何突破？

比如，"双十一"和"新零售"：如何突破市场因素给企业发展带来的瓶颈？大家都知道天猫的"双十一"促销活动举办这么多年，每一年的销售额都在刷新着以往的纪录，但是"双十一"的热闹之余还有很多需要突破的瓶颈：如数量的激增使得快递公司"爆仓"；包裹滞留，导致退货率升高；商品的质量得不到保障，也导致退货率升高；网络购物服务体系不够完善，导致客户购物体验度变差等。

而新零售加入：①智能物流发力，菜鸟作为阿里巴巴"千亿项目"之一，推出超越全球的超级机器人旗舰仓；京东宣布构建完成了全球首个全流程智能无人仓，提高物流流通效率；苏宁提出极速物流，将"苏宁云仓"升级成可作为行业现象级项目的"超级云仓"，产品可以直接从超级云仓完成入库、补货、分拣、出库的全路线智能化作业。②升级消费，倡导高生活质量，选优质产品。将价格战升级为如今的品牌战，"七天无理由退货"也不再只是电商的特权，更多的线下商家也开始实行这种模式，这在一定程度上加大了对客户利益的保障。③ 用科技助力狂欢。在阿里巴巴提出"新零售"之后，京东提出了"无界零售"，而苏宁则提出了"智慧零售"。

四、不忘初心与二次腾飞

大部分创业者创业前都拥有明确的目标，怀揣远大的梦想，但其在创业过程中被种种现实问题折磨得遍体鳞伤。在激烈的市场竞争和残酷的现实面前，创业者往往容易背弃初衷，迷失方向。

小米的管理思想

企业在进入发展后期，内部架构已然成熟，与市场配合也形成了默契，这时企业需要面临的发展问题只有一个，那就是存续问题。因为这时企业面对的竞争对手皆是市场强者，细小的失误就有可能成为失败的起点，如何长久不衰、保持优势成了创业者此时的关注点。从小米、华为、百度、阿里巴巴等众多当代强企的发展状态中可以看出，成熟企业虽然拓宽了业务领域，但在践行企业文化时更加专注。这是一种坚持初心、坚守企业价值的表现。这种企业在发展后期的经营策略值得当代创业者深思。

创业者需要不忘初心，时刻牢记使命，牢记社会责任，才能使创业企业实现二次腾飞，这才是打造时代强企、民族强企的正途。

（一）不忘初心，是企业发展的需要

从市场客观角度分析，这一阶段的企业拥有稳定的市场，内部团队完善，市场竞争力比较突出，正是这种状态让很多创业者忘记了倾听市场的声音，忘记了最初获得用户认可、融入市场的初心，所以企业很容易陷入故步自封的状态，失去创业前期及中期的激情与拼搏精神。

一旦企业陷入这种状态，很容易因骄傲自满而伤害客户，也容易因过度自信而遭遇经营危机，这时候创业者更需要最初那份谨慎与认真。创业需要两个基础动力：一个是梦想，另一个是使命。梦想只是一个模糊的方向，使命才是清晰的路径，两者缺一不可。创业者在梦想的指引下不惧艰难险阻，努力践行使命，才是走向创业成功的正确方式。企业践行使命的实质是指引企业"永续经营"，指引企业在发展后期谋求更多发展。

带领企业保持长久优势、获得二次腾飞需要创业者思考三个问题。

（1）如何牢记使命？

企业进入发展后期，创业者应该把经营重点放到企业经营理念之上，根据经营理念努力完善企业组织架构，强化企业文化精髓。当代市场强者不是因某种产品或某项服务而保持强大，这些企业真正的优势是能够持续不断地创造优质的产品与服务，因为它们拥有杰出的内部架构，它们的经营理念、运营思路堪称卓越。而独特经营理念的打造包括两个重点：核心价值观与企业使命。核心价值观可以确保企业保持正确的发展方向，企业使命是团队前行的动力，是员工自我约束的准则，更是企业发展的初心。

被美国《时代》杂志誉为"20世纪伟大的管理思想家"的菲利普·塞尔兹尼克曾说过："一个组织的建立，是靠决策者对价值观念的执着，也就是决策者在企业的性质、特殊目标、经营方式和角色等方面所做的选择。通常这些价值观并没有形成文字，也可能不是有意形成的。不论如何，组织中的领导者，必须善于推动、保护这些价值，若是只注意守成，那是会失败的。总之，组织的生存，其实就是价值观的维系，以及大家对价值观的认同。"

菲利普·塞尔兹尼克的话印证了这一观点，企业进入发展后期要把关注点扩大到思想和理念上，时刻牢记发展使命，这对企业后期健康发展有重要的推动作用。

（2）如何不忘初心？

企业牢记了发展使命后，还要坚守初心，保持坚定的态度。创业者需要牢记，创业是一个漫长的路途，如果自己迷失，企业自然会迷路，只有保持初心，用长期的热情对待每次发展、每次进步，企业才不会因自满而停滞，因骄傲而陷入危机，创业者才能得到磨炼。

想要成就一项伟大的事业，创业者决不能背叛初心。正如"把一件事做到极致，远胜于平庸地做一万件事"，创业者只有坚守追求极致的初心，才不会沦为平庸之辈，更不会被市场淘汰。

（3）如何再次起航？

企业在发展后期陷入停滞、迷惘也属于正常现象，关键是创业者如何激活企业的第二生命，如何带领企业再创新高。很多时候，企业的没落源于创业者的自满，当创业者感受到成功、企业收获颇丰时，企业容易遇到天花板。企业发展势态逐渐衰退，竞争压力不断增大，当创业者感受到危机时再采取措施可能为时已晚。企业一旦进入这样的状态，企业内部实力就会逐渐退化。随着时间的推移，团队会人心涣散，企业内官僚主义、形式主义随之滋生，企业将彻底走上消亡之路。

解决这种致命问题取决于创业者能否激活企业新生，能否再创企业辉煌。如果创业者不能忘记曾经的成就，以创业者身份"二次创业"，那么企业很难走出困境，颓势很难挽回。

纵观当代市场中发展30年以上的企业，它们随着不断发展，践行使命的程度不断加深。同样，因创业者自满、骄傲、背弃初心而导致强大企业走向失败的案例不在少数，这三个关键问题导致很多知名企业从市场中消失。创业不易，守业更难，希望创业者能够及时规避这些陷阱，在企业发展后期做好团队管理，时刻牢记发展使命，经常回顾初心，为团队树立正确的价值观，清晰描绘发展愿景，放眼于企业未来，而不沉迷于成功的当下。

（二）不忘初心，需要克服的难点

如果问创业者："你为什么如此努力？"很多人会回答："为了梦想，为了生存。"却极少有人想到为了守住初心。如果创业者把创业视为实现梦想的途径、生存的方式，那么创业高度就会存在天花板；如果创业者为了坚守初心、践行使命，那么未来创业成就将不可限量。

不忘初心是指创业者向着最初的目标不放弃、不迷惘、不停止地追求。从这个角度来看，创业者与团队不忘初心需要克服三个难点。

1. 抵御诱惑

在企业发展过程中，创业者与团队需要面临各种诱惑，其中包括利益诱惑、假象诱惑、虚荣诱惑等，且这些诱惑无处不在，每一种诱惑对创业者、企业来说都是一种伤害。如果创业者与团队不能抵御诱惑，企业将蒙受重大损失，给企业长远发展带来不利影响。

2. 不惧艰难

企业成长需要经受诸多磨炼，在此过程中有成功也有失败。如果创业者坚守初心，那么他不会因一时失败而气馁、放弃，反而会感激失败带给自己的经验。其实，创业路上最宝贵的不是企业成就，而是创业者的初心，这种初心让企业无所畏惧，敢于迎难而上，胜不骄败不馁，这样的企业才能够脱颖而出。

3. 不轻易满足

企业发展到后期很多创业者都变得谨慎、胆小。一方面因为市场因素更加复杂，另一方面因为创业者满足于现状，不愿承担拼搏风险。一旦创业者产生这种思维，企业发展便进入放缓状态，企业锐气随之消失。如果创业者不能及时守住初心，在后续发展中企业将开始逃避竞争，被竞争对手超越，最终走向没落。

初心是创业者的一种坚持、一种态度。守住初心，创业者就守住了核心动力，企业就守住了发展优势。明白这一道理的企业"方得始终"。

（三）不忘初心，以创新谋"二次发展"

企业在发展后期具备了雄厚的实力，应对市场竞争更从容，却容易陷入一种被动发展状态。这是因为创业者忘记了初心，失去了最初的锐气，满足于企业当下的成就，选择安于现状，忽视"二次发展"。这是一种非常危险的思维，也是一种非常危险的状态。这种状态虽然稳定，但不健康，市场竞争力、风险应对能力会随之降低。如果创业者不能重拾初心、重新激发企业活力，那么，企业就会走下坡路，企业被超越、被淘汰是最终的结果。

为确保自身发展优势，避免衰败之势，创业者需要在后期发展中引领企业重新定位、找到新起点，深度激发企业活力，开辟企业的"第二春"。

（1）新起点：为了避免企业在发展后期陷入麻木状态，创业者需要根据企业经营情况重新设定发展目标，这一目标能够激发企业提升自我意识，让企业长期保持发展的状态。

（2）新问题：创业者要在发展后期找出制约产业增长的主要问题，这些问题是导致企业发展减速的关键，且具有一定的隐蔽性，比如市场饱和、客户需求更新等。明白了这些问题，企业后期发展才能表现出更强的活力。

激活企业"二次发展"的主要目的不是加速，而是提质。一家企业必须保持双向增长，在纵向延伸市场的同时同步拓宽企业规模，这样的企业才能保持健康属性。在不断延伸市场时，企业利润的确可以增加，但随之也会出现各种问题，解决这些问题的关键在企业内部，内部管理、内部增强方可有效应对市场增长。

（3）新方法：解决这些问题的最好方式是为企业找回当初的压力，这就是创业者必须激活企业"二次发展"的根本原因。所有创业者都希望企业健康、希望延长企业生命周期，殊不知真正的健康源于外部压力，源于更高的追求、长远的目标，督促、吸引着企业强势发展。明白了这个道理，创业者就应该清楚如何带领企业应对后期发展的种种问题。激发企业"二次发展"不是一蹴而就的事，与最初创业也存在明显差别。

在第一次创业时，创业者的目标是让市场和用户认可企业，在第二次创业时市场与企业已经形成默契、彼此依赖，那么这时创业者的目标是什么呢？是跳出现有舒适圈，追求市场与用户的青睐与忠诚。而创新是刷新用户认知、提升用户青睐与忠诚度的主要方式。进入发展后期

的企业要重新审视创新的意义，后期创新不是研发新产品、提供新服务，而是付诸实践的变革行动。

例如，2020年天猫开展了一次"老品牌焕新"活动，这次活动中大白兔、光明、回力、美加净等老字号主动拥抱互联网、自媒体，或破圈出道，或展现新姿，纷纷迸发勃勃生机。其中，大白兔最为活跃，先是和郁美净合作推出大白兔奶糖味的润唇杯，随后又和天猫"气味图书馆"联手推出"童年的味道"香水。大白兔的每次创新都能引发一波关注热潮。

创业者不仅要学会创新方法，还要把握创新时机。企业不能等到出现问题时再思考创新的方法，要提前感知市场活跃元素，做好充分的创新准备，才能够让变革事半功倍。正如《左传·襄公十一年》中《书》曰："'居安思危。'思则有备，有备无患。"成熟企业提前准备好创新方案，找准激发企业"二次发展"的契机，企业才能够有更好的发展，实现二次腾飞。

这样的创业者能够引领企业在发展后期表现出更强劲的发展动力，因为他们时刻清楚自己的梦想、企业的愿景，对企业发展的点滴保持敏感，对企业的未来充满信心，带领企业不断走向市场前沿。

1．如果你有极具前景的商业创意，你会通过什么方法让它成为创业现实？
2．简析创业型企业最初都选择在较小的目标市场中展开竞争的原因。
3．思考大学生创业面临的风险。

过程训练

创业是一个充满成就感、诱惑力的词语，但并非每一个人都适合走这条路。美国HMO协会设计出了一份问卷，可以让你在做决策前对自己有一个初步了解。你也测试一下吧。

1．在急需做出决策的时候，你是否在想："再让我考虑一下吧。"
经常□有时□很少□从不□

2．你是否为自己的优柔寡断找借口说："是得好好慎重考虑，怎能轻易下结论呢？"
经常□有时□很少□从不□

3．你是否为避免冒犯某个或某几个有相当实力的客户而有意回避一些关键性的问题甚至表现得曲意奉承呢？
经常□有时□很少□从不□

4．你已经有了很多写报告用的参考资料，但仍责令下属继续提供？
经常□有时□很少□从不□

5．你在处理往来函件时，是否读完就扔进文件筐，不采取任何措施？
经常□有时□很少□从不□

6．你是否无论遇到什么紧急任务，都先处理琐碎的日常事务？
经常□有时□很少□从不□

7. 你非得在巨大的压力下才肯承担重任吗？
经常□ 有时□ 很少□ 从不□

8. 你是否无力抵御或预防妨碍你完成重要任务的干扰与危机？
经常□ 有时□ 很少□ 从不□

9. 你在决定重要的行动计划时常忽视其后果吗？
经常□ 有时□ 很少□ 从不□

10. 当你需要做出可能不得人心的决策时，是否找借口逃避而不敢面对？
经常□ 有时□ 很少□ 从不□

11. 你是否总是在快下班时才发现有要紧事没办，只好晚上回家加班？
经常□ 有时□ 很少□ 从不□

12. 你是否因不愿承担艰巨任务而寻找各种借口？
经常□ 有时□ 很少□ 从不□

13. 你是否常来不及躲避或预防困难情形的发生？
经常□ 有时□ 很少□ 从不□

14. 你总是拐弯抹角地宣布可能得罪他人的决定？
经常□ 有时□ 很少□ 从不□

15. 你喜欢让他人替你做自己不愿做的事吗？
经常□ 有时□ 很少□ 从不□

计分："经常"得 4 分，"有时"得 3 分，"很少"得 2 分，"从不"得 1 分。

50 分以上　你的个人素质与创业者相差甚远。

40～49 分　你不算勤勉，应彻底改变拖沓、效率低的缺点，否则创业只是一句空话。

30～39 分　大多数情况下充满自信，但有时犹豫不决，不过没关系，有时候犹豫是成熟、稳重和深思熟虑的表现。

15～29 分　你是一个高效率的决策者和管理者，更是一个成功的创业者，具有良好的心理素质和坚韧不拔的毅力。

参考文献

[1]布鲁斯·巴林杰，杜安·爱尔兰. 创业学——成功创建新企业[M]. 杜颖，译. 6 版. 北京：中国人民大学出版社，2022.

[2]爱德华·德博诺. 六项思考帽 如何简单而高效地思考[M]. 马睿，译. 北京：中信出版社，2016.

[3]高杉尚孝. 麦肯锡问题分析与解决技巧[M]. 郑舜珑，译. 北京：北京时代华文书局有限公司，2014.

[4]李圆方. 创新业 再起航[M]. 北京：中国商务出版社，2022.

[5]马立修. 创新思维与创新方法[M]. 北京：科学出版社，2022.

[6]亓正申，王保军. 创新创业基础与务实[M]. 西安：西北工业大学出版社，2021.

[7]刘建中. 大学生职业生涯规划（微课版）[M]. 成都：电子科技大学出版社，2020.

[8]贺尊. 创业学[M]. 北京：中国人民大学出版社，2020.

[9]刘越，兰敏利，邓文全. 大学生职业生涯规划[M]. 上海：上海交通大学出版社，2017.

[10]陈龙春. 大学生职业生涯规划与发展[M]. 杭州：浙江人民出版社，2015.

[11]申健强，王爱华，陈华聪. 大学生职业规划、就业指导与创业教育[M]. 北京：人民邮电出版社，2013.

[12]周长茂. 大学生职业生涯规划[M]. 北京：中国石化出版社，2011.

[13]武洪明，许湘岳. 职业沟通教程[M]. 北京：人民出版社，2011.

[14]许湘岳，吴强. 自我管理教程[M]. 北京：人民出版社，2011.

[15]许湘岳，徐金寿. 团队合作教程[M]. 北京：人民出版社，2011.

[16]许湘岳，蒋璟萍，费秋萍. 礼仪训练教程[M]. 北京：人民出版社，2012.

[17]谭建鑫，吴晓雄. 大学生生涯发展与职业规划[M]. 成都：西南交通大学出版社，2010.

[18]赵敏，张凤. 大学生生涯规划与辅导实务[M]. 北京：电子工业出版社，2010.

[19]关健，丁宏. 大学生职业生涯与发展规划教程[M]. 哈尔滨：黑龙江大学出版社，2010.

[20]周耀烈. 思维创新与创造力开发[M]. 杭州：浙江大学出版社，2008.

[21]王俊，王七萍. 职业生涯规划[M]. 南京：东南大学出版社，2016.

[22]邢发，陈怡冰. 职业发展就那几步：员工职业生涯自助管理解决方案[M]. 北京：企业管理出版社，2016.

[23]董黎明，张清利，艾海明，吴慧群. 创新思维发展工具在 STEM 教育中的应用[J]. 科技创业月刊，2022，35（07）：115-118.

[24]李新久. "逻辑领导力"系列（十八）头脑风暴法作业指南[J]. 企业管理，2021（02）：23-25.

[25]詹泽慧，梅虎，麦子号，邵芳芳. 创造性思维与创新思维:内涵辨析、联动与展望[J]. 现代远程教育研究，2019（02）：40-49.

[26]罗清旭. 批判性思维的结构、培养模式及存在的问题[J]. 广西民族大学学报（自然科学版），2001（03）：215-218.

[27]荆鹤平. 论联想思维能力的培养[J]. 镇江高专学报，2001（04）：96.

[28]焦春岚. 和田十二法及其应用研究[J]. 开封文化艺术职业学院学报，2020，40（01）：134-135.

[29]岳晓东，龚放. 创新思维的形成与创新人才的培养[J]. 教育研究，1999（10）：9-16.

[30]郑金洲. 创新能力培养中的若干问题[J]. 中国教育学刊，2000（01）：13-16.

[31]孙萍茹，米增强，安连锁. 创新教育与创新人才培养研究[J]. 河北大学学报（哲学社会科学版)，2000（02）：53-57.

[32]秦虹，张武升. 创新精神的本质特点与结构构成[J]. 教育科学，2006（02）：7-9.

[33]王建，李如密. 批判性思维与创新思维的辨析与培育[J]. 课程. 教材. 教法，2018，38（06）：53-58.